沖縄戦を知る事典

非体験世代が語り継ぐ

吉浜 忍
林 博史
吉川由紀［編］

吉川弘文館

目　次

〔付録〕

〔注〕項目タイトルの下に、【もっと知りたい沖縄戦】として、関連する資料館や戦跡などの場所や人物を掲出した。理解の参考にしていただきたい。

はじめに

「ただ〝生まれなかった〟と思ったらそれでいいんじゃないか、と」

これは沖縄島北部のジャングルで、少年ゲリラ兵として最前線に立たされた当時一六歳だった男性が、戦後七〇年近くなってようやく語り始めた体験談です。一〇キロの爆雷を抱えて敵戦車に体ごと突っ込む「特攻隊」に任命されたときの気持ちを、「あっという間に、わかんないうちに亡くなるから。別に苦しんで死ぬわけではないから」とおっしゃった後、冒頭の言葉が続きました。

沖縄戦が終わって七四年が経ちます。人が寿命をまっとうするのに匹敵するくらいの、ずいぶん長い時間といえるでしょう。しかし一六年しか生きていない少年に、「この世に生まれてこなかったと思えばいいのだ」と死を受け容れさせ、それを七〇年も語らせなかったあの沖縄戦とは何だったのか。私たちは、七四年経ってもまだ沖縄戦と向き合い続けています。語られる言葉に耳を澄まし、地上戦の実相を記録したい、伝えたいと思っています。

本書は、沖縄で暮らす二七人（執筆時）と沖縄へ九六回通っている一人の、計二八人で編みました。全員、沖縄戦体験はありません。執筆者はそれぞれの暮らしの中で沖縄戦と出合い、調べ、語る人になっていきました。研究者はもとより、ジャーナリスト、資料館の学芸員・説明員・解説員、地域史編集者、教員、学生まで、立場は様々です。私たち二八人がどのようにして沖縄戦に関心を持つようになり、この本をみんなで作ろうと思うようになったのか、一人一人の言葉をご紹介したいと思います。

沖縄戦は家族の歴史

沖縄で生まれ育った執筆者の多くは、家族や親族に沖縄戦体験者、犠牲者がいます。「私の曽祖父は沖縄戦の犠牲者です」、「祖父の沖縄戦体験を知り、学校の平和教育に興味や疑問を持ちました」、「認知症も始まってきたころ、祖母は繰り返し『慰安婦』の存在を語り始めました」。ある執筆者は、それまで聞いてきた証言から、沖縄戦の犠牲者は全て「集団自決」（強制集団死）と思い続けてきたのに、高校進学時にクラスメートに尋ねると「意味わからん」と言われた経験を持っています。また、幼いころから繰り返し聞いた女性や子どもの戦争被害が「心に鉛のように沈んでいる。それが私を沖縄戦に向かわせている」という執筆者もいます。一人一人の経験はすべて違いますが、生活空間に沖縄戦体験が漂っているのです。

一方で、一緒に暮らしていても直接体験を聞けないことも多くあります。両親から、その親世代の体験を「何となく聞いてはいたが、詳しい状況は聞かないままになって」しまったり、「祖父やいとこたちも戦死しているが、話を聞いたことはない」という人もいます。祖父に戦場体験を聞こうとしたところ、「おじいちゃんに戦争体験を聞くな」と家族に止められたケースもあります。沖縄戦に限りませんが、家族は身近すぎて語れないという事情もあるでしょう。

沖縄戦や戦争体験を知ることは、沖縄出身の執筆者にとって「自分という人間がどうして、いまここにいるのかを考えるきっかけに」なります。それゆえ、言葉による正確な語り継ぎは叶わなくても「ただぼんやりと、『忘れてはいけない』という意識に動かされる」という人が少なくないのです。

地域を知る、掘り起こす

沖縄では沖縄戦を学ぶ機会が豊富にあります。学校や地域で開催される沖縄戦学習、長期休暇を利用して企画される子ども平和学習、戦争遺跡のボランティアガイド養成講座などです。今まさに暮らしている場で地上戦があったことを学び、フィールドワークを通して知識を自分の体と心に落とし込んでいくものです。

たまたま地域史の仕事で沖縄戦以外の調査を行っていても、「沖縄戦を境に、その前後では沖縄の社会・文化が大きく変化しており、沖縄戦は避けて通れない」と感じる執筆者もいます。沖縄戦と一言でいっても、地域ごとでその様相は大きく違うために、沖縄戦研究と地域史は密接にかかわることになるのです。

学び深める沖縄・沖縄戦

沖縄の大学に進学し、「大田昌秀氏のゼミをとり、沖縄戦に関する本を読むことで初めて沖縄戦に向き合った」執筆者もいます。あるいは大学の授業で初めて、仲宗根政善《なかそねせいぜん》氏の『ひめゆりの塔をめぐる人々の手記』を読んだ執筆者は、「言語表現を読む方法論」を通して沖縄戦を学ぶきっかけを得ました。沖縄で生まれ育つことは無条件に肉親らから体験談が聞けることを意味するのではありません。しかし聞けなくても、自らの視点で沖縄戦に近づける可能性を有しているのです。

一方、中学校の平和学習で平和の礎《いしじ》を訪れた際、野ざらしの魚雷をスケッチして教師に殴られた経験を持つという執筆者もいます。精巧な殺人兵器を前にして初めて戦争のリアリティを実感したところ、「平和学習」の枠からはみ出すことを教師は許しませんでした。その体験こそが、沖縄戦に向き合うきっかけになったというのです。

暴力的存在としての米軍に抗う

「物心ついたとき米軍基地はすぐとなりにあった」という執筆者は、日本復帰前後の、沖縄社会に米軍の暴力が充満していた時代を肌感覚で知っています。「米兵は、基地から出てくるときは身なりをきれいにして靴下をはいているけど、僕らは素足にズック、ゴムぞうりだった。この差はなんなのか」。米軍基地の歴史を学ぶと「私の目の前に沖縄戦が立ちはだかった」。

広がる米軍基地、全島に残る戦争遺跡、戦死者への祈り。そんな暮らしの中では、沖縄戦の経験に向き合うことはごく自然なことで、「特別な理由のないものだ」という執筆者もいます。

生き方を変えた沖縄戦との出合い

県外から沖縄へ移住した人もいます。「大学の卒業論文のテーマで学徒隊を選び、一中学徒隊資料展示室を初めて訪れたとき、壁一面の学生の写真がまず目に入った」という執筆者はその後、沖縄へ移り住みました。高校の修学旅行で沖縄に来たけれど、そのときは沖縄戦のことを全く意識していなかったというのです。また、大学に入ってからようやく琉球王国の歴史や現代の沖縄問題を知って「自分自身の沖縄をめぐる認識自体に大きな問題がはらまれている」と気づいた人、「中学生のときパスポートを持って初めて沖縄を訪ねた。火炎放射器で焼かれたガマ入口の黒い跡、きれいな芝の米軍住宅とフェンス外のドロンコ道との対照は衝撃だった」、「大学二年生のとき、初めてひめゆり平和祈念資料館を訪れた。友だちを失った悲しみ、戦争は絶対にダメだ、という思いが伝わった」、「二五歳のとき訪れた南風原町の陸軍病院壕跡で、天井に、朝鮮から動員された兵士が書いたという『姜』の文字を見た。沖縄戦が目の前にあった」などの経験を持つ人もいます。体験者との出会いや戦争遺跡に身を置いたことで、沖縄戦への探求が始まりました。

一九九五年の「少女暴行事件」が、沖縄問題に関心を向ける契機となった人もいます。事件の衝撃から大学の卒論で沖縄現代思想史をテーマに選んだり、社会的なうねりの中で沖縄への移住を決めた人もいました。沖縄で進行形の問題に触れるたび、「沖縄戦への関心は更新され続ける」といいます。

沖縄問題がクローズアップされ、沖縄を訪れる人へ「伝える」ことに関心を寄せた人もいます。「伝える相手がいることで、沖縄戦をもっと調べる。それを繰り返していくうちに、戦争や平和について考える人の輪が広がり、空間ができている。そんなことに気付けたとき、すごく嬉しい」と語ります。伝える活動を通して、「沖縄戦は、歴史を、偉人のものから一人ひとりのものにした」と言う執筆者もいます。

＊

沖縄で沖縄戦研究が本格化したのは一九六〇年代後半からで、研究者のそばにはまだ、生々しい戦場体験を抱えた体験者がいました。壮絶な体験を体験者自身が文字化することはおよそ困難で、研究者たちは体験者がようやく絞り出す語りを丹念に集め、証言集としてまとめていきました。そうして編まれたのが一九七一年から七四年にかけて刊行された『沖縄県史　第八巻 沖縄戦通史』、『同第九巻 沖縄戦記録一』、『同第一〇巻 沖縄戦記録二』です。以後、県下の各市町村史や字史で沖縄戦は記録され続けてきました。

それから四三年を経た二〇一七年三月、新しい『沖縄県史 各論編六 沖縄戦』（以下、新県史）が刊行されると、沖縄県教育委員会には県内外から購入希望が殺到しました。八〇〇頁を超える高額な本が「即完売」するという、全国的にも珍しい出来事が起こったのです。沖縄戦に、未だ高い関心が寄せられていることを示しています。

新県史の執筆には、「沖縄戦若手研究会」（通称：若手研《わかてけん》）のメンバーが多数関わっていました。二〇〇四年二月に発足した若手研は、全員が戦後生まれです。一九六〇年代から沖縄戦研究をけん引されてきた先輩方の「民衆の沖縄戦を記録する」姿勢に学び、新たに収集される資料や証言をもとに研究を更新し続けてきました。

本書はこの若手研メンバーが最新の研究成果を反映させて執筆したものです。六七の項目を設けて、どこから読み始めても沖縄戦の実相にたどり着けるように構成しています。個別の具体的な事例を豊富に盛り込んでいます。沖縄のどこで・何を学べるかまでヒントが満載ですので、平和学習の切り口を探る手掛かりにもなるはずです。

沖縄戦から七四年が経っても、私たちはあの時代と地続きであることから逃れられません。そして今の日本社会を「沖縄」抜きには語れないことも、多くの方が認識されているでしょう。これほど小さな島に、全国の七割の米軍専用基地があり続けることの理不尽さ、憲法がないがしろにされる異常さに、「沖縄」は気付かせます。沖縄戦の教訓が今を生きる人々の財産となったとき、それは民主主義を否定する強大な暴力に抗う原動力になるはずです。沖縄に暮らしているか否かが問題ではありません。

沖縄戦によってもたらされた膨大な別れを、痛みを忘れることなどできない。死んでいった人々の嘆きにむくいる社会を築きたい、生きのびた方々の祈りを自分のものとしたくて、今日も沖縄戦を伝え続けます。冒頭の証言は決して過去のものではありません。今この瞬間も世界のどこかで、あるいは戦争状態にない日本においてでさえ、抱えて生きる子どもがいるかもしれないのです。

本書は、吉浜忍、林博史、吉川由紀の三名が編者として、共同して編集作業をおこない、正確かつわかりやすい事典になるように努めました。また普天間朝佳氏、川満彰氏、古賀徳子氏には、編集協力者として企画段階から編集にいたるまで特別なご協力をいただきました。記してお礼申し上げます。

本書を手に取って下さったあなたに、沖縄の土のにおいや湿った空気、波風とともに、執筆者たちの息づかいが届くことを心から願っています。

二〇一九年五月

編者を代表して　吉川由紀

沖縄戦を知る事典

1　今、なぜ沖縄戦を学ぶのか

【もっと知りたい沖縄戦】
●人物　外間守善、仲宗根政善、中山きく、嶋津与志（大城将保）

中高生や大学生と一緒に沖縄戦について学んでいると、「なぜ沖縄戦を学ぶのか？」と問われることがある。その問いに答えることは簡単ではなく、一つの正しい答えがあるわけではない。それでも、ここでは沖縄戦と向き合ってきた人たちの言葉を紹介することで、「今、なぜ沖縄戦を学ぶのか」を考えてみたい。

戦争体験者にとっての沖縄戦　体験者が沖縄戦と向き合い、それを後世に伝えようとするのは、何よりも亡くなった家族・友人らへの贖罪《しょくざい》の念からであると言えるだろう。自ら鉄血勤《てっけつきん》皇隊《のうたい》として戦争に巻き込まれた外間守善《ほかましゅぜん》は、戦後八年目の手記で次のように述べている。

「私たちは、私たちが生きている限り、死んでしまった私たちの学友、永遠に沖縄の野を、山を、街をさまようであろう学友たちの亡魂を背負い、その重みに堪えてゆかねばならぬ」「私たちのこの手記は、私たちの死んだ学友へ捧げる以外の何物でもないが、微力な私たちのなし得るただ一つのことだ。」（大田昌秀他、一九五三年）

ここで明確に述べられているように、家族や友人の命が奪われたという事実が体験者らを沖縄戦と向き合わせてきた。「なぜ沖縄戦なのか」という問いを考える時に、まずは、体験者にとって沖縄戦は「忘れようとしても忘れられない出来事」であるという事実と向き合う必要があるだろう。特に、沖縄では戦後いく度も資料館の展示改ざん問題や教科書記述の問題など、沖縄戦の史実自体が問われる問題も起こってきた。そうしたことも、体験者が沖縄戦を忘れることができなかった要因として指摘しておかなければならない。

沖縄の「非体験」世代にとっての沖縄戦　体験者が沖縄戦と向き合おうとする姿は、戦争を体験していない世代の活動をも後押ししてきた。小さい頃から祖父の戦争体験を聞いてきたという平仲愛里さんは、祖父が描いた沖縄戦のスケッチを用いて、県内の小学生に祖父の体験を伝えながら次のように語る。

「おじいちゃん、おばあちゃんに話を聞き、命がつながって私たちがここにいるすごさを感じてほしい。遠い過去のことと言って、考えるのをやめないで」（沖縄タイムス二〇一二年六月二十三日記事より）

特に沖縄出身者にとって沖縄戦は、自らの家族の体験でもあり、それを学ぶことは自らが「今・ここ」にいることの背景を知ることでもある。ここに沖縄戦を遠い過去のこととしてではなく、「自らの問題」として捉えることができる可能性を見出すことができる。

県外出身の「非体験世代」にとっての沖縄戦　家族が沖縄戦を体験していなくても、沖縄戦が「自らの問題」となる可能性はある。一例として、筆者（北上田）自身がひめゆり学徒隊の戦争体験者との対話を試みた「虹の会」の活動の中で、戦争当時の学校と現在の学校の類似点に気づいたことを振り返って書いた、次の言葉を紹介したい。

「その様子がわかればわかるほど、彼女らの進む先にあった戦争という出来事が私たちとは無関係ではなくなる。『今の社会の様子は戦前に似てきている』という体験者の言葉にドキッとさせられる。」（小森陽一監修、二〇〇八年）

沖縄戦を学んでいくと、その時代を生きた等身大の人間の姿が見えてくるし、その一人一人が一体何を考え、感じ、生きていたのかが知りたくなる。そして、その実態に迫れば迫るほど、沖縄戦は決して過去の問題ではなく、自らの「今・ここ」と地続きの問題であることがわかってくる。体験者や関係者との対話を通して、家族の問題ではなく「自らの問題」として沖縄戦を学ぶ意味に気づくことはできるのである。

どうすれば被害を避けられたのか　戦争を体験していない世代が沖縄戦を学ぶ意味について考える上で、沖縄戦研究者の言葉も紹介しておきたい。林博史は「沖縄戦による膨大な被害をどうすれば避けられたのか」という問いに対して、沖縄戦に至るまでの過程と、その時々に当時どのような判断がなされたのかに触れた上で、次のように述べている。

「四五年の沖縄戦に至るまでの過程で、それを避けることができた（あるいは避けられたかもしれない）ターニングポイントはたくさんあった。しかし、それらの一つ一つの機会に、別の道への選択肢は潰されていった。」「一九三〇年代から四〇年代の人々は大きな失敗をした。そこから学ぶことができるのが、いまを生きる者の特権でもあり義務でもある。」（林博史、二〇一〇年）

沖縄ではこれまで、戦争体験者の証言や当時の行政・軍事記録など沖縄戦に関するさまざまな記録が蓄積されてきた（もちろんまだ十分ではないが）。そうしたさまざまな記録は、過去の出来事を現在に伝えてくれる貴重な資料であるのはもちろんだが、私たちが同じ過ちを繰り返さないために活用していく必要のある記録でもある。上記の「特権と義務」という言葉は、私たちが今後過去の沖縄戦の記録とどう向き合っていけばいいのかを問う言葉であると言える。

米軍基地問題と関わって　戦争体験者が沖縄戦の記憶と向き合わざるを得なかった要因として、戦後一貫して沖縄に存在する米軍・自衛隊基地の問題を指摘しないわけにはいかない。特に、たびたび繰り返される米軍（米軍人・軍属）による事件・事故は体験者らに沖縄戦の記憶を呼び覚まさせた。ひめゆり学徒隊を引率した仲宗根政善《なかそねせいぜん》は、一九七〇年に起こった米兵による糸満主婦轢殺《れきさつ》事件に関して、日記に次のように記している。

「轢殺犯人の無罪に抗議する沖縄県民の意識の中には、戦争体験の核があるからなのだ。糸満町の街路上に轢殺されて横たわる○○さん（引用者注…被害者の氏名）の屍は、沖縄戦の残虐性を想起させる」（仲宗根政善、二〇〇二年）

この記述は、戦後沖縄の人々が晒され続けることになる軍隊の本質的な暴力性に対抗する核として、県民の間で戦争体験が共有されていたことを指摘するものである。そして、復帰後現在までも体験者らが軍事基地の問題について、自らの戦争体験を交えて声をあげざるを得ない状況は変わっていない。戦場を生き抜いた中山きくさんは、二〇一五年に開催された辺野古新基地建設阻止県民大会の共同代表として、壇上で次のように述べた。

「『お国のために』と、県民総出で軍事基地造りをしたことが思い出される。しかし、それは抑止力にはならず、むしろ沖縄戦に直結した」「次世代の人々に私のような戦争のある人生を歩ませてはならない」「戦争を知らない皆さんに、『基地が戦争に直結する』ということを伝えたい」（琉球新報二〇一五年五月十八日記事掲載の、県民大会における中山きく発言要旨より）

自らの戦前の体験と重ね合わせながら、日米両政府の進める新基地建設の意味を鋭く問うこの言葉の持つ意味は重い。恒久的に軍隊との共存を迫られようとしている現状が、彼女に繰り返し「戦争体験の核」を想起させ、声をあげさせているのである。

沖縄戦研究は何を問うてきたのか　もちろん、目の前の軍事基地の有無に関係なく、沖縄戦はさまざまな面で今日なお続いている世界のさまざまな戦争・紛争とつながっている。

沖縄戦研究者は、そうしたことも視野に入れて「軍隊の論理」を明らかにしようとしてきた。この点について、沖縄戦研究者の嶋津与志（大城将保）の次の言葉を紹介したい。

「私が軍の責任という場合、それは軍の作戦方針とか軍隊の論理のことを言っているのであって、けっして一般将兵の個々人を指しているのではないことはご承知ねがいたい。」（各地で発生した重傷兵の処置の問題に触れた上で）「一般住民の自決も重傷患者の自決も、基本的には軍の方針であったという点では共通していると見ていいだろう。（中略）弱者がまず処置されるというのが戦場の掟であり、軍隊の論理だったのだ」

現代の戦争においては、兵士よりも民間人の犠牲者が多くなる傾向があるとともに、内戦や紛争を引き起こし、経済格差の増大によって生じる貧困の問題が内戦や紛争を引き起こし、結果的に民間人が銃を持って「軍人」とならざるを得ない状況がある。上記のように、沖縄戦研究者らは戦場で死に追いやられた民間人にとどまらず、もともと民間人でありながらも死を強要された日本兵という弱者の視点からも「軍隊の論理」を問うてきた。その沖縄戦研究の射程は、日本軍の論理だけにとどまらず、時空を超えて普遍的かつ本質的な軍隊の問題点にまでおよぶ。

これも沖縄戦を学ぶ、大きな意味であると言えるだろう。

（北上田　源）

〔参考文献〕大田昌秀、外間守善編『沖縄健児隊』（日本出版、一九五三年）、小森陽一監修『戦争への想像力―いのちを語り継ぐ若者たち』（新日本出版社、二〇〇八年）、林博史『沖縄戦が問うもの』（大月書店、二〇一〇年）、仲宗根政善『ひめゆりと生きて―仲宗根政善日記』（琉球新報社、二〇〇二年）、嶋津与志『沖縄戦を考える』（ひるぎ社、一九八三年）

2 沖縄戦と今日の基地問題

【もっと知りたい沖縄戦】
●場所　陸軍中飛行場跡（嘉手納町）、伊江島飛行場跡、ヌチドゥタカラの家（伊江村）、宜野湾市立博物館（宜野湾市）、ユンタンザミュージアム（読谷村）

沖縄県の基地問題は、戦前の日本軍による飛行場建設から始まった。多くの土地が基地のために取り上げられ、その後、米軍の沖縄上陸により、飛行場など軍事施設の建設はさらに広がった。日本との戦争が終結するといったんは基地は縮小へと向かうが、やがて冷戦の激化、朝鮮戦争の勃発など世界情勢の変化に対応して、ふたたび沖縄での土地接収と基地建設は拡大した。

日本軍による基地建設　一九四三年、日本軍による飛行場建設が始まった。それまで軍事的空白といわれてきた沖縄で、これは本格的な基地建設の始まりを告げるものだった。読谷村《よみたん》に設営された陸軍北飛行場は総面積七五万坪（二・五平方㎞）とも八五万坪ともいわれ、地元読谷村の座喜味《ざきみ》では地主二三二人が農地約三〇万坪を強制接収で奪われ甚大な被害を強いられた。伊江島でも飛行場建設が進み、当初一本だった滑走路はやがて拡大して「東洋一の飛行場」と称された。

一九四三年九月のマリアナ諸島を前線とする「絶対国防圏」の設定は、後方基地としての沖縄の航空基地の重要性を増し、さらに翌年マリアナ諸島を米軍が攻略すると沖縄の基地建設は緊急の課題に浮上した。航空作戦準備を最重点とする作戦方針を示した「十号作戦準備要綱」が参謀総長により指示されると、飛行場設営と防衛を主要任務とする第三十二軍が創設され、次に第十九航空地区司令部、その配下の飛行場大隊、さらに独立混成第十五連隊、第九師団、第二十四師団、第六十二師団など本格的戦闘部隊が次々に沖縄に配備された。飛行場建設は戦闘部隊も動員して本格化し、それまで比較的平穏に暮らしてきた沖縄県民は飛行場建設の徴用に動員された。そして、やがて急速に戦争の渦中に巻き込まれていった。

米軍による基地建設　一九四五年四月一日、米軍は沖縄本島中部（読谷村・北谷村）の西海岸から上陸、その日のうちに上陸地正面の北・中飛行場（嘉手納）を占領した。海兵航空隊の戦闘機部隊が北飛行場に到着するのは四月七日、中飛行場には四月九日に配備され、また伊江島飛行場へは陸軍航空隊の戦闘機部隊が五月十四日に配備された。読谷、嘉手納《かでな》、伊江島の飛行場を出撃する戦闘機部隊は、五月には奄美群島への攻撃を開始し、次いで沖縄から最初の九州攻撃を実施した。同時に、北・中両飛行場を発進する米軍機は、南部へ撤退する日本軍と住民にむけ銃爆撃とナパーム弾発射を繰り返し、その後は本島南部へのナパーム弾、ロケット弾、五〇〇ポンド爆弾、一〇〇〇ポンド爆弾による爆撃を連日のように続けた。

いっぽうで米軍は、占領地域の住民を本島北部を中心とする住民収容地区へ隔離し、その間に新たな飛行場建設に着手した。ボーロー（読谷村）、普天間、金武《きん》、泡瀬、ハンビー（北谷町）、瑞慶覧《ずけらん》などの新しい飛行場建設がこうして進められた。普天間飛行場では滑走路の真ん中に位置していた神山《かみやま》や宜野湾の集落が敷きならされ、滑走路に変わった。そして六月下旬に爆撃部隊が到着、沖縄での地上軍支援任務は六月十九日までに終了するが、戦闘機部隊による九州・奄美攻撃はその後も続き、七月以降攻撃の中心は爆撃部隊に移った。

日本との戦争が終結して収容地区から住民の帰村が始まると、広大な土地を囲い込み、立ち入り禁止区域にして基地建設を進めてきた米軍は、不要な土地を住民に開放した。米軍に甚大な被害をもたらした大型台風が度々来襲したこともあり、米本国への米兵の復員が加速し、沖縄の基地はいったん縮小へと向かった。

ふたたび「基地の島」へ　戦争終結後も続く米軍支配による基地使用は、サンフランシスコ講和条約発効（一九五二年）まで土地の無償使用が続いた。一九五〇年、沖縄で恒久的基地建設を始めると宣言した米軍は、地主との賃貸借契約によって土地使用権を得ようとした。このときの対象地は四万四〇〇〇エーカー（一エーカーは約四〇四七平方メートル）におよび、年間借地料はわずか坪あたり一・〇八B円、さらにこの支払いが二〇年の長期賃貸契約を前提とする内容に対して、ほとんどの地主は契約を拒否した。同意を得られない米国民政府はその後次々に布令、布告を発して土地の強制収用に着手した。伊江村真《ま》謝《じゃ》、西崎の両区をはじめ、宜野湾村伊佐浜《いさはま》では、武装軍隊が出動する事態にまで悪化した。米軍の強硬なやり方に地主はいっそう抵抗を強め、立法院で「土地を守る四原則」が決議されると、土地収用に反対する闘いは「島ぐるみ闘争」へと拡大した。

島ぐるみ闘争が高揚する一九五六年、本土から移駐する海兵隊を受け入れるためのキャンプシュワブとそこに隣接する辺野古《へのこ》弾薬庫が新規接収により開設した。同年日本政府は、「もはや戦後ではない」と戦後復興の終了を『経済白書』に記し、高度経済成長への道を歩み始めた。日本本土での米軍基地の整理縮小が進み、それまで岐阜、山梨、静岡など本土各県に分散配備していた海兵隊が、ふたたび沖縄への移駐を開始した。

核基地建設　沖縄には最大で一三〇〇発の核兵器が配備されていたこと、一九五九年には核弾頭を搭載した可能性があるミサイルが誤発射されたことなどが、二〇一七年九月十日放送のＮＨＫスペシャル「沖縄と核」で報じられた。このような基地強化は「島ぐるみ闘争」が終わってから始まっている。一九五七年県内八ヵ所にナイキミサイル基地、一九六〇年県内八ヵ所にホークミサイル基地、同年県内四ヵ所にメースＢミサイル基地と建設が続いた。メースＢを除き基地建設は新規接収によって行われ、これらのミサイル基地への核弾頭配備を担ったのは辺野古弾薬庫であるといわれている。

戦後読谷村内の某小学校の校長が「戦後は、児童の遠足コースをとるのに苦労する」と嘆いた。村内の名所旧跡の主要部分がほとんど基地として接収され、立入禁止の地区ばかりだという。「残波《ざんぱ》岬のボーローポイントにはミサイル基地、座喜味《ざきみ》城がナイキ基地、城下にはホーク基地、大きな鉄鋼の円筒のあるハンザ通信隊、楚辺のトリイステーション、渡具《とぐ》知《ち》のスターカム通信隊、喜名《きな》・伊良皆《いらみな》東方山岳地帯には四〇〇ＭＭＳ弾薬部隊、旧親志《おやし》部落の東西は弾薬集積所、牧原《まきばる》には特警隊、全村ことごとく基地に取りまかれた。そして旧読谷尋常高等小学校を中心としたキビ耕作地六五万余坪は飛行場となり、パラシュート降下演習に使用され、軍用トラックの投下により学童を圧死した事件も発生した」（一九六九年発

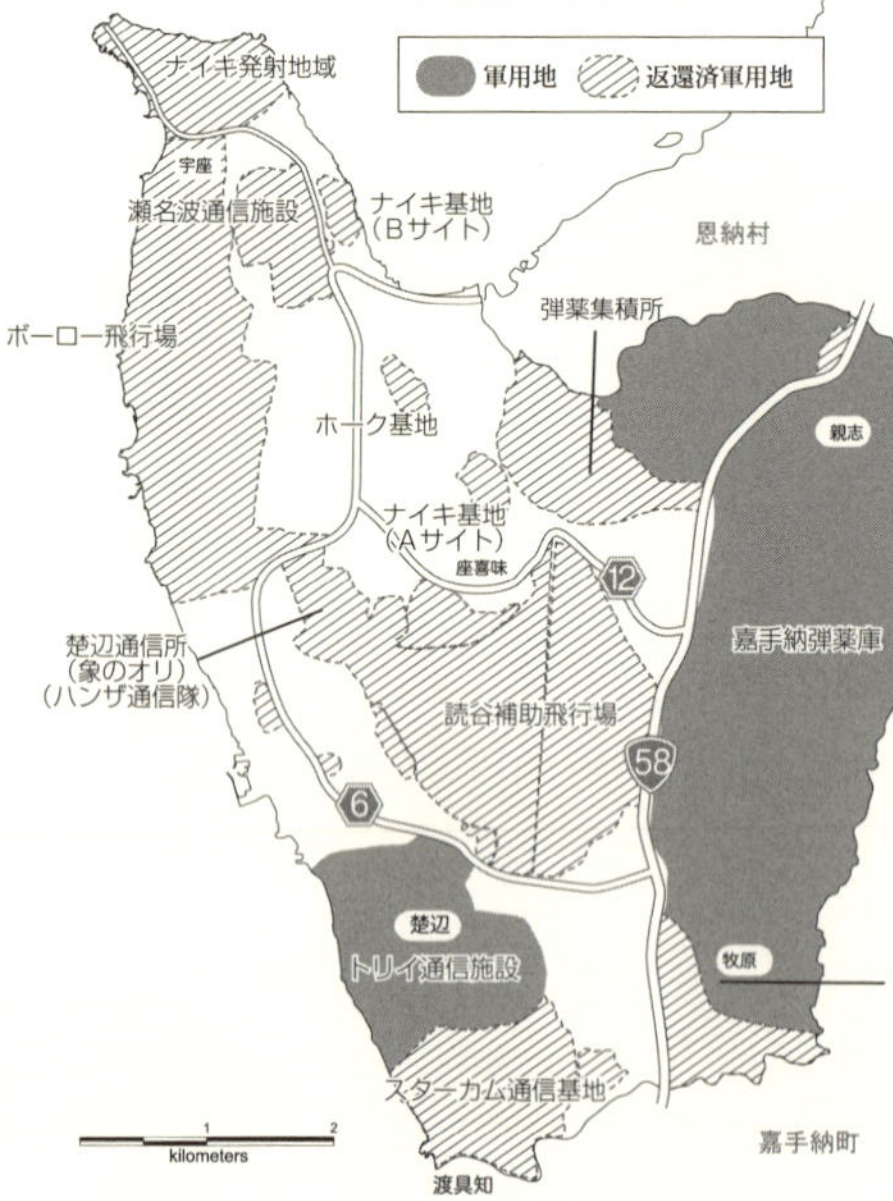

●—読谷村の米軍基地（2006年現在）

行『読谷村誌』)。

主要な地域を基地として接収された沖縄では、軍施設の近くにとどまらざるを得ない「基地との共存」はいたるところで強制された。それゆえに、米軍基地に起因する事件・事故は後を絶たない。一九九五年米兵による少女レイプ事件は、基地被害により潜在する沖縄県の怒りを沸騰させ大規模な県民大会が開催された。これを契機に日米特別行動委員会（SACO）が開かれその最終報告で沖縄県の基地負担軽減が強調された。しかしそれから二〇年余を経過して、いまだ国土面積の〇・六％の沖縄に在日米軍基地の七〇・六％が集中しており、沖縄県北部訓練場には四つのヘリパッドが完成し、新型輸送機オスプレイが沖縄の上空を飛来し、さらにいま再び辺野古への新基地建設が強行されている。普天間飛行場の移設先という口実をつけようと、基地機能の強化であることに変わりはなく、五〇年代に米軍が行ったことをいま日本政府が行っている。「国民全体での負担」にはほど遠い現実に、故翁長雄志（前沖縄県知事）は「いったい沖縄が日本に甘えているんですか。それとも日本が沖縄に甘えているんですか」と訴えた。

（豊田純志）

〔参考文献〕林博史『沖縄からの本土爆撃』（二〇一八年、吉川弘文館）、林博史『米軍基地の歴史』（二〇一二年、吉川弘文館）

●—沖縄県の基地の現状
(『沖縄から伝えたい。米軍基地の話。Q&A』平成29年，より作成．
普天間飛行場を含む在沖米軍基地の７割を占有する海兵隊は，1950年代には岐阜，山梨，静岡，大阪，奈良などに分散配置されていた．)

3 心の傷—体験者の心に与えた影響

「ありったけの地獄」「鉄の暴風」と形容される地上戦を生き伸びた体験者たちは肉体だけでなく、心にも大きな傷（トラウマ）を負い、その後の人生に大きな影響を与えた。その体験者たちが戦争を体験していない私たちに訴えるものは何だろうか。

今日までの続く戦争トラウマ　トラウマとは、強い恐怖心や、無力感をともなう出来事によって生じるもので、生命や身体に大きな脅威となり、時間が経過しても尾を引く。こうしたトラウマが引き起こすさまざまな症状をＰＴＳＤ（心的外傷後ストレス障害）という。

沖縄戦の体験者たちがこの傷を癒せずにいる大きな原因の一つに沖縄の基地問題、そこから派生する問題があるといえる。沖縄戦ＰＴＳＤの体験者に向き合い、長年研究をつづけている、蟻塚亮二《ありづかりょうじ》による調査をみてみよう。

蟻塚は、体験者の晩年に発症する「沖縄戦による晩発性ＰＴＳＤ」を通じて、多くの事例を見出した。それらを、「沖縄戦の精神的被害のサブタイプ」として、毎年六月二十三日の慰霊の日やお盆が近づくと不眠やうつ状態におちいる「命日反応型うつ状態」や、心のストレスが体の痛みとなって現れる「身体化障害」など一〇のタイプにまとめた。

また、沖縄が抱える基地問題が大きく影響し、発症するケースがある。

・米軍機やオスプレイが飛ぶと、今でもその音が怖い。掃除機の音は上空から急降下していく戦闘機の音を連想させる。

・花火が怖い。ジェット機の音が嫌い。壕の中で爆発した火薬の匂いを連想するので、マッチがすれない。梅雨時になると壕の匂いやカビ臭さを思い出す。収容所でのカルキの強い水を連想。塩素系の漂白剤は使えない。

・二〇代の頃から亡くなった母の夢を見るようになった。戦

【もっと知りたい沖縄戦】

●場所　ユナッパチク壕跡の碑（伊江村）

●人物　仲井間小夜子、山内輝信、平良啓子

場で自分をかすめた銃弾が自分を抱いていた母を射抜いて、母は死んだ。ベトナム戦争が起きたときには、「また戦争が起きる」と確信した。結婚して子供をつくると、子供が自分のように辛い思いをすると思い独身をつづけてきた。体験者の人生に深い影を落とすこれらの事例は、氷山の一角であり、沖縄戦との関連で本格的に調査が始まったのは沖縄戦から六七年を経過した二〇一二年であった。

一方でこのことをきっかけに社会的関心が高まり、辛く苦しい胸の内を明かす戦争トラウマを抱えた体験者の声が少しずつ出てきた。

体験者に節目はない　「沖縄戦の縮図」といわれる伊江《いえ》島の戦争を体験し、避難した壕で命をつないだ並里千枝子さんの手記を通して戦争トラウマの具体的事例をみていきたい。

「庭の草むしりをしていて、土の中からミミズが這い出てくると、ユナッパチク壕のうじ虫を連想し、体が固まって動けなくなる」。このユナッパチク壕とはどのような場所だったのか。

並里さんは一九四五年四月伊江島の戦闘開始直前、伯父のすすめにしたがい、日本軍が地下二〇㍍のところに構築したユナッパチク壕へ避難した。すでに住民がぎゅうぎゅうづめとなり超満員の状態だった壕の入り口でいきなり手榴弾が爆発した。敵が壕に来たと思い込んだ住民たちは、事前に自決用として日本軍から家族に配られた手榴弾を次々と爆発させ自決をはかる。「助けてくれ」「水、水」という呻《うめ》き、叫びが轟く阿鼻《あび》叫喚《きようかん》の地獄のなか、並里さんは家族といったん壕を出る。しかし、米軍に捕まるのを怖れ、ふたたびユナッパチク壕へ入る。壕内は「クッ、クッ、ピシャ、ピシャ」というウジが死体を喰いあらそってたぎる音に支配されていた。ウジたちは虜であった死体を離れ、並里さんたち家族に闇の奥から押し寄せてきたため、手榴弾の空き箱を積んで、何とか難を逃れることができた。

このように何気ない日常生活の中でフラッシュバックする瞬間が訪れ、体験者を恐怖に陥れ、苦しめる。そういう意味において体験者に節目はなく、現在進行形なのである。

戦争への道を許さない体験者たち　自身の戦争体験を通じて、現在の沖縄がかかえる軍事、基地問題に抗議し、次世代戦争につながる道を断とうしている体験者たちがいる。

南洋パラオでの戦争体験をもつ仲井間小夜子さんは九〇歳近くまでデイサービスの看護師など、精力的に活動されていた。現在、毎週辺野古新基地反対の現場へ足を運んでいる。仲井間さんの根底にあるのは、いてもたってもいられない、戦争へむかうのではないかという不安である。戦争で生き残ったものとして、自分のできることを精一杯やりたい、次代へ基地を残したくないという強い思いである。

沖縄戦のときには海外ですごしたので、地上戦を体験した沖縄の人より大したことはないと、仲井間さんは自身の体験をあまり声高に話されない。しかし生死をわけるような厳しい体験をしている。仲井間さんがいたロタ島には米軍がすさまじい艦砲射撃を行い、住民は逃げ惑い、洞窟に身を潜めた。仲井間さんは当時一七歳で、普段からの知り合いの看護師の女性と行動をともにしていた。その時、一発の砲弾が近くで着弾し、仲井間さんは吹き飛ばされ、気を失った。意識が回復したとき、一緒にいた女性が尻の肉をえぐられ即死したことをきき、号泣し、悲しみにくれた。

この話をされるときには、いつも快活で、行動的な仲井間さんが表情を曇らせ、涙ぐんでしまう。知人を戦争で失った心の深い傷は思い出すたびに表に出てくるようである。でもこうした自身の体験を教員のときから紙芝居で話してきた。みずから体験をふまえ戦争につながる一切の道を拒否している。これ以上の基地負担を沖縄に強いることは許さないとの思いから、辺野古に足をはこんでいる。


「基地があるところは必ず攻撃される」　山内輝信さんは恩《おん》納《な》村仲泊の出身。沖縄戦当時九歳で近くのガマに身を潜め、命をつないだ。収容された民家には一〇家族ほどが住み、広い家とはいえ、厳しい生活を半年にわたって強いられた。故郷の仲泊に戻ってきても、住む家もなく、集落の中で住むところを確保したが、雨風をしのぐ程度の小屋のような家で生活をスタートさせた。父親は防衛隊（28を参照）として南部の戦線を生き延びるが、家族と再会することなく、約一年にわたってハワイに収容された。もどってきたときの生活の窮状に「集落の代表として兵隊まで行って、生き延びてきたのに、その苦労した人間の家族をこんな目にあわせるのか」と当時の区長ににじり寄ったという。

こうした戦中、戦後の体験をふまえ、地域の子どもたちに自身の体験とあわせ、今の沖縄の基地のあり方についての若者たちの感覚、現在の安倍政権の沖縄に対する政策に強く不安を覚えている。「抑止論とかというが、基地があるところはかならず攻撃される。沖縄戦でも日本軍が駐留し、基地をつくり、そこを米軍が攻撃してきた」「自分たちが体験した苦しい体験、戦後の生活を考えると今の憲法九条の平和主義は大切で、絶対にまもらないといけない」と強く訴える。


「戦争のための基地は絶対につくらせない」　対馬丸撃沈事件で生き残った人の中には、沖縄戦がはじまる前に沖縄に帰り、さらに戦争の地獄を味わう体験者がいる。

生き残りの一人である平良啓子さんは大宜味《おおぎみ》憲法九条の会のメンバーとして東村高江《ひがしそんたかえ》のヘリパッド建設反対のすわり込みに参加している。彼女をかり立てているのは自身の体験と、戦時中の軍国主義教育の恐さを身をもって感じているからである。

一九四四年七月サイパンが陥落し、沖縄に戦争の足音が迫る中、県外疎開への動きが強まる中、平良さんの家族からは祖母、長兄の許嫁、姉、六年生の次兄、従妹、平良さんの五人で行くことになった。

一九四四年八月二十二日、米潜水艦の攻撃で対馬丸《つしままる》は沈没、祖母と次兄が犠牲となった。また平良さんを苦しめたのは従妹も犠牲になったことだった。故郷に帰ったとき、従妹の母に「あんたは帰ってきたの?　娘は太平洋に置いてきたの」といわれたことは平良さんの心を痛めた。このことばずっと心に残り、自分だけが生き残ったという呵責にさいなまれた。生き残ったことを嬉しく思わせない戦争の後遺症は消えることはない。故郷の国頭《くにがみ》村へ命からがらもどって間もなく、沖縄戦がはじまり、国頭の山中を栄養失調、マラリアに苦しめられる中、草木、虫、カエルなどを食べながら生き延びた。

戦後、戦争中の軍国主義教育がいかに怖いものかを身をもって体験したことから、教師の道を選んだ。二度と戦争を起してはいけない、戦争のための基地は絶対つくらせない、この思いで子どもたちに語りかけ、東村高江のヘリパット建設反対の場へ足を運ぶ。

●―精神に異常をきたすなどの理由で監禁された人々（沖縄県公文書館所蔵）

七四年前の体験をへて、二度と戦争の道を歩ませない、戦争につながる一切のことを許さないと、身を切られるような思いをしながら、戦争を知らない世代に訴える体験者がいる。この訴えに対して、私たちはどのようにこたえていくことができるだろうか。

（瀬戸隆博）

〔参考文献〕『戦争とこころ―沖縄からの証言』（沖縄戦・精神保健研究会、二〇一七年）、『知られざるユナッパチク壕～あの時、地の底で何が起きたのか』（並里千枝子、二〇一五年）

4 どうして沖縄が戦場になったのか

【もっと知りたい沖縄戦】
●人物　牛島満、長勇、早川元、アーネスト・キング、チェスター・ニミッツ、八原博通

一五年戦争といわれたアジア太平洋地域への侵略戦争は、一九三一年の満洲事変から始まり、一九四五年で終わった。だが最後の砦《とりで》となった沖縄は国内で唯一、五〇数万人もの住民が巻き込まれた地上戦がおこなわれた地だった。この沖縄戦に至るような戦争を日本はなぜ起こしたのだろうか。

世界恐慌から満洲事変へ　明治以降、日本政府は列強国といわれた欧米諸国と肩を並べるため、彼らと同じ帝国主義的な政策を進めていった。その経過が台湾出兵（一八七四年）・琉球処分（一八七九年）・日清戦争（一八九四年〜九五年）・日露戦争（一九〇四年〜〇五年）・第一次世界大戦への参戦（一九一四年〜一八年）などである。そうした戦争により日本は台湾、朝鮮などを植民地とし、中国東北部（満洲）や南洋諸島に勢力を拡げていった。

一九二〇年代においては大正デモクラシーの高揚をうけて政党政治が行われるようになったが、引き続く恐慌、さらには一九三〇年から始まった世界恐慌によって経済はどん底に落ち込んだ。特に農業分野では米や生糸価格が暴落、追い打ちをかけるように東北・北海道地方では冷害が襲い大凶作に陥るなど、農民の暮らしは飢餓や身売りが出るほどまで追い込まれた。沖縄では黒糖相場が暴落、ソテツ地獄と言われるほどの飢餓状態に陥り、それを逃れるために海外移民は頂点に達していた。

こうした危機を打開するため、中国への侵略を一気に拡大する中で国家改造を図ろうとする軍部やそれに呼応する政治勢力が出てきた。その結果日本は、日本軍の自作自演である南満洲鉄道爆破事件（柳条湖事件・一九三一年）を皮切りに、満洲を一気に占領し、傀儡国《かいらい》「満洲国」を建国した。これが満洲事変である。

全国各地では中国を非難し、日本軍の軍事行動を支持する

排外主義が広まった。満洲国が成立して間もなく、例えば八重山郡では郡民大会が開かれ「人道的に外れた支那を徹底的にこらしめること」、日本は「国際連盟や第三国が支那を擁護しても正統なる主張の貫徹」という二つの決議が採択された。沖縄県会では、県会議員二一人の連名で「国防思想の向上」「県民士気の高揚上最も有効なる施設」として沖縄分遣隊（常駐部隊）と沖縄憲兵隊の設置を要請する意見書が出された。

国際連盟脱退と日中戦争　国際連盟によって満洲国建国を侵略行為と非難された日本は、それに反発して国際連盟を脱退（一九三三年）した。満洲国建国を機に日中間で緊張感が高まるなか、盧溝橋《ろこうきょう》事件（一九三七年）が勃発した。日本政府と軍部はこれをきっかけに全面戦争をしかけていく。日中戦争の始まりである。

日本軍は中国へ大量の兵士を送り込んだが、占領したのは「点」と「線」でしかなかった。中国の首都南京で起きた日本軍による住民や捕虜の大虐殺は、その初期の戦場だった。この「南京大虐殺」（一九三七―三八年）には、のちに沖縄戦で指揮を執った第三十二軍司令官牛島満《うしじまみつる》、参謀長長勇《ちょういさむ》らも関わっていた。また、沖縄に配備された第二十四師団、第六十二師団も日中戦争を経験していた。特に第六十二師団には、日本軍が中国戦線で行った「三光《さんこう》作戦」（焼き尽くす、殺し尽くす、奪い尽くすの意）を経験した兵士たちが多数含まれており、その経験が、沖縄戦での悪質な振る舞いにつながったと考えられる。

三国同盟から英米開戦へ　一九三九年九月、ドイツがポーランドに侵攻したことで第二次世界大戦が始まった。日本はナチスドイツやファシストのイタリアと「三国同盟」（一九四〇年）を結び、英米らと対立する道を選択した。その目的は、ドイツ・イタリアと手を結ぶことで世界を再分割し、インド以東のアジアを「大東亜共栄圏」として大日本帝国の勢力圏とする構想だった。

英米両国は、アジア・中国の権益を日本に侵害されることを恐れていた。一九三九年、米国は日本に対し「日米通商航海条約」破棄を通告、その後も日本が北部仏印（一九四〇年）、南部仏印（一九四一年）とインドシナへの軍事占領を拡大していくと、米国は在米日本資産の凍結、対日石油全面禁輸と次々と制裁措置を行った。当時、石油資源の八〇％を米国から輸入していた日本にとって、この制裁は大きな痛手だった。そのため日米交渉が行われると同時に、軍部からは「南進論」、つまり東南アジアを占領することによって石油など重要資源を獲得しようという「早期開戦論」が浮上してきた。

アジア太平洋戦争と沖縄　一九四一年七月以降、数度にわたる天皇の臨席した御前会議の決定を得て、十二月八日、日本軍は英領であるマレー半島コタバルとタイに上陸、そしてオアフ島（ハワイ諸島）真珠湾の米軍基地を奇襲攻撃した。アジア太平洋戦争の始まりである。「開戦」が国内で報道されると、各地では歓声が湧き上がり祝賀会などが開かれた。沖縄では早川元《はやかわはじめ》知事を先頭に県会全員・県庁部課長および翼賛会県支部職員らで波上《なみのうえ》神宮に参拝、戦勝祈願が行われた。

当初、日本軍は占領地を拡大したが、ミッドウェー海戦の敗戦（一九四二年六月）以降、ガダルカナル島での敗戦（一九四二年十二月〜四三年二月）、そしてアッツ島、キスカ島など北太平洋地域の島々が次々と占領されると、大本営は新たな戦略として「絶対国防圏」（一九四三年九月）を設定した。これは日本国の存立のために絶対に守らなければならない地域という意味である。沖縄では、その絶対国防圏沿いの地域を背後から援護する目的で伊江島・読谷村などで飛行場建設が始まった。

いっぽう、米軍はサイパン島（一九四四年七月）などマリアナ諸島を次々と攻略。「絶対国防圏」の一角が崩れた大本営は、日本本土（皇土）防衛を最重要と位置づけ、台湾・沖縄などに地上軍を増強した。七月から八月にかけて陸軍部隊が次々に沖縄に送られ、新しく第三十二軍司令官として牛島中将が着任した。九月末には主な飛行場はおおむね完成した。

その後米軍は、フィリピンレイテ島上陸（一九四四年十月）を計画、日本軍の援護を断ち切るため、一九四四年十月十日、十・十空襲で沖縄を奇襲攻撃した。日本軍飛行場は破壊され軍都となった那覇市は壊滅、住民にも大きな被害が出た。ここに事実上、沖縄戦の第一幕が開かれた。

なぜ、米軍は沖縄をねらったのか　サンフランシスコでは一九四四年九月二十九日から十月一日にかけ海軍作戦本部長アーネスト・キング提督、チェスター・ニミッツ提督を始めとした海軍首脳会議が開かれていた。これまで太平洋地域を二つのルートで進攻していた米軍は、日本本土進攻に向けた戦略ルートを練っていた。当初、フィリピン占領後に台湾―中国沿岸ルートを攻めるという考えもあったが、このルートは大規模な部隊と補給が課題だった。太平洋方面軍最高司令長官であるニミッツ提督は早い段階から硫黄島―沖縄攻略を進言しており、沖縄で日本本土進攻をおこなうための航空基地・兵站《へいたん》基地を確保すると同時に、本土と南方との交通網を遮断、さらに本土空襲を強化することで日本を敗戦に追いこむという考えだった。

一九四四年十月三日、統合参謀本部は「一九四五年三月一日（のちに四月一日に変更）までに琉球列島内で、島を一つ、あるいはそれ以上占領するよう」、ニミッツ提督に命じた。これが「アイスバーグ作戦」である。硫黄島を攻略（一九四五年二月—三月）した米軍は次の矛先を沖縄に向けた。

大本営による沖縄の位置づけ　その後十・十空襲で態勢の立て直しを迫られるいっぽうで、大本営は「帝国陸海軍作戦計画大綱」（一九四五年一月二十日）を策定した。この時点で沖縄は皇土＝本土とはみなされず、本土防衛のために敵に損害を与える時間稼ぎ、すなわち持久戦が求められたのである。この時第三十二軍は台湾に駐留していた第十方面軍の隷下にあった。第三十二軍八原《やはら》博通《ひろみち》高級参謀は第十方面軍の諫《いさ》山《やま》方面軍参謀長に「米軍が南西諸島や台湾に来攻した場合、中央にはこれを救済する手段がない。結局われわれは、本土決戦のための捨て石部隊なのだ。つくすべきをつくして玉砕する外はない」と言われたという。

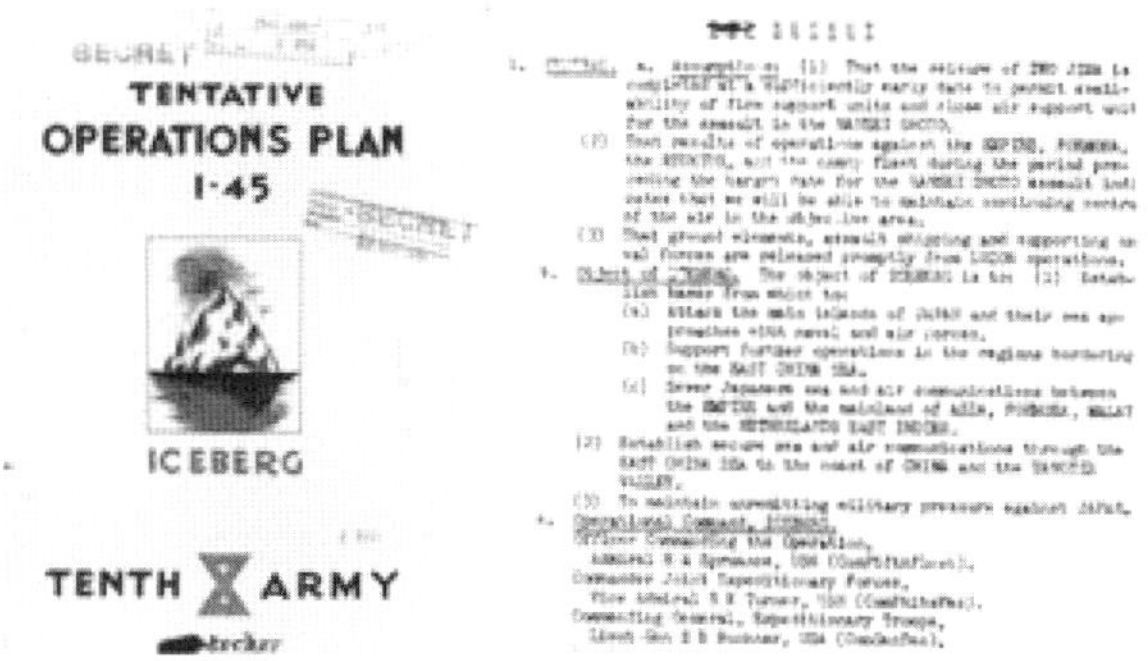

●—アイスバーグ作戦計画書（1945年1月）

大本営は、すでに一九四四年九月から十二月にかけ、第三十二軍の壊滅後、米軍要塞化された沖縄でゲリラ戦を行うための戦略として陸軍中野学校出身者四二名を潜伏させていた。沖縄はまさに「皇土防衛」「本土決戦」に向けた「捨て石」にされたのである。

こうした絶望的な戦争継続に対する疑問も、支配層の中には生まれていた。一九四五年二月、重臣であった近衛文麿元首相は天皇に対して、敗戦は「必至」だとしてすみやかに戦争終結を図るように上奏した。しかし天皇は「もう一度戦果を挙げてから」と近衛の提案を斥けた。第三十二軍は大本営に対して増援を求めるも拒否される中、沖縄に米軍が上陸して来たのである。

（川満　彰）

〔参考資料〕『沖縄県史　各論編六　沖縄戦』（二〇一七年）、大田昌秀『総史沖縄戦』（岩波書店、一九八六年）

5 戦時下の沖縄の人々

【もっと知りたい沖縄戦】
●場所　久松五勇士顕彰碑（宮古島市）
●人物　沖縄連隊区司令官・石井虎雄

近代の沖縄においては、十九世紀末（明治三〇年代）以降の教育、風俗改良運動で、沖縄県民の「日本人化」が進められてきたが、一般の人々が積極的に他府県と同様の言語、生活習慣を意識し出すのは一五年戦争下でのことだった。とりわけ、日中戦争勃発後の挙国一致体制のなか、軍事化と皇民化政策を通して、「標準語」使用を心がけ、沖縄独自の服装を改めるなど、県民総掛かりの新たな風俗改良運動が繰り広げられるのである。

天皇制国家への精神教化　一九二〇年代以降、沖縄は慢性的な経済不況に見舞われ、満洲事変が勃発しても、多くの県民にとって生活苦のため戦争どころではなかった。そんな軍事思想の乏しい農村民に対し、沖縄県は経済更生計画をベースに国防・愛国運動に乗り出した。一九三二年には国防研究会を発足させ、翌年には県民の募金による兵器献納運動を展開、さらに三四年から翌年にかけて、日露戦争時に敵艦の発見を打電した宮古島の「久松五勇士《ひさまつごゆうし》」の顕彰運動をこの時期に行うなど、天皇制国家への精神教化を目標に、県をあげて教育・文化分野での軍事化を進めていった。

　そして三七年、日中戦争勃発を機に、国民に戦争協力を促すための「挙国一致・尽忠報国・堅忍持久」をスローガンにした国民精神総動員運動（精動運動）が始まると、沖縄人の内面的な「日本人化」は急速に高まっていった。県主導による日本精神の発揚、生活改善を含めた社会風潮の一新、非常時経済政策への協力などを目標にした精動運動が進められた。そんななか、大日本国防婦人会沖縄地方本部では、「琉装《りゅうそう》（帯を締めない沖縄独特の女性の着付け法）にエプロンはみっともない」と和装着用運動に着手し、翌年には女教員によって琉装全廃運動へと拡大された。さらに、翌年の国家総動員法施行を好機として、県内の教育界、政官界、ジャーナリストらを中心に「沖縄生活更新協会」が組織され、生活習慣や冠婚葬祭等、沖縄的なものを排除して「日本人の水準」に到達するための県民の努力義務が強力に推し進められていくのである。

その極めつけが、「方言の殲滅《せんめつ》」だった。一八七九年の琉球処分以降、学校教育を中心に日本語教育が進められていったが、一九三九年、沖縄県は「標準語励行県民運動三カ年計画」を策定し、大がかりな「標準語励行運動」を展開するのである。大宜味村では「標準語」を使えない高齢者のブラックリストが作成されて教員がその指導にあたり、全県的に「いつもはきはき標準語」「一家そろって標準語」のポスターが各所に貼られた。このキャンペーンに対して、翌年、日本民芸協会メンバーから「行き過ぎ」が指摘される。県民運動に水をさされた県当局は反撃し、「方言論争」へと発展した。また、三五年から呼びかけられてきた仲村渠《なかんだかり》とか勢理客《じっちゃく》などの苗字や、ナベ、ウシ、カマドなど沖縄独特の〝珍奇な〟名前のヤマト風への改姓改名が新たに受け付けられ、とくに改名者については一年間で二～三〇〇〇人に達したと『大阪朝日新聞』（一九三九年二月八日）は報じている。「日本人的精神」を培養するために取り組まれた第二波ともいえる風俗改良運動は、戦時生活の下で急激に展開されていくことになる。

「銃後強化」へ

一九三九年九月、政府は精動運動の一環として、毎月一日を「興亜奉公日」と定めた。これを受けて精動運動沖縄事務局では、傷痍軍人や出征軍人遺家族の訪問、宮城《きゅうじょう》（皇居）遙拝、戦没軍人の墓参りなどを申し合わせ、同時に料理店や辻遊郭、カフェなど娯楽施設の自粛自戒《じしゅくじかい》、飲酒・喫煙の節制、女性の華美な化粧や服装の廃止などを決定した。またこの年、「国民徴用令」が出され、男性たちの強制就労が制度化されたが、沖縄の場合は出征者が増えただけでなく、南洋諸島や海外への移民によって男性たちの労働力が大幅に不足しており、女性たちがその国策を担わなければならなかった。那覇市の桟橋埠頭《さんばしふとう》での仲仕《なかし》（船の貨物の積み卸《おろ》しをする人）や、漆器作り、壺屋《つぼや》の陶器製造、道路工事の「人夫」など、それまでの男性の職場に、女性が〝経済戦士〟として動員された。

一九四〇年には、この年が神武天皇即位から二六〇〇年にあたるとして、天皇への忠誠、戦争完遂の決意などを強調した全国的な祝賀行事が行われた。こうした動きのなかで大政翼賛会が発足した。総力戦争を遂行するために、政府への全国民的協力組織として、上意下達の戦時行政の機構が作り上げられたのである。内閣総理大臣を総裁に道府県、郡・市区町村に支部を置き、その下部組織として部落会・町内会、さ

●—愛国婦人会沖縄支部の幹部たち（徳田安弘氏所蔵）

らに最小単位の隣保《りんぽ》班・隣組が設けられた。「ぜいたくは敵」「欲しがりません勝つまでは」の標語のもと、生活必需品の配給統制がはじまり、その配給物資がすべて隣保班・隣組を通して行われるため、組織を離れて生活することは不可能であった。

　また国防婦人会沖縄地方本部や愛国婦人会沖縄支部では、出征兵士の送迎や慰問袋作り、出征軍人・遺家族の慰問、そして戦地からの朗報には地域内でパレードを行うなど、積極的な「銃後強化」に取り組んだ。男たちが国外の〝前線〟で戦っているのに対し、女たちは国内の〝銃後〟で男たちを支えるという、戦時下の、性別役割分担の構図ができあがっていた。住民の指導にあたったのが、「同化」・皇民化を学び、その推進役を担った地域の教員や在郷軍人会、青年団、婦人会の幹部たちだった。戦争が長期化するにつれ、部落会、隣保班は国民貯蓄の増額を押しつけられ、また、食糧の供出や金属類の回収にも動員されていくことになる。とりわけ軍需用の金属資源が大幅に不足したことで、一九四一年には「金属回収令」が公布され、婦人会ごとに、自宅で使用中の鉄鍋や高齢女性のジーファー（鉄製のかんざし）、地域や学校の銅像などが競って供出された。

　同年、政府は「人口政策確立要綱」を閣議決定し、結婚の早期化と、いわゆる「産めよ殖やせよ」で出産奨励に乗り出した。結婚年齢を男性二五歳、女性二一歳とし、それまでの平均四人出産から五人にして人口を増やすことをねらいとしたものである。すでに前年には、一〇人以上の子どもを生んだ沖縄の七五戸の夫婦が「優良多子家庭」として厚生省から表彰されたが、十二月のアジア太平洋戦争勃発により、兵士の増員がますます必要になると同時に、軍需物資をはじめとする生産に必要な労働力不足も深刻になり出していた。

　新たな戦争のはじまりで、四二年一月から毎月八日を「大《たい》詔奉戴日《しょうほうたいび》」とすることが閣議決定され、国民の戦意高揚がはかられることになった。沖縄では神社などに住民が集まり、天皇への忠誠を誓う儀式や、地元有力者によって戦争の意義が語られ、戦争協力への決意を確認しあった。それまで三つあった婦人会（愛国・国防・連合）が統合されて大日本婦人会となり、二〇歳未満の未婚の女性を除くすべての女性が総力戦部隊として加入させられた。沖縄では早川知事夫人が会長になり、「皇国伝統の婦道」の名の下に、国防訓練や国民貯蓄報国運動をはじめ、軍人遺家族救援、合同慰霊祭などへと、会員たちが強制的に動員されていった。

とくに、出征兵士宅の食糧増産のため、早朝から婦人会員が束になって畑を耕すという「日の丸共同作業」は、「他県に誇る農業経営」として絶賛された。「日の丸」を畑の中央に立て、敬礼したうえで一斉に耕作に取りかかる。一通り終わると、「日の丸」を先頭に次の出征兵士の畑に移動し、生産拡充をはかるというものである。こうした婦人会員や出征兵士の子どもを預かるため、女学校生も「義勇託児所」の保育士として動員されていった。

戦線が拡大するなか、政府は四三年、「女子勤労動員の促進に関する件」を発表し、女子総動員態勢の強化をはかった。男性の労働力不足を補うため、航空機関係などの軍需工場に未婚の女性を「女子勤労挺身隊」として出動させるというものであった。沖縄県では翌年一月、女子青年団や女学校を卒業した女性たちを集めて女子勤労挺身隊を結成させ、送り出し前の合宿訓練を行った。そして二月、訓練を終えた女性たちの中から、第一次女子勤労挺身隊《きんろうていしんたい》を、軍需工場に変わった滋賀県の近江絹糸《おうみけんし》に送り出したのを皮切りに、第二次、第三次と次々に県外の軍需工場へ女性たちを送り、戦闘機の尾翼やプロペラ、水平安定板の部品造りにあたらせた。

こうした総力戦態勢のもと、沖縄県ではかねてから県民の信仰を神道に結びつけるため、一つの村に一つの神社を建立するという「一村一社建立ニ関スル件」を出していたが、まだ神社を造っていない町村に対して、住民の信仰の場として使用されてきたウタキを神社として祀ることを決定した。土着信仰にメスを入れ、皇国思想をより強固にする目的があり、ノロ（神女）を神職に変え、ユタ（霊的能力を持ち、呪術などを行う者）には徹底した弾圧が加えられた。報道管制が敷かれるなか、戦地の家族の動向を占うユタの発言が情報を混乱させるとして、三八年以降五百人余りが検挙されるのである。

こうした戦争への動員が行われるなか、第三十二軍が沖縄に配備されたことで、住民は軍主導の厳しい生活を強いられることになる。

（宮城晴美）

〔参考文献〕那覇市総務部女性室・那覇女性史編集委員会編『なは・女のあしあと　那覇女性史（近代編）』（ドメス出版、一九九八年）、金城正篤・上原兼善・秋山勝・仲地哲夫・大城将保『沖縄県の百年』（山川出版社、二〇〇五年）

コラム①

サイパン島の戦争

うるま市の照屋ナヘさん（一九一九年生）は「比嘉さんは一歳ぐらいの赤ちゃんをおっぱいを飲ませてそのまま窒息させた」と語る。サイパン島では沖縄戦で起きたことのすべてが起こった。サイパン戦は、最初に日本の民間人が巻き込まれた戦争であり、民間人死者約一万人のうち六〇%が沖縄県人であった。また、隣のテニアン島でも死者三五〇〇人のうち、日本の民間人のほとんどは沖縄県人だった。チャモロなど現地の人々も多くの犠牲を出した。

一九四四年六月十五日、米軍上陸が始まると住民は日本軍と混在しながら島北側のマッピ山や断崖・海岸に追い詰められた。糸満市の松川ツネさん（一九一五年生）は、ハナチルザン岬で「子どもの首をつかんで頭を割って殺し、海に捨てる人もたくさん見ました」と語る。うるま市の澤《たく》岻《し》弘（一九二七年生）は、妹弟が栄養失調で亡くなり、残った母と四名兄弟で海に飛び込んだ。だが本人だけが生き残った。サイパン島では、住民は米軍攻撃での犠牲の他、日本軍による住民虐殺、「自決」強要、壕追い出し等で犠牲となったという証言は枚挙にいとまがない。

六月二十四日、大本営はサイパン島を放棄。七月七日、指揮を執っていた南雲忠一《なぐもちゆういち》中将他二名は、生き残った兵士に最後まで徹底抗戦するよう命じて自決した。その頃、読谷村出身の山内米子さん（当時一二歳）は、一緒にいた隊長に日本軍との「共生共死」を強いられ、隊長から青酸カリを家族とともに飲まされたという。米子さん一人生き残った。隣のテニアン島でも「米軍に捕まりそうになったら、これで死ぬように」と日本軍から手榴弾を渡された人もおり、比嘉一門の約八〇人は「集団自決」で犠牲となった。日本軍は民間人であっても捕虜にはならず自決するように命令あるいは強要したのである。

大本営はサイパン戦で多くの民間人が犠牲となったことを、国家のために命を捨てたとほめたたえるいっぽう、民間人は戦闘のじゃまになるという教訓を得、沖縄では県外疎開が始まった。

（川満　彰）

〔参考資料〕池宮城けい・磯崎主佳・大池功『おばぁちゃんのバンザイ岬』なんよう文庫（二〇一六年）

6 沖縄の人々はどのようにかりたてられたか

【もっと知りたい沖縄戦】
●場所　伊江島飛行場跡（伊江村）、陸軍北飛行場跡（読谷村）、糸数アブチラガマ（南城市）
●人物　牛島満、長勇、島田叡、新垣善春

沖縄戦において日本軍は、沖縄県民やその生産物、所有物を最大限に動員・活用する方法をとった。男性は兵力として軍人に召集されたり、労働力として徴用や義勇隊にかりだされた。女性も労働力として、部隊の炊事や看護などに動員された。軍人だけでなく、一般住民までが根こそぎ動員されたのである。さらに、軍は食糧や木材などの物資、建物や土地などあらゆるものを接収し利用した。

飛行場建設作業への徴用　一九四四年四月に沖縄に配備された第三十二軍は、五月から読谷《よみたん》、嘉手納《かでな》、伊江《いえ》島、石垣島など各地で飛行場建設に取りかかった。その労働者として連日何万人もの一般住民が建設工事に動員された。中学生（男子）や女学生、小学生も教師の引率で勤労奉仕作業に送り込まれた。滑走路づくりは、スコップやツルハシ、鍬《くわ》などで地面を掘り、その土をモッコやザルに入れて運び、滑走路を平らにならして石を敷き詰めるという方法で、早朝から日没まで長時間働かされた。

湧川《わくがわ》幸子さん（当時一六歳・本部町）は伊江島飛行場で土運びをした際、宿舎不足により気味の悪い空き墓に寝泊まりさせられた。食事は「まともな芋すらなく、殆《ほとん》ど麦飯ばかりであった。そのために多くの者が下痢で苦しんでいた。汗と土にまみれて帰っても風呂もなかったので、作業が終わると海へ行って汗をふいた」という。

九月末、主な飛行場はおおむね完成したが、十・十空襲によって、主要な飛行場は破壊された。軍は、ふたたび多くの住民を徴用して各飛行場の復旧工事を始めた。

陣地構築作業への徴用　飛行場建設が本格化していた七月、日本が「絶対国防圏」の最重要拠点と位置づけたサイパンが米軍に占領された。米軍の沖縄侵攻が現実的になり、七月から八月にかけて地上戦闘部隊が続々と沖縄に送り込まれた。

●―米軍の捕虜になった防衛隊員と義勇隊員（沖縄県平和祈念資料館所蔵）

各地に配備された部隊は、学校や公民館、民家などの建物を兵舎や倉庫として確保し、「全島要塞化」に向けて陣地構築に取り組んだ。

陣地構築の工事に必要な労働力と建築資材は、現地で集められた。牛島《うしじま》満《みつる》司令官は八月十日、今後の基本方針として「現地自活に徹すべし　極力資材の節用増産、貯蔵等に勉むると共に創意工夫を加へて現地物資を活用し一木一草と雖《いえど》も之《これ》を戦力化すべし」など七項目の訓示を行った。草木一本までも戦力化し、人も物も現地自活に徹すると打ち出したのである。こうして住民は、壕掘りや土砂運び、材木の伐採などの過酷な作業に動員され、軍官民総ぐるみで昼夜兼行の突貫工事が全島でくりひろげられていった。

十一月には主力部隊の第九師団が台湾に引き抜かれることになり、その穴埋めのために、部隊の大規模な配備変更が行われた。ほとんどの部隊は、多大な労力を費やして作り上げた陣地を離れて、新しい場所に陣地を構築しなければならず、またしてもその労働力として住民がかりだされることになった。

食糧や物資の供出　日本軍は、食糧や家畜、土地、家屋、陣地構築に使う木材や石材なども供出という形で要求した。特に住民を苦しめたのは、長期にわたる食糧の供出であった。野菜やサツマイモ、豚、みそ、イモのでんぷんなどの食料品だけでなく、家畜や軍馬の飼料も要求された。家畜の牛や馬、豚などは、所有者でも自由に処分できなくなった。当初は供出品の代金が一応支払われていたが、途中からは払われなくなった。

徴用や供出は、軍が直接命じるのではなく、県の機関、町村、字（区）という行政機関を通して実施される仕組みになっていた。しかし、要求に応えられなくなると、部隊から字《あざ》の区長のところに押しかけていって軍刀を抜いて脅したり、区長を殴ったりして、無理やり出させるようになった。区長だった石嘉波《いしかわ》源竹《げんちく》（当時五三歳・本部町）は、「軍と民間との板挟みとなり、随分苦い思いをさせられた。三度三度の食事にも困っている村人たちに、軍命として供出を強要したこともたびたびであったし、また徴用を済ませて、帰宅したばかりの人々に対して、情け容赦もなく、直ちに伊江島行きを命じたこともあった」という。

住民の戦闘員化　第三十二軍は住民の戦闘員化を図ったが、伊江島では一九四四年八月に二回にわたって「軍官民合同警備演習」を実施するなど、特に徹底していた。伊江島飛行場が攻撃されるという想定で、防衛隊、警防団、青年学校生徒は村落内に入ってきた敵を攻撃する役割を与えられ、高齢者と子どもを除く、すべての住民を戦闘員として根こそぎかりだすための訓練であった。

第三十二軍は一九四五年二月十五日、全部隊に撃敵合言葉（標語）として「一機一艦船　一艇一船　一人十殺一戦車」の戦闘指針を出し、夜間斬り込みや急造爆雷を担いでの肉弾攻撃の訓練を強化した。この標語を県民に徹底するため、長《ちょう》勇《いさむ》参謀長は新聞で談話を発表した（『沖縄新報』二月十五日）。敵が上陸したら地元の部隊に協力し、弾丸運び、糧秣《りょうまつ》の確保、連絡を行うこと、特に「直接戦闘任務につき敵兵を殺すことが最も大切」であり、「戦闘はナタでも鍬でも竹槍でも身近なもので遊撃戦をやること。地の利をいかし、夜間斬り込み、ゲリラ戦で敵に向かうこと」と述べた。

これをうけて島田叡《あきら》知事（大政翼賛会沖縄支部長）は「県民総武装」を発し、警察部が推進して市町村単位で義勇隊が結成された。義勇隊は青年学校や国民学校高等科の生徒、男女青年団などで編成され、その任務は弾薬運搬や食糧の収集、運搬などであったが、直接戦闘に参加させるための訓練も行われた。

戦場への根こそぎ動員　米軍の上陸が迫り、本土から援軍の望みがなくなるなかで、兵員を補充するため、沖縄現地で徹底した根こそぎ動員がはかられた。現地初年兵の召集と同時に、四五年三月に大規模な防衛召集（↓28「防衛隊」参照）が行われた。防衛召集されたのは一七歳から四五歳までの男性であったが、一九歳以上の青年は現役兵として召集されていたので、一七〜一八歳の青年や三〇代・四〇代が中心で、軍事訓練を受けたことがない者も多かった。沖縄戦の日本軍の兵力約一〇万人のうち、二万二〇〇〇人以上はその直前に入隊した沖縄出身の防衛召集兵だった。また、師範学校や中学校・実業学校の生徒約一五〇〇人が男子学徒隊（↓30「男子学徒隊」参照）に動員され、鉄血勤皇隊や通信隊として戦場にかりだされた。

軍人としての召集だけでなく、住民は義勇隊、救護班、炊事班などとして各部隊に編入（使役）された。また、師範学校、高等女学校の生徒約五〇〇人が女子学徒隊（→31「女子学徒隊」参照）に動員され、看護要員として軍病院に送られた。

救護班は、負傷兵の手当ての補助を行うために編成され、部隊付きの軍医や衛生兵から救急法を教えられた。米軍上陸前は負傷兵が少なかったため、陣地構築、弾薬運搬、炊事の手伝いなどをしていたが、戦闘が始まると包帯交換や患者の世話を行った。部隊への同行を強く要求されることが多く、患者を担架で運ぶ危険な作業なども担わされた。

炊事班は部隊の食事の準備の補助を行っていた。米軍の上陸によって部隊が再配置された際、部隊と行動を共にすることは少なかったようだが、部隊の判断で救護班に組み替えられる例もあった。

義勇隊は二月から町村単位や青年学校ごとに結成されていたが、三月になると兵力不足を補うため各部隊が義勇隊という名目で住民を次々に動員するようになり、米軍上陸後も、区長を通じて洞窟内に避難していた住民を集めたり、軍が直接、村外からの避難民をかりだしたりした。糸数《いとかず》壕（アブチラガマ）に避難していた新垣善春《あらかきぜんしゅん》さん（北中城村・一九三〇年生まれ）は、六〜七回、弾運びを命じられ、糸数から具志頭《ぐしかみ》まで、往復三時間かかる道のりを一晩で二回、三五キロほどの重い砲弾を運んだ。

激しい砲爆撃の中でも、住民は根こそぎ動員され、弾薬運搬や負傷兵の搬送によって多くの犠牲者を出したのである。

このように、日本軍によって沖縄の人々は労働力として、そして戦闘員として戦場にかりだされ、多くの被害を出すことになった。

（古賀徳子）

〔参考文献〕北中城村史編纂委員会『北中城村史　第四巻　戦争・証言編　二』（北中城村役場、二〇一〇年）、『沖縄県史10　沖縄戦記録2』（沖縄県教育委員会編集・発行、一九七四年）

コラム②

軍事一色の住民生活

軍による、徴用・供出により、沖縄の人々の生活は一変した。徴用を三度拒否した宜野座《ぎのざ》村の女性は「家へいきなり憲兵が来て銃をつきつけ、幼い子ども（当時二歳）がいるにもかかわらず本部村の波止場」に連行され、そのまま伊江島飛行場建設に徴用された（『伊江島の戦中・戦後体験記録』）。伊江島へ徴用に行っていた本部《もとぶ》村の男性は、「土や砂利を運搬したり、石を敷きつめたりする作業」を朝から晩まで行わされたが、「班長」の気に入らないことがあれば「すぐに全員を整列」させられ「力まかせに殴り」つけられ、「あまりの痛さに、二、三日ぐらい食事も取れない状態が続いた」という（『（本部町）町民の戦時体験記』）。食事も粗末で「ご飯といってもイモや麦ご飯で、イモは二つぐらいだから、そのうちの一つでも虫が入っていたときには食べるものがなかった。汁は大根葉のお汁だったが、鏡汁《かがみじる》（鏡のように顔が写る汁）だった」という（『具志川市史』五）。

さらには人員だけでなく馬車や校舎も徴発され、住民の生活は軍事一色で埋め尽くされた。玉城《たまぐすく》村の女性は次のように証言している。「国民学校は軍隊が入り込み、兵舎に変わり果ててしまいました。子ども達の勉強は各集落事の村屋（公民館）か、大きな家でするようになりましたが、やがて授業もなくなり上級生は軍への協力作業や陣地壕掘作業にかり出されました。（中略）私達もツルハシで掘り出された石ころをザルで運び出す作業や戦車の進路を阻むための戦車壕掘と、毎日朝から晩まで働きました」（『玉城村史』七）。

また、食糧などの供出は、役場を通して各字《あざ》の区長に割り当てられたが、軍が要求するだけの供出ができなかった場合、暴力的な対応をされた。浦添《うらそえ》で村の供出係を担当していた男性は「区長の所にそこの部隊の軍曹が、供出物を受け取りに言ったら思ったより少なかったということで、区長に軍刀を抜いて『なぜこんなに少ないのだ！』『もっと出せ』と脅されたと証言している（『浦添市史』五）。こうした乱暴な徴用に地域住民は苦労することとなった。

（地主園　亮）

7　日米両軍の戦闘経過

【もっと知りたい沖縄戦】

●場所　米軍上陸の地の碑（読谷村）、第二次世界大戦米軍上陸地モニュメント（北谷町）、シュガーローフの碑、第三十二軍司令部壕（那覇市）、旧海軍司令部壕（豊見城市）、嘉数高台公園のトーチカ・陣地壕（宜野湾市）

米軍の上陸、そしてどのように侵攻したか。これに対して持久戦をとる日本軍の抗戦の様子とあわせて米軍の戦闘について戦闘経過に沿って概観する。また、沖縄戦のターニングポイントである第三十二軍の南部撤退によって、住民がどのようになったか、沖縄戦終結との関連はどうであったのか、これらのことも触れることにする。米軍侵攻図とあわせて読むことをすすめる。

日米両軍の戦闘経過　一九四五年三月二十三日、米軍は南西諸島全域を空襲した。翌二十四日には本島南部を中心に艦砲射撃を開始した。そして、二十六日に座間味《ざまみ》島、二十七日には渡嘉敷《とかしき》島に上陸・占領し、艦隊錨地《びょうち》を確保した。

二十九日、本島の上陸予定地である読谷山村（現読谷村）の渡具知《とぐち》海岸の偵察や機雷爆破処理を実施、さらに北（読谷）・中（屋良）飛行場周辺に激しい艦砲射撃を加えた。三十一日には那覇の西約一二キロの神山島に上陸し長射程砲で本島に猛射を開始した。こうして米軍は本島上陸を支援するための空襲や艦砲射撃を徹底的に行ったのである。

四月一日、米軍は本島西海岸（読谷村・北谷村）に上陸した。「無血上陸」であった。その日のうちに六万人の兵が上陸し、長さ一三〇〇メートル・幅四五〇〇メートルの橋頭保を確保した。さらに、北飛行場・中飛行場も占領したのであった。第三十二軍が上陸正面に配備したのは飛行場関連部隊で編成された特設第一連隊であった。この部隊はほとんど抗戦することなく後退した。第三十二軍は、上陸決戦ではなく、軍司令部のある首里正面に主陣地を構築しそこで決戦を展開するという持久戦をとったのである。また、その日、米軍は南部の港川海岸において陽動作戦を展開し、第三十二軍を混乱させた。

三日、米軍は本島東海岸に到達し、本島を南北に分断する。九日には、第三十二軍が主陣地を構築していた第一防衛線の嘉数《かかず》高地に達した。嘉数高地では、日本軍がトーチカと連動する無数に張りめぐらされていた地下陣地を構築していた。嘉数高地は米軍が「いまいましい丘」（『日米最後の戦闘』）と呼んだように日米両軍主力の攻防戦が展開された。嘉数高地から四キロの距離にある浦添の前田高地では日米両軍の白兵戦が展開された。前田高地の戦いを、米軍は「ありったけの地獄をひとつにまとめた」（『日米最後の戦闘』）と形容している。前田高地は映画『ハクソー・リッジ』の舞台でもある。

本島中部の東方にある島で唯一米軍が上陸したのは津堅《つけん》島であった。津堅島では島に駐屯する日本軍と激しい戦闘が展開された。

一方、上陸した米軍は北部方面にも進攻し、早くも十三日には本島北端の辺戸《へど》岬に到達した。北部には主力部隊が配置されていなかったことが、米軍進攻を速めたのである。十四日からは本部《もとぶ》半島の八重岳に本部を置いた国頭《くにがみ》支隊への攻撃を開始し、一週間で制圧した。北部にはゲリラ部隊の第一護郷隊・第二護郷隊も配備されていたが、ほとんど戦果もなく敗走した。当時東洋一の飛行場がある伊江島には十六日に上陸し、六日後の二十一日には占領した。伊江島は、多くの住民が亡くなり、「沖縄戦の縮図」と言われている。

第三十二軍の敗退　第三十二軍は、第一防衛線が米軍に制圧されつつある五月四日、逆上陸を含めた総攻撃に出た。その際、第三十二軍司令官は「全員特攻」の精神で敵を撃滅せよと訓示したが、翌五日には攻撃中止を命令した。総攻撃は失敗したのである。この時点での第三十二軍の戦力は、「第六十二師団三分ノ一（歩兵八六分ノ一）、第二十四師団五分ノ三（歩兵八五分ノ二）、軍砲兵部隊砲兵二分ノ一（弾薬三基数）、独立混成第四十四旅団（四個大隊五分ノ四）」（『海軍電報』）と著しく消耗していた。以後、西原・浦添、首里に近接する大《おお》名《な》・石嶺・弁ケ嶽《べんがだけ》などの戦闘では圧倒的な兵力を有する米軍は日本軍を撃破し、司令部のある首里に迫った。

そして首里防衛の最終拠点であるコニカル・ヒル（運玉森《うんたまむい》）、シュガーローフ・ヒル（日本軍は五二高地と称す）の戦闘が始まった。第三十二軍は、コニカル・ヒルには第二十四師団歩兵第八十九連隊、シュガーローフ・ヒルには独立混成第四十四旅団を四月末に主力部隊として派遣し、陣地構築を急がせたのである。米軍は、両戦場とも日本軍の激しい抵抗にあい苦戦し、とくにシュガーローフ・ヒルでは多数の戦傷者や戦闘疲労者を出した。しかし、結局は兵力や物量に勝る米軍が制することになった。

首里陥落が時間の問題となった二十二日、第三十二軍司令部は南部撤退を決定した。そして、「新作戦計画」を策定し、残存兵力三万人でもって部隊を再編して南部に配置したが、兵力の中身は兵站《へいたん》部隊が少なくなかった。戦闘部隊の多くは戦闘で破れ、敗走していたのである。また、第三十二軍は撤退の際、住民を非戦闘地域に避難させることは徹底しなかった。第三十二軍はあくまで軍事作戦を遂行するのが第一義で、南部撤退は持久戦の一環でもあったのだ。このことが多くの住民犠牲を生む要因にもなった。軍民混在の戦場と化した南部では、住民は「死と隣あわせ」の戦場を彷徨したのである。

一方、小禄《おろく》半島を防衛していた沖縄方面海軍根拠地隊（海軍）は、第三十二軍司令部の南部退却命令の日にちを誤解し、二十六日に携行困難な重火器を破壊して糸満の真栄平《まえひら》に移動した。第三十二軍司令部はこの動きを知って驚き、二十八日には小禄地区への復帰を命じた。六月四日に小禄の鏡水《かがんじ》海岸に上陸した米軍は司令部壕（海軍壕）に向けて進攻し、六日には司令部壕が米軍に馬乗り攻撃されたため、大田実《おおたみのる》司令官は同日の夜、海軍次官宛てに「沖縄県民斯ク戦ヘリ」を打電し、十三日に司令部壕内で自決した。

六月の沖縄は梅雨の真っただ中であった。泥濘と化した道は米軍の進攻を遅滞させた。とくに後方から前線への軍事物資の輸送は困難を極めた。六月六日、米軍は第三十二軍の防衛線である八重瀬《やえせ》岳・与座《よざ》岳を攻撃し、徐々に第三十二軍司令部がある摩文仁《まぶに》高地を包囲した。

牛島司令官の自決と米軍の終了宣言　十日と十四日の二度にわたって米第十軍バックナー司令官は、牛島司令官に「降伏勧告」をうながしたが、牛島司令官からの返答はなかった。十八日、牛島司令官は大本営に訣別電を打電する。二十三日（二十二日説あり）、牛島司令官と長勇《ちょういさむ》参謀長が自決し、組織的戦闘は終結した。牛島司令官は自決に先立つ十九日、「爾《じ》今《こん》各部隊ハ各局地ニオケル生存者中ノ上級者之ヲ指揮シ最後《さいご》迄《まで》敢闘《かんとう》シ悠久ノ大義ニ生クヘシ」を各部隊に下達した。この命令は残存部隊の戦闘継続を意味した。残存部隊は小グループ単位での夜間斬り込み、国頭でゲリラ活動するため戦線突破などを展開した。大本営が沖縄終戦を発表したのが六月二十五日、一方、米軍が沖縄作戦の終了を宣言したのは七月二日であった。

九月七日、越来《ごえく》村森根（現嘉手納基地）の米第十軍司令部前広場で降伏調印式が行われた。ここに三ヵ月余にわたる沖縄戦は終わったが、その後も兵士や住民によっては「戦争」が続いていた。

（吉浜　忍）

〔参考文献〕沖縄県教育庁文化財課史料編集班『沖縄県史各論編　第六巻　沖縄戦』（二〇一七年）、防衛庁防衛研修所戦史室『戦史叢書　沖縄方面陸軍作戦』（朝雲新聞社　一九六

八年）、米国陸軍省編者・訳者外間正四郎『日米最後の戦闘』（サイマル出版会、一九六八年）

●—米軍侵攻図（戦闘経過図，『沖縄県史 各論編 第6巻 沖縄戦』より転載）

8　米軍が最初に上陸した慶良間諸島

慶良間諸島は、沖縄本島の那覇市から西四〇キロに位置する島嶼群である。二〇一九年現在、慶良間諸島の有人島は、渡嘉《とか》敷《しき》島、座間味《ざまみ》島、阿嘉《あか》島、慶留間《けるま》島、前《まえ》島であるが、一九四五年当時、屋嘉比島にも炭鉱採掘の従業員とその家族が住んでいた。

慶良間諸島に駐屯した日本軍　一九四四年九月から十一月にかけて、座間味島、阿嘉島、渡嘉敷島に日本陸軍の海上挺進戦隊、海上挺進基地大隊が駐屯した。これらの部隊は、米軍が沖縄本島南部から中部にかけての地域に上陸するであろうという想定のもと、米軍を背後から奇襲するという目的で慶良間諸島に配備された。海上挺進戦隊は、いわば「海の特攻隊」ともいうべき部隊で、「敵艦への体当たり」を任務としており、日本軍の「秘密兵器」であった特攻艇㋹《マルレ》一〇〇隻（一個戦隊）を有した。いっぽう、海上挺進基地大隊は、舟艇の整備、秘匿壕《ひとくごう》掘り、さらには守備隊の役割を担っていた。

●—慶良間諸島と沖縄本島

日本軍駐屯後の地域社会　これらの島々に日本軍が駐屯すると、人々は軍に徴用された。一六歳以上の男性たちは特攻艇の秘匿壕掘りや陣地構築、食糧増産に動員され、女性たちは軍のための炊き出し、農耕、養豚、薪《たきぎ》取りなどに動員された。運搬船や漁船などは日本軍に徴用された。また、日本軍の宿舎として、民家が割り当てられた。

これらの状況を通じて、必然的に人々は日本軍の機密を共有させられることとなった。人々は日常的に日本軍の厳しい監視下に置かれた。離島や無人島への往来が座間味村で軍の

【もっと知りたい沖縄戦】

●場所　「集団自決跡地」の碑、赤松隊本部壕、特攻艇秘匿壕、アリランの碑（渡嘉敷村）、特攻艇秘匿壕、産業組合の壕、大和馬の壕、忠魂碑、米軍上陸の碑（座間味村）

許可制になったほかは、島外への渡航は一切禁じられた。人々が島外への疎開を申し出ても、許可されることはなかった。島々に「秘密兵器の基地」が構築されていることは、誰の眼にも明らかであったが、日本軍による監視の眼が光るなか、誰もそのことを口にすることはできなかった。渡嘉敷島では、「この兵隊どもがここに来なければ」、「此奴《こいつ》らのために難儀するよ」との愚痴が方言を通じて交わされた。また、日本軍との接触が不可避となるなか、島の人々に植え付けられていたのが、「女はさんざんいたずらし、男は男根を切る」といった米軍に対する恐怖心であった。人々を「集団自決」へと誘導した一因が、このような誤った情報であったのである。

●—渡嘉敷村渡嘉志久の特攻艇秘匿壕
(2017年11月撮影)

十・十空襲後の地域社会　一九四四年十月十日、沖縄県は那覇市を中心に大規模な空襲に見舞われた。座間味島で死者二名、行方不明者三名、渡嘉敷島で死者五名を出した。

十月下旬、渡嘉敷島で七九名の男性が防衛隊(28の項目参照)に召集され、十一月には朝鮮半島出身の「慰安婦」が座間味島、阿嘉島、渡嘉敷島に連れてこられた。集落のはずれの民家では、日本軍の慰安所が設置された。十二月上旬、阿嘉島では満一五歳から一七歳までの青年たちが「義勇隊」を組織した。一九四五年に入ると、座間味島では一七歳から四五歳までの男性が防衛隊に召集され、二〇名の女性たちも軍属として動員された。二月上旬、基地大隊の主力部隊が沖縄本島に移動したことにともない、その補充として約三〇〇名の朝鮮人軍夫が戦隊長の指揮下に入れられた。

米軍上陸後の慶良間諸島　一九四五年三月二十三日、座間味島、阿嘉島、慶留間島、屋嘉比島は、米軍機による激しい機銃掃射に見舞われた。二十五日には艦砲射撃も加わり、人々は防空壕やガマ、あるいは山中へ避難した。慶良間諸島に駐屯する日本軍にとって、米軍の慶良間諸島攻略はまったく想定外の事態であった。渡嘉敷島の特攻艇㋹はついに出撃することなく、戦隊長の爆破命令より、全舟艇が自沈した。

三月二十六日、米軍は激しい空襲と艦砲射撃を加えつつ、午前八時に阿嘉島に上陸すると、午前八時二十五分に慶留間島へ、午前九時に座間味島に上陸した。さらに午後一時四十一分、米軍は屋嘉比島にも上陸し、翌二十七日午前九時、渡嘉敷島に上陸した。座間味島、慶留間島、屋嘉比島、渡嘉敷島で「集団自決」が発生したのは、米軍上陸後のことであった。日本軍の特攻基地とされ、軍機を共有させられ、軍民の共生共死を強いられた行き先が「集団自決」だったのである。

阿嘉島、慶留間島、座間味島で日本軍の抵抗が見られたものの、米軍の攻撃により、日本軍はあえなく撃退された。渡嘉敷島では日本軍の抵抗はほとんど見られなかった。三月二十九日、日本軍の残存勢力が山中に立てこもるなか、米軍は慶良間諸島の占領を宣言した。

日本軍は米軍に対して徹底的に抗戦することはせず、島の人々を引き連れて山に立てこもり、夜間に迫撃砲や斬り込みを行った。いっぽうの米軍も、山中の日本軍を徹底的に攻撃することまではしなかった。米軍にとって慶良間諸島攻略の目的とは、沖縄本島に上陸する陸海軍のための補給基地や海軍船舶の停泊地、水上機基地を確保することであった。慶良間諸島を占領した米軍の主力は、四月中旬、伊江島に上陸した。

渡嘉敷島　五月下旬、伊江島を制圧した米軍は、戦場を生き残った二〇〇〇名ほどの伊江島の人々を座間味島、慶留間島、渡嘉敷島に移送した。米軍は伊江島飛行場を使用するため、伊江島の人々を慶良間諸島に強制退去させたのである。渡嘉敷島に再上陸した米軍は、そのうちの六名の男女に対し、山に立てこもる日本軍の戦隊長に向けて降伏を呼び掛けるように指示した。投降勧告書を持って山中に向かったこの六名は、「戦争忌避」との理由によって、戦隊長の命令で処刑された。そのなかには妊娠している女性も含まれていた。

このほか、防衛隊に召集された教員が「敵前逃亡」との理由で殺害され、「逃亡」や「窃盗」との理由で朝鮮人軍夫(22の項目参照)が日本軍に殺害された。山に立てこもる人々に対しても日本軍は監視の目を光らせており、米軍に投降した者のなかには「スパイ行為」などとの理由で殺害された者もいた。

山中では深刻な栄養不足に陥っていたが、日本軍は米軍の投降勧告にしたがおうとはしなかった。山中にいた島の人々が米軍に投降したのは、八月中旬のことであった。なお、日本軍の組織的な投降は、八月二十四日のことであった。

阿嘉島　日本軍の残虐行為は、渡嘉敷島だけではなく、阿嘉島でも発生した。

阿嘉島の人々は米軍上陸前から山中に避難していたが、避難生活が長引くに連れて、深刻な食糧不足に陥った。集落に残っていた食糧については、「許可なくこれを採取したものは死刑に処す」との命令が下っていた。やがて山中の食糧は底をつき、人々は海岸沿いに打ち捨てられた米軍の残飯などを拾うなどしたが、それが発覚した場合、所持していた食糧はすべて没収され、足腰が立たなくなるまでめった打ちにされた。「これまでアメリカ兵が敵であったものが、遂に日本兵が敵のように思え」てくるほどであった。

このほか、いち早く米軍に投降した老夫婦が「スパイ容疑」で殺害されたほか、渡嘉敷島と同じように、「逃亡」や「窃盗」を理由に朝鮮人軍夫が殺害された。そうしたなか、六月二十二日、日本軍は食糧不足を理由に、山中の朝鮮人軍夫、島の住民に投降を許した。しかし、それでも日本の勝利を信じ、引き続き山に立てこもる者もいた。栄養失調やマラリアで死亡者が出るなか、「日本の降伏」を伝える米軍の投降勧告に応じ、すべての日本軍兵士と島の人々が投降したのは、八月二十三日のことであった。

座間味島　米軍は座間味島上陸後、三月二十七日に「ニミッツ布告」を発布、沖縄本島に先立って米軍政を施行した。座間味島では行政権の停止をはじめとして、日本帝国政府からの一切の権限が停止された。

座間味島の人々は山中の壕に避難するなどしており、この島でも深刻な食糧不足に陥った。いち早く米軍の保護下に入っていた人々が「スパイ容疑」で日本軍に殺害される事件も発生したが、座間味島の人々は、米軍の投降勧告に応じ、四月二十日頃にはほとんどの人々が投降した。座間味島では阿《あ》佐《さ》と阿真《あま》という集落に民間人収容所が設置されており、座間味島の人々だけではなく、屋嘉比島の炭鉱労働者も収容された。

収容された人々は米軍の無償配給によって命をつないだが、六月一日、米軍は「B型軍票円」を発行した。焼け残った民家に病院が設置され、「集団自決」を生き残った負傷者が運び込まれた。七月に入ると慶良間列島制が敷かれ、九月になると渡名喜村が慶良間列島に組み込まれた。

一九四六年五月、慶良間列島制は解消され、渡嘉敷村、座間味村で村政が敷かれた。慶良間諸島では、次第に戦後復興へと歩み始めていった。

（清水史彦）

〔参考文献〕座間味村史編集委員会編『座間味村史』上下（一九八九年）、金城重明『「集団自決」を心に刻んで ―沖縄キリスト者の絶望からの精神史』（高文研、一九九五年）、林博史『沖縄戦と民衆』（大月書店、二〇〇一年）、宮城晴美『《新版》母の遺したもの 沖縄・座間味島「集団自決」の新しい事実』（高文研、二〇〇八年）

コラム③

ある渡嘉敷島出身者の戦争・戦後体験
――金城重明さん

一九二九年に渡嘉敷村の阿波連《あはれん》に生まれた金城《きんじょう》さんは、この世代の沖縄の人々がそうであったように、徹底した「皇民化教育」を受けた。金城さんが高等科一年に進級した年、尋常小学校は「国民学校」に改められ、日本は太平洋戦争に突入した。渡嘉敷島に日本軍が配備されると、金城さんたち島の人々は、壕掘りや陣地構築に動員された。壕掘りは特攻艇を隠匿するための作業であった。

一九四五年三月二十七日、米軍は渡嘉敷島に上陸した。渡嘉敷島の「集団自決」は、米軍上陸の翌日の三月二十八日に発生した。「阿鼻叫喚《あびきょうかん》」の惨劇のなか、金城さんの家族は、両親、弟、妹が命を絶った。そのとき、金城さんが目にしたものとは、生き残った日本軍の姿であった。「なぜ私たちだけがこんな目に!」。金城さんは日本軍に対する不信感、憤りを覚え、日本軍との連帯感は音を立てて崩れ落ちたと語る。

絶望の淵にあった金城さんの人生を決定づけたのは、一八歳のときにキリスト者の棚原俊夫さんと出会ったことであった。聖書をむさぼるように読んだ金城さんは、キリスト教が戦争体験の苦悩を解放し、命の尊厳、平和を志向する生き方へと導いていったと語る。四八年に洗礼を受け、キリスト者としての新たな人生を歩んでいく。その後、日本本土の大学やアメリカの大学院で神学を学び、六〇年に沖縄に戻ってくる。キリスト教短期大学に身を置きながら、「集団自決」の体験を次第に公の場で語り始めていった。その語りの底流にあるものは、金城さんの加害者意識である。国家や軍隊に対しては被害者でありながら、「集団自決」の場においては加害者であるという意識である。過去に過ちを犯したことについて、元西ドイツ大統領ヴァイツゼッカーの次の言葉を引いている。「過去に目を閉ざす者は、現在に対しても盲目になる」。

（清水史彦）

〔参考文献〕金城重明『「集団自決」を心に刻んで 一沖縄キリスト者の絶望からの精神史』（高文研、一九九五年）、「人は希望によって生きる」（http://h-kishi.sakura.ne.jp/kokoro-421.htm）

9　激戦地本島中部

【もっと知りたい沖縄戦】

●場所　チビチリガマ、シムクガマ、ヤーガー（読谷村）、具志川グスク下の壕（うるま市）、一六一・八高地の戦闘指揮所跡（中城村）、嘉数高地（宜野湾市）、前田高地（浦添市）

●人物　福原俊子、安和芳子、比嘉ハル

第三十二軍は米軍の無血上陸をあえて許し、首里を中心とする一帯の複雑な地形と地下陣地を主戦場とする持久作戦に持ち込んだ。そのため首里以北の本島中部で日米両軍の激戦がおこなわれた。いっぽう、そこにはまだ多くの住民が取り残され、日米両軍の動きの中で翻弄されていく。

「鉄の暴風」の始まり　沖縄本島における地上戦は、一九四五年四月一日の読谷《よみたん》・北谷《ちゃたん》海岸への上陸をもって始まった。米軍は上陸するその一週間前から、日本軍陣地を破壊するため空から海からの猛烈な爆撃を行った。

　これは中南部に残っていた住民にとっての「鉄の暴風」の始まりとなった。中南部の住民に対しては、一九四五年二月頃から軍と県による北部の山岳地帯への疎開計画が進められていた。しかし住民たちの疎開に対する動きは順調ではなかった。慣れない土地での生活、特に食糧事情に不安を抱いていたことや、畑や家畜といった財産を残して行くことに対する心配などがあった。しかし何より、地域や家族の若者や男性がことごとく徴兵や防衛召集のために残っていないようでは、残された女性・子ども・お年寄りだけで荷物を抱えて北部へ行くこと自体が困難だった。

　例えば『読谷村史』によると、読谷村には米軍が上陸した時点で、分かっているだけで約一万三六〇〇人の村民のうちの四分の一、約三四〇〇人が村に残っていた。読谷村波平《なみひら》のシムクガマに隠れた人々も、「沖縄は小さい島だからどこに逃げても同じ、自分達がここで死ぬならそれが運命」「家族のどちらか一方が生きたり、死んだりしてはおもしろくない。死ぬなら一緒で」と地元に残った人たちであった。また、第三十二軍司令部がある首里に近い西原町も多くの住民が留まっていた。住民の中には疎開生活への不安に加え、日本軍将兵らが「必ず敵を全滅させる」と豪語していることを聞き、「友

●—上陸する米軍（4月1日，沖縄県公文書館所蔵）

軍の近くは安全」と考える人もいた。

米軍による上陸前の空襲や艦砲射撃が開始されると、住民たちは慌てて近くのガマ（自然壕）や手掘りの防空壕、墓などに身を隠した。この攻撃は文字通り「鉄の暴風」の始まりとなった。三月二十九日、読谷村宇座《うざ》の自然壕「ヤーガー」では砲撃によって岩盤が崩れ、壕にいた二四人が亡くなった。米軍の砲撃が始まってから北部へ避難を開始する住民も多かったが、すでに激しくなった米軍の攻撃は住民の行く手を阻んだ。うるま市天願《てんがん》の福原俊子さん（当時二二歳）は、空襲が始まってから家族五人でいったんは北部へ向かった。俊子さんが祖父の手を引いて病気の妹をおぶり、母が末の妹をおぶったが、重い荷物に子どもを抱えて歩いての移動は困難だった。結局北部へ行くことを諦め、地元の防空壕に引き返した。

米軍の上陸と住民　四月一日朝、海上からの艦砲射撃に続いていよいよ上陸が始まった。最初の一時間で一万六〇〇〇人の米兵が上陸、日本軍の北飛行場（読谷村）と中飛行場（嘉手納町）を午前中で占領した。上陸を開始する米軍に対し、日本軍の抵抗はほとんど無かった。米軍は上陸して三日後までには、西海岸の読谷・北谷から東海岸の具志川《ぐしかわ》（うるま市）・泡瀬《あわせ》（沖縄市）にかけての一帯を占領した。

上陸した米軍を目の当たりにして、それまで「鬼畜米英」と教えられていた住民らは恐怖に陥った。米軍は占領した地域の壕や墓をまわって隠れている住民を集めだした。ある者は手を合わせて命を乞い、またある者は米兵の「デテコイ」の言葉にしたがうままであった。中には米軍の捕虜となることを恐れて投降を拒んだり抵抗したために米兵に銃や手榴弾で殺された住民もいる。米軍に収容された住民も「海に捨てられる、戦車の下敷きにされて殺される」と嘆いた。また、チビチリガマ（読谷村）や具志川《ぐしかわ》グスク下の壕（うるま市）、沖縄市の民家などでは、「集団自決」に至った人々もいる。しかしいっぽうで、南米やハワイなどへの移民の経験を持つ者が米兵と交渉を試みて助かった例もある。先に紹介した読谷村のシムクガマではハワイへの移民経験を持つ住民が米兵と英語で交渉を試みて避難民らが助かっている。

さて、米軍がこの地を上陸地点に選んだ理由の一つに、日本軍が残した飛行場を含めて上陸後の作戦拠点を整備するという目的があった。米軍は占領を済ませた場所に収容所を開設して投降した住民を収容、衣食住や医療を提供した。いっぽう、住民も日本軍もいなくなった土地ではさっそく米軍による軍事基地の建設が始まった。北飛行場は読谷飛行場、中飛行場は嘉手納飛行場として整備されていく。そしてかろうじて残った集落や田畑も消えていった。

首里の北側の地域は丘や谷が複雑に入り組んでおり、米軍にとっては死角だが、日本軍にとっては陣地を構築するのに都合が良かった。そうして造られた陣地はちょうど、首里城の地下に設けられた第三十二軍司令部を取り囲む形になった。

この一帯の戦いでよく知られるのが宜野湾市の嘉数《かかず》高地での戦いであろう。米軍は四月九日にこの丘への攻撃を始めるが、日本軍は強固な地下陣地を張り巡らせていたために攻略は容易ではなかった。十九日、態勢を立て直した米軍はふたたび丘への進攻を開始するが、地下陣地に潜んでいた日本軍の激しい抵抗を受けた。嘉数集落の周辺では二〇輌を超える米軍の戦車が破壊されたが、うち六輌は爆雷を抱えた日本兵による自爆攻撃によるものだった。決して大きくはない丘をめぐっての戦闘の末、米軍が丘を占領できたのは二十四日である。嘉数高地を攻略しても、四キロ先にある首里へ至るまでに「ハクソーリッジ（弓鋸《ゆみのこ》の尾根）」と呼ばれた前田高地（浦添市）、シュガーローフ・ヒル（那覇市）やコニカル・ヒル（与那原町の運玉森《うんたまむい》）などで日本軍と戦闘を繰り返さなければならなかった。結果、米軍は上陸して首里に到達するまでの二ヵ月間で二万六〇〇〇人余りの死傷者と行方不明者を出し、加えて一万四〇〇〇人余りが戦闘神経症に陥った。いっぽうの日本軍も中部での戦いでその戦力を大きく消耗させた。米軍の報告書では六万二〇〇〇人余りの日本兵が戦死したとされる。米軍が首里に迫ろうとする五月二十一日、第三十二軍は首里での徹底抗戦を諦め、残存戦力による南部での戦いを続けることを決めた。こうして五月三十一日に米軍が首里一帯を占領した後も、日米両軍の戦いは南部で続いていく。

軍隊に追われる住民たち　米軍が上陸してもなお多くの住民が中部に残っていたが、戦闘が激しくなると北部への避難はほぼ不可能になった。こうして戦場の中で、日本軍と住民が混在する状況が生まれた。

浦添市大平の安和芳子さん（当時二五歳）は、生まれたばかりの子を連れ、家族や親戚一九人で地元の避難壕に隠れていた。米軍上陸直前、一度は北部への避難に向かったが「どうせ死ぬなら家の近くで死んだ方がいい」と考えて戻ってきたのである。避難壕の周辺は日本軍の陣地が多数あり、兵隊から戦闘状況を聞いたり、「敵が来たら自決するように」と手榴弾をもらったりすることもあった。しかしいっぽうで米軍の激しい攻撃にも脅かされた。かといってずっと壕にいるわけにもいかず、壕を出ての水汲みや洗濯、用足しは文字通り命がけだった。

浦添市経塚《きようづか》の比嘉ハルさん（当時二六歳）は、家族と北部へ避難しようとしたところを「みんな逃げたら誰が弾運びをするのか」と日本軍に呼び止められて地元に留まった。比嘉さんも日本兵から、米軍戦車を日本軍の地雷が爆破したことなどの戦況を知ることができたが、日本軍将校が「宜野湾の人は、みんな先頭に立ってアメリカ軍の手引きをしているから、井戸に劇薬でも入れてきたらよかった」と話しているのも聞いている。四月下旬、日本軍がこの一帯から撤退するという事を聞き、比嘉さんも家族全員壕を出て首里へ向かった。

四月下旬、米軍が浦添市や西原町にも進攻してくると、日本軍は村へ留まる住民らに対して村を離れるよう迫った。「民間の壕も米軍に反撃するため使用する」「戦闘の邪魔になるから、急いでここから出て行け」と壕を追い出したり、「ここにいるのはスパイだ、早く島尻《しまじり》へ行け」と強引に迫った例もある。歩くのが不自由な高齢者など村に残る者もいたが、そうした人たちの中からも多くが爆撃や砲撃の犠牲になった。

こうして多くの住民が否応なしに南部へ逃げることになるが、隠れる場所も食糧も当てがない逃避行である。壕という壕は軍が使っているか、すでに多くの住民が隠れて入れないことが多かった。やむを得ず見知らぬ人の畑の作物をとろうとして、現地の住民とトラブルになることもあった。中には「中頭《なかがみ》から来るのはスパイ」という噂さえ立っていた。

沖縄本島中部とはいえ、その北側と南側では住民の戦場体験には大きな違いが出ている。日本軍のいなかった北側では比較的米軍に保護され、戦後が始まっていたのに対して、日本軍がいたために激戦地になった南側では、本島南部に避難した人たちを含めて激戦地で長期間逃げ惑い、犠牲も多かった。もちろん北側でも劣悪な収容所生活の中で少なくない人たちが亡くなったことも忘れてはならない。戦闘状況も住民の生命を左右するが、日本軍との関わりにおいても住民の運命が左右されたといえよう。

（伊佐真一朗）

〔参考文献〕　アメリカ陸軍省戦史局編『沖縄戦―第二次世界大戦最後の戦い』、『読谷村史　第五巻資料編4戦時記録』（上下、二〇〇四年）

コラム④

明暗を分けた中部の住民体験

中部では日米両軍の戦いに住民が巻き込まれていくが、その状況は一様ではない。例えば宜野湾市では全体の戦没率は約二七％だが、同じ市内でも日本軍の配置や戦闘状況によって、住民の体験にも違いが出てきている。

宜野湾市北側の新城《あらぐすく》集落では、住民約三〇〇名が集落にある壕に隠れていた。壕では集落の幹部たちが米軍に見つかった場合のことを話し合っていた。警防団長だった宮城宇精さんは班長たちと「全員どんなことがあっても死ぬことは考えない」「米軍に見つかったら抵抗しないで米兵のいう通りに行動する」と決めていた。壕にはハワイ移民経験者で英語が話せる宮城蒲上さんがおり、米軍が来た場合は蒲上さんを中心にして動くことにした。

米軍は上陸して五日目に壕にやってきた。蒲上さんが話しかけると、米兵は「壕の中には何人いるのか」「日本軍もいるのか」と聞いてきた。蒲上さんは「隠れている人は部落の人だけ、三〇〇人くらいいる」と答えた。米兵は「皆に手を上げて出るように言いなさい」と返し、蒲上さんは宇精さんに訳して伝えた。宇精さんは「心配ないからみんな出るように」と促した。こうして壕に隠れていた住民の全員が助かった。新城では戦前三二〇名の人口のうち犠牲者は三九名、一二％に留まっている。

いっぽう、宜野湾市南側の嘉数《かかず》集落では、六〇〇名余りの住民が集落周辺の壕に隠れていた。知花静さんは七〇代の母と一緒に壕にいたが、日本兵から「敵は近くまで来ているから南へ行け」と言われ、同じ集落の別の壕へ移った。そこは多くの住民が隠れていたが、そこも日本兵から「敵はそこまで来ているから出ろ」と言われて追い出され、静さんたちは糸満市喜屋武《きやん》の海岸で米軍に投降するまで、あちこちの壕や墓を転々とすることになる。他の住民も南部での逃避行を余儀なくされ、年寄りなど集落に残った住民も犠牲になった。嘉数では戦前七〇四名の人口のうち四八％、三三六名が犠牲になっている。

（伊佐真一朗）

〔参考文献〕『宜野湾市史』第三巻（一九八二年）

10 沖縄本島北部の沖縄戦

【もっと知りたい沖縄戦】
●場所　公益質屋跡、ヤマグシの陣地壕、アハシャガマ（伊江村）、清末隊の陣地壕跡（本部町）、第一護郷隊の跡（名護市）
●人物　宇土武彦、松田久昌、山川宗秀、村上治夫、岩波壽、照屋義松

沖縄本島北部の沖縄戦の特徴として以下の四点があげられる。まず北部地域が伊江島飛行場建設のための労働力と物資の供給地と位置づけられ、全ての町村から伊江島飛行場建設徴用で動員されていったことである。第二に、中南部からの避難地となるが、厳しい食糧不足とマラリアによって犠牲が拡大したこと、第三に、正規軍の戦闘は短期間で終了するが、長期にわたる山岳地帯での遊撃戦が行われ、「終わりなき戦争」がつづくこととなった。第四に早期からの防衛召集と住民の戦場動員が中南部以上により徹底されたことである。

伊江島飛行場建設と戦闘　一九四三年に入ると、太平洋の米軍（連合軍）は航空機動部隊を陣頭にたてて進攻をつづけ、その矛先が台湾、南西諸島、本土へ向いてきた。この状況をうけ、陸軍は調査団を派遣し、南方へ展開した陸軍航空部隊の支援する中継基地として徳之島、伊江島、読谷に飛行場設定の計画をたてた。

一九四四年三月に第三十二軍が創設されると本格的に工事が進められ、五月から八月にかけて建設作業に動員された人数は延べ三万七八四〇名にのぼる。

徴用された人々の証言が多く残されている。「食事は本当につらくていつも腹をすかしていた」「汗と土にまみれて帰っても風呂もなかった」といった厳しい徴用の様子がうかがえる証言が多く残されている。

一九四四年九月末にほぼ完成した伊江島飛行場は東、中、西の三本の滑走路が南北に並列し、まさに「東洋一の飛行場」として完成した。この伊江島飛行場を米軍は見逃すことなく、空襲を行っていった。

一九四四年十月十日の大空襲、年が明けての一月、三月の空襲でそのたびに損害をうけながら来るべき航空決戦のため修復作業に軍民であたった。

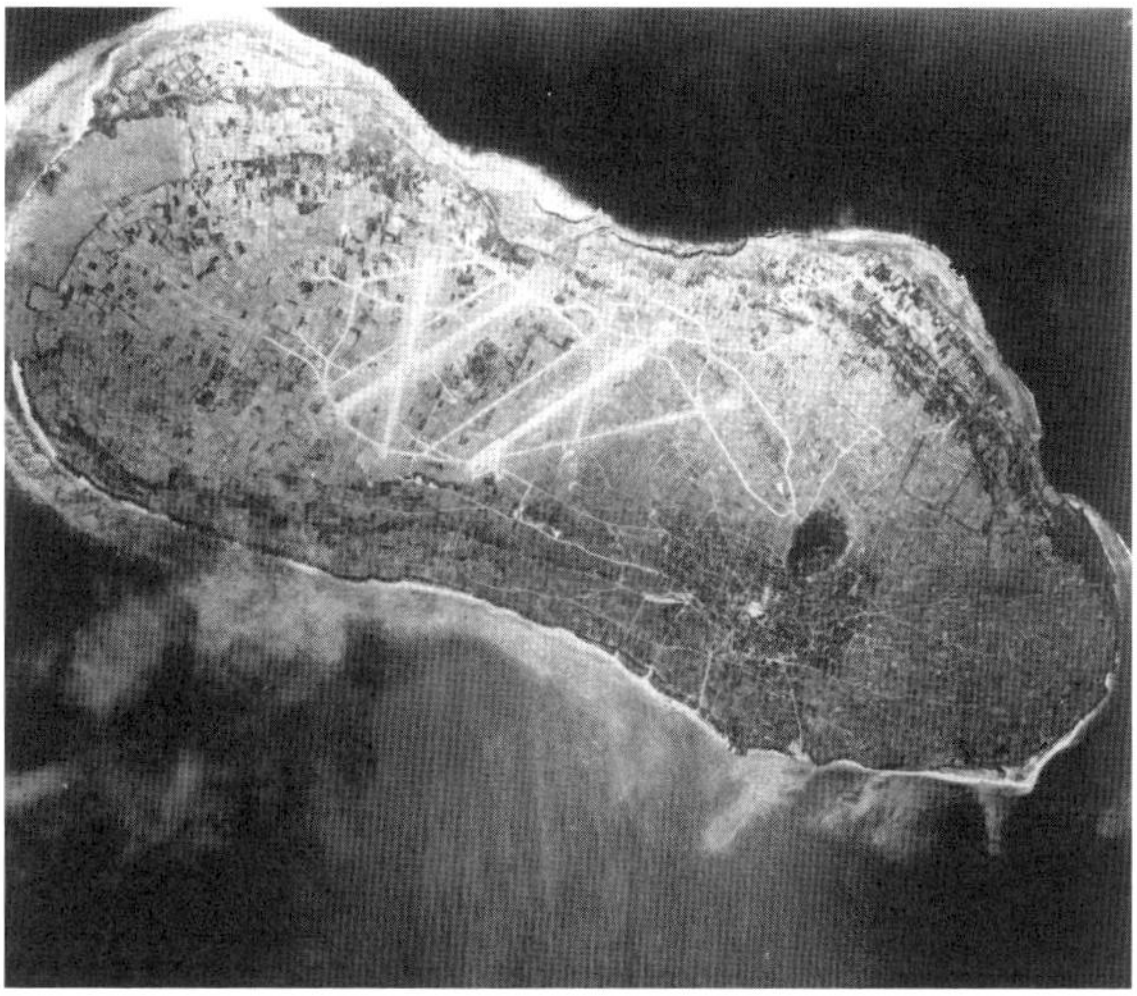

●—伊江島飛行場（米国海軍撮影，沖縄県公文書館所蔵）

しかし、米軍の上陸が近づいた一九四五年三月、日本軍は米軍上陸後の使用を恐れ、破壊命令を出した。いっぽうで島外へ避難することができなくなった村民約四〇〇〇名は激しい地上戦に巻き込まれた。米軍の凄まじい攻撃の中逃げまどい追いつめられていった住民は、伊江島各地で「集団自決」を選択した。村民が根こそぎ動員され、六日間の戦闘の最後には青年義勇隊、女子救護班、婦人協力隊、避難住民も駆りだし、米軍陣地、飛行場方面への斬込みの総攻撃をかけた。その結果日本側四七九四名、うち住民の犠牲は約一五〇〇名にのぼった。

沖縄本島北部における沖縄戦準備　伊江島飛行場建設が着々と進められる中、本島北部においても沖縄戦の準備がはじまる。読谷の北飛行場、嘉手納の中飛行場とならび、重要な飛行場であったため、北部地域は伊江島飛行場建設のための労働力、物資の供給地として位置づけられた。伊江島を眼前にのぞむ本部半島は伊江島飛行場防衛の拠点としても位置づけられたが、第九師団の台湾抽出に伴い、本部半島、伊江島の主力である独立混成第四十四旅団の一部が南部に移動し、国頭、伊江島には歩兵大隊二個を残し、宇土《うど》武彦《たけひこ》大佐に一任されることになった。この宇土部隊の主な任務は①極力長く伊江島を保持しながら本部半島を確保すること ②国頭郡内で遊撃戦を展開し、中部の飛行場地区の戦闘協力を行うことであった。その結果、宇土部隊の守備範囲は中部の一部を含む北部地域と伊江島であり、沖縄本島の半分以上を占める広大な区域となった。

　しかし圧倒的な米軍を前に、この戦力で迎え撃つのは不可能であり、北部地域に展開した遊撃隊一〇〇〇名を加えても到底、守備範囲に見合う兵員とは言えなかった。宇土部隊には前記の二つの目的があったとはいえ、北部地域は第三十二軍にとって捨て石どころか、最初からほとんど戦術的に期待されず、宇土部隊に求められたのは山深いやんばるの自然の地形を活かした長期戦、一日でも時間を稼ぐことであったともいえる。北部住民は戦争の勝利を信じ、軍への協力を行い、中南部の住民は戦火を逃れ、土地勘のない北部地域に避難していった。

疎開地やんばるでの厳しい生活　県は沖縄戦直前の一九四五年二月、中南部住民の疎開受け入れ地を北部の九町村に指定し、一〇万人を疎開させる計画を出した。この計画をうけ、それぞれ指定された北部の集落を目指して移動をはじめた。しかし住民疎開は計画通りにすすまず、北谷村では村民に疎開を促すために、役場職員や区長の家族は率先して疎開する措置を取る事例もあった。一方、荒井警察部長から疎開の非該当者の疎開は戦線離脱とし、厳重に取り締まる警告が出されていた。結果的にどれほどの住民が疎開できたかは不明であるが、相当数の人びとが北部の山中に避難していたと考えられる。一方で疎開指定地までたどり着けず途中の山中で避難生活に入る住民もいた。

しかし、やっとの思いで避難した住民を待っていたのは厳しい現実だった。造られていた住居も粗末で雨露を何とか防ぐことができる程度だった。また食糧不足はさらに厳しさをきわめ、配給も乏しく、いつ終わるかわからない不安の中で、節約を重ね、最後には山中の口にできるものを探して食いつなぐしかなくなった。やっとの思いで命をつなぎ、米軍の収容所に収容されてから、戦時下の食糧不足や体力低下でマラリアなどの病気を発症し命を奪われる住民が続出した。当時の人口の半分が北部へ疎開した読谷山村（現読谷村）では北部地域で一九四五年二月から十二月までに亡くなった村民六七五人のうち餓死、マラリアが四七五人と最も多い。

八重岳、真部山の戦争　宇土部隊は本部半島の八重岳・真部山に兵力を集中させていた。米軍は沖縄本島西海岸上陸後、約三日で南北に分断し、約一週間で名護に到着した。同時に本部半島を沖縄本島から分離させるように、八重岳攻撃拠点として屋部、安和《あわ》国民学校に陣地を設置した。四月一一日からは艦砲射撃を開始し、一三日から一六日にかけて八重岳、真部山に追い詰められた日本軍はさらに米軍の激しい攻撃にあう。真部山の最前線にいた歩兵砲中隊の清末《きよすえ》隊は一四八名中一三二名が戦死、生き残った一六名も全員負傷と、激しい米軍攻撃にさらされ。約一〇日間にわたる戦闘ののち、宇土部隊は第一護郷隊本部の多野岳へ撤退していく。

宇土部隊撤退後の本島北部で戦闘の主力は第一、第二護郷隊となり、第一は多野岳、第二は恩納岳を拠点に遊撃戦を展開する。

護郷隊の遊撃戦　第一、第二護郷隊は正式名称を第三、第四遊撃隊とし、陸軍中野学校出身者によって編成されたゲリラ戦部隊である。陸軍中野学校とは諜報・謀略・宣伝など特殊任務を行い要員を養成する大本営直轄の秘密戦要員養成機関である。この中野学校出身者の村上治夫《むらかみはるお》が第一、岩波壽《いわなみひさし》が第二護郷隊の隊長として一五歳から一八歳の少年たちを北部全域、中部（具志川・美里・越来《ごえく》・北谷《ちゃたん》・読谷・水産鉄血勤皇隊一五名）で選抜し約一〇〇〇名を召集し戦場へ向かわせた。

約二ヵ月間にわたる戦闘によって第一、第二護郷隊は九九八名中、一六〇名が戦死したが、その多くは一〇代の少年たちだった。その中には撤退の足手まといになるとして重症の隊員が軍医によって殺された例もあった。

日本軍による住民虐殺　八重岳を撤退し、多野岳に移動した宇土部隊は、さらに国頭の山中の奥深くに撤退していった。そして山中にこもった日本兵は、食糧を住民から強奪していった。一方、山中での避難生活を続けていた住民も下山し米軍に収容されていった。住民は米軍に殺されることはなく、保護されることを知っていった。このような中、大宜味村渡野喜屋では「米軍から食糧を支給されている」「米軍に日本兵の動向を通報している」との理由で米軍に収容された女性、子ども数十人が浜辺に集められ、国頭支隊通信隊の東郷少尉を隊長とする班によって、手榴弾を投げられ三五名が犠牲になった。運天港にいた海軍特殊潜航艇隊の渡辺大尉は数名の部下とともに「米軍に通じる奴は国賊だ。生かしてはおけぬ」と夜な夜な部落を急襲し毎晩のように食糧を奪っていた。この大尉は住民の殺害リストを持っていたという。日本軍にとっては投降して米軍の指示に従った住民、避難民は反逆者であり、スパイとみなした。北部における戦闘が事実上終結したあと、住民にとっては山中で敗残兵と化した日本兵が、恐怖の的に変貌し、各地で住民を虐殺していった。

（瀬戸隆博）

〔参考文献〕名護市史編さん委員会「名護・やんばるの沖縄戦」（二〇一六年）、伊江村教育委員会「伊江島の戦中・戦後の体験記録」（一九九九年）

コラム⑤

地獄を見た護郷隊員

——瑞慶山良光さん（当時一六歳、大宜味村上原出身）

瑞《す》慶《け》山《やま》良光《よしみつ》さんは大宜味村上原の出身。大宜味国民学校卒業後、大宜味青年学校に入学した。

「敵は人でない鬼、鬼畜だから殺す」ということを青年学校では徹底され、二里（約八キロ）をどのくらいで歩くとか、木銃で藁《わら》人形をつく訓練などを行った。「東洋一の飛行場」として日本軍が最重点拠点とした、伊江島飛行場建設には九回、計九〇日にわたって動員された。水が乏しく、風呂もなく、地べたにゴザをしくだけの寝床で「動物同然」という過酷な環境での徴用だった。

一六歳のとき、同郷の上原出身者八名とともに、第四遊撃隊（以下第二護郷隊）員として召集され、安富祖《あふそ》国民学校まで約五〇キロの道のりを徒歩で一昼夜かけて移動する。到着後まもなく訓練がはじまった。武装したままでの行軍、ほふく前進など一〇代の少年たちには厳しい訓練だった。また軍人勅諭などを覚えることができなければ、銃をもったまま長時間立たされるなどの罰をうけた隊員もいたという。約三週間の訓練を受け、瑞慶山さんたち少年兵は第二護郷隊の拠点である恩納岳に武器、弾薬、食糧などの物資を移動させていった。米軍上陸の様子をうかがう偵察、斬り込みと称した肉弾特攻攻撃へ参加した。金武《きん》の米軍陣地攻撃の際、右頬を米軍手榴弾の破片が貫通し、奥歯四本、唾液腺を負傷する重傷を負った。

その後、戦闘参加から外れるが、撤退まで恩納岳の野戦病院の後方作業についた。瀕死の重傷を負い、身重の妻を心配しながら息絶えた親戚の最期を看取り撤退時に遺体を山中に埋めた。七四年経った現在もその遺骨の行方を気にしている。東村有銘での「解散」後、故郷を目の前に自分だけ取り残された悲しい記憶や戦場での恐怖のトラウマに苦しみ、地元で「兵隊幽霊」と呼ばれ、宜野座軍病院に入院する。戦後自分の体験を語ることはほとんどなかったが、七〇年あまりを経て、瑞慶山さんの話に耳を傾け受け止める人がふえてきた。瑞慶山さんは自宅の裏山に、死んだ戦友の数だけ日本で最も早く咲くカンヒザクラを植え、観に来る人たちに自身の体験を語り始めている。

（瀬戸隆博）

11　沖縄戦最後の戦闘—沖縄本島南部

【もっと知りたい沖縄戦】

●場所　沖縄陸軍病院南風原壕（南風原町）、旧海軍司令部壕（豊見城市）、荒崎海岸、轟壕、バックナー中将戦死之地の碑（糸満市）、八重瀬岳、ギーザバンタ（八重瀬町）

●人物　牛島満、長勇、サイモン・B・バックナー、岡襄、大田実、保田ツル、儀間トヨ、前田ハル、安里要江

中部戦線で戦力を消耗していた第三十二軍は、戦闘を長引かせるために南部撤退を行った。中南部の住民が避難していた場所に日本軍がなだれこんできたうえ、米軍の容赦ない砲爆撃にさらされ、軍民混在の戦場となった六月以降の南部で多くの住民が犠牲となった。

第三十二軍の南部撤退　第三十二軍司令部のあった首里に米軍が迫る中、五月二十二日、牛島満軍司令官は南部への撤退を決めた。さらに持久戦を継続し「本土決戦準備の時間稼ぎ」を行うためだった。撤退先に選ばれた喜屋武《きやん》半島一帯には、地下陣地となる多くの自然洞窟（ガマ）があり、軍需物資が蓄えられていた。

五月二十七日、牛島司令官らは首里を脱出し、南風原村《はえばる》（現南風原町）津嘉山《つかざん》を経由して三十日には摩文仁《まぶに》の新司令部壕に到着した。約五万人の兵は南部へ向かうも実際に集結できたのは約三万人で、本来の戦闘要員よりも未訓練の後方部隊や防衛隊などが多かった。また各地の病院では、自力で歩けない重傷患者が置き去りにされた他、負傷兵に対する「処置」として青酸カリや銃殺などによる殺害が行われた。

浦添の戦闘で負傷し、沖縄陸軍病院南風原壕にいた岡襄《おかじょう》さんは五月二十八日、配給されたミルクに毒が入っていることに気づいた。岡さんは飲んだミルクを自力で吐き出し、逃げる兵士をどなる声や発砲音を聞きながらその壕を脱出した。鉄血勤皇隊《てっけつきんのうたい》の諸見守康《もろみもりやす》さんは、南部撤退の指示により五月三十一日、摩文仁に到着した。この頃まだ戦場化していない南部は、「忌まわしい砲弾の炸裂音もなければ機銃音も聞こえない静寂そのものであった」という。

六月四日以降、米軍は小禄《おろく》半島へ進攻し、七日には豊見《とみ》城《ぐすく》の海軍司令部壕へ馬乗り攻撃を行った。その司令部壕内で十三日に海軍根拠地隊の大田実司令官が自決した。逃げ場を

失った住民の多くがこの一帯の戦闘に巻き込まれた。

知念《ちねん》半島を短期間に制圧した米軍は六月四日、百名《ひやくな》（現南城市玉城）に民間人収容所を設けた。半島一帯には日本軍の戦闘部隊はおらず、大規模な戦闘は起きなかった。そのため早い時期に米軍に保護、収容された住民は助かった。

地獄と化した戦場と人々　六月以降、米軍は陸・海・空あわせて約六八〇万発の弾薬を使用した。南部へ避難したと推定される約一〇万の住民と南部の日本軍三万に対し、一人あたり五二発と換算できる。この容赦ない「鉄の暴風」にさらされた住民は防空壕やガマ、墓などに避難した。しかし逃げ場を求める日本兵によって各地で住民は追い出された。県庁や各市町村による知念・玉城方面への避難命令等は徹底されず、多くの住民が確かな情報を得られないまま戦場をさまようことになった。追い出され安全な壕に入れない人々は空き家や家畜小屋、屋敷の石垣のそばや岩陰、道や畑の溝、木々の下などを転々としながら身を隠した。

軍と住民が混在する戦場の各地で壕追い出しや食糧強奪のほか、ガマで泣く子どもや投降しようとした人、米軍に保護された人たちをスパイ視・非国民視して殺害するなど、友軍（日本軍）による住民への残虐行為が相次いだ。

炊事係として軍に協力していた糸満市の保田ツルさんは、戦争になったら兵隊といっしょにいた方が安全だと考え近くの陣地壕に入っていたが、近所の人たちとともに追い出され、さらに移動した区内の大きなガマを追い出された。それから海岸の岩場に隠れて米兵が残していく食糧を集めていると日本兵に手榴弾で脅され奪われた。しばらくして保田さんらは米兵に見つかり、他の避難民と投降するため列になり岩場を登っているとその列に突然日本兵が発砲し、並んで歩いていた女性が首筋から血が吹き出し、その場に倒れたという。

中城《なかぐすく》村の女子青年団として軍の炊事や弾薬運搬をしていた儀間トヨさんは、戦闘が激しくなった村を逃げ糸満市真壁の壕に避難したとき、幼児虐殺の場面に遭遇した。その壕の入口付近で親のいない四、五歳ほどの男の子が泣いていたが、日本兵が「泣き声で敵に見つかる」という理由で三角巾を細く割いてその子どもの首をしめ殺害したという。

糸満市の前田ハルさん（当時一九歳）らは、ガマを追い出されて自宅の屋敷内にある防空壕に入った。ある朝、前田さんが水くみに出たときその壕が日本兵に占拠され、前田さんが戻ったときには妹と弟が重傷を負い、さらに母親は、壕にきた日本兵に対し方言で応えたためにその場で斬られたという。母親の遺体を確認した前田さんが近くを歩いている日本兵を問いただすと、戦争だから仕方ないといわれた。

北中城村の安里要江《あさととしえ》さん（当時二五歳）は家族とともに糸満市の轟壕《とどろきごう》へ入った。轟壕では日本軍部隊が入り口近くの乾燥地帯を占拠し、避難していた県庁職員や警察、住民らを奥の湿地帯に追い立て許可なく外に出られないよう監視していた。さらに日本兵は、「子供は戦争の邪魔者だ、殺してやるぞ」と脅かした。この壕で安里さんの生後間もない赤ちゃんは栄養失調で亡くなった。米軍はこの轟壕に対して小銃や手榴弾のほか、ガソリンを入れたドラム缶による爆雷攻撃を行った。追いつめられた壕内で避難民は「精神が異常になりかけていた」という。この米軍の攻撃により死傷者が出て、生き残った人々は保護された。

米軍は非戦闘員である民間人を保護するため、飛行機から「生命を助けるビラ」をまいたり、ジープや舟艇のスピーカーから放送して軍人や民間人への投降を呼びかけたが、応じない壕に対して攻撃を行った。米軍部隊は各戦闘区域で保護した一般住民男女と軍人軍属を分別し、後方の収容施設へと送った。妻と娘と知人家族とともに摩文仁の海岸沿いへ避難していた西原町の大城孝敏さん（当時四八歳）は、日本兵に勧められ手を挙げて米兵の方へ出ていき保護された。このときにもらったビスケットなどの食べ物は、毒が入っていると思い食べなかった。その後、伊良波《いらは》（豊見城市）の収容所で男女が分けられ家族と離された大城さんは志喜屋《しきや》の収容所（南城市知念）へ送られた。

逃げ場を失い島の南端へ追われた人々の多くは、荒崎《あらさき》海岸（糸満市）からギーザバンタ（八重瀬町）の海岸線のガマや岩陰、岩の割れ目、アダンやソテツの林などに隠れた。海岸には飲み水が少なく貴重な湧き水や井戸などに集まる人々は米軍に狙い撃ちにされ危険であった。この辺りに避難した具志頭《ぐしかみ》村（現八重瀬町）の島英正《しまひでまさ》さん（当時四〇歳）は「家ぐらいの大きな岩があっちこっちにあって、それらの岩の下に蟹のように穴を掘ってみんな隠れて」いたという。日系二世の米兵が近くまできて沖縄の方言で説得したので島さんは投降し親慶《おやけ》原《ばる》（南城市玉城）に運ばれた。

沖縄戦の終結　南部の中央に位置する八重瀬《やえせ》岳・与座《よざ》岳の戦闘は「狂ったような白兵戦」となり、日本軍は六月十四日に八重瀬岳、十六日に与座岳を失った。南部西側の米軍は十一日、国吉《くによし》丘陵へ進撃し、十二日夜には奇襲攻撃を行った。さらに徹底的な空爆や艦砲射撃を行い十六日ほぼ制圧した。

米第十軍司令官バックナー中将は牛島司令官宛に、十日と十四日の二度「降伏勧告」をしたが返答はなかった。十八日牛島司令官が大本営に「訣別電」を送った日、バックナー中将は前線の視察をしていた真栄里《まえざと》（現糸満市）で戦死した。

●―住民の時期別戦死者数

当該期間	戦死者数
～3月31日	1,284
4月1日	730
4月2日～16日（15日間）	8,170
4月17日～5月31日（48日間）	30,368
6月1日～23日（23日間）	40,688
6月24日～	5,354

＊（「沖縄戦全記録　NHKオンライン」より作成〈https://www.nhk.or.jp/war-okinawa/〉2018年12月閲覧、『NHKスペシャル沖縄戦全記録』2016年，より補足）。なお死亡時期が不明の方はこのデータには含まれていない。

この日、多くの避難民や残存部隊がいた真壁村（現糸満市）一帯へ米軍がなだれ込んだが日本軍には組織的な抵抗力がほぼ無くなっていた。南部一帯に米軍が侵入してきたために日本軍は孤立し、十九日以降、第三十二軍の各兵団長が次々と戦死・自決した。

六月二十三日（二十二日説あり）未明、牛島満司令官と長勇参謀長が自決し、組織的戦闘は終結した。しかし牛島司令官は、自決にあたって「最後まで敢闘し悠久の大義に生くべし」と命じ、残存部隊の抵抗が続いた。米軍が沖縄作戦の終了を宣言したのは七月二日であり、住民の犠牲はさらにその後も続いた。九月七日、南西諸島の日本軍を代表して宮古の部隊指揮官らが正式に沖縄戦の降伏調印を行った。

南部撤退と住民犠牲　中部の浦添市は住民の戦死者の五四%が日本軍の南部撤退後に生じている。南部の南風原町では戦死者数三四六六人のうち六月以降に約三八%が南部（村外）で亡くなっており、同じく南部の糸満市では県内の軍人・軍属と一般住民を合わせた戦死者のうち約七〇%が六月以降に亡くなっている。

県全体でみると六月に入り戦死者数は急増し、二十三日間で四万人以上が亡くなっている（表）。第三十二軍が南部撤退をしたことで軍民混在の地獄の戦場になり、地上戦が長引いたことで住民の被害がひろがった。

（平仲愛里）

〔参考文献〕林博史『沖縄戦が問うもの』（大月書店、二〇一〇年）、大城将保『改訂版沖縄戦』（高文研、一九八八年）、『糸満市史　資料編七　戦時資料（上）』（糸満市史編集委員会、二〇〇三年）

コラム⑥

戦場をさまよう

——徳元信益さん（当時一〇歳）

沖縄本島南部の具志頭村（現八重瀬町）新城《あらぐすく》にいた徳元信益さんは当時一〇歳（一九三四年生れ）。一九四五年三月末頃から集落北側に掘った防空壕へ入り一、二ヵ月間は危険なこともなく、その山中の川で友だちと遊んでいた。しかし戦争が激しくなり、六月初旬、米軍が目前に迫っていると情報があった。このとき避難先として指定された「新里《しんざと》壕に行っていれば助かったはず」とふり返る。この壕にいた多くの区民が早い時期に米軍に保護され助かった。

徳元家は避難していたガマを出て真栄平、真壁、糸洲と糸満方面へ逃げた。すでに主のいない屋敷に入り雨をしのげるような小屋を作り隠れたが、そこへ砲弾が直撃し二歳年上の甥が亡くなった。「どうせ死ぬなら村に戻ろう」と家族で東へ向かい、途中ギーザバンタ（八重瀬町）のソテツ林へ隠れた。

翌朝そこに迫撃砲が撃ち込まれ母親や姉らが亡くなった。その直前、岩場へ移された子どもたちは助かったが、そこで父親が亡くなった。徳元さんは「弟と一緒に並んで座っていた。親父の側に自分はいたが、親父は一発で頭をやられて破片で…（即死）。血、すぐこんなだ、ものも言わない、すぐ側でよ」と言葉に詰まりながら当時の惨状を語った。

迫撃砲が止むと数百メートル先の崖上に銃を構えた米兵が現れ、一緒にいた伯父がこのとき射殺された。生き残った家族はここで保護され、富里《ふさと》（南城市玉城）の収容所へ送られた。収容所に着くと「おばさんたちがおにぎりを作ってテーブルにいっぱいある。二、三時間前までは戦争の中におるさ。すぐ連れて来られてあんな安全な所でおにぎり食べれるんだ」と安心したという。その後、知人のいた山里《やまざと》（南城市知念）で一年ほど暮らし、終戦の翌年秋ごろ帰村した。

終戦後の暮らしは姉（当時三〇代）が親代わりになった。中学校卒業の頃には姉、兄らが結婚して家を離れたので徳元さんは働き始めた。

（平仲愛里）

※二〇一七年 筆者聞き取り

12 宮古・八重山の沖縄戦

宮古諸島は沖縄本島から南西に約二九〇キロ、八重山諸島は約四一〇キロの位置にある。これらの地域における沖縄戦の経験とはどのようなものだったのだろうか。

宮古と八重山の沖縄戦　宮古・八重山では、米軍の上陸による地上戦がなかったことが、沖縄本島や周辺離島の沖縄戦の経験とは大きく異なる。しかし、米英両軍による激しい空襲と艦砲射撃を受け、軍事施設や市街地は壊滅的な被害を受けた。また、食糧は自給自足と島外からの輸送によってまかなわれていたが、日本軍の配備によって島の人口が急増したために、深刻な食糧難に陥った。飛行場建設などに連日駆り出され、空襲の激化も加わって食糧増産の態勢が整わないところに、沖縄本島や台湾からの食糧供給も途絶えたため、住民は飢えや栄養失調に苦しんだ。さらに、敵軍の上陸は必至とみた日本軍によって疎開が強制され、とくに八重山では指定された疎開地がマラリア有病地であったことから、「戦争マラリア」によって多くの命が失われた。

【もっと知りたい沖縄戦】

●場所　陸軍中飛行場戦闘指揮所跡、ピンフ嶺野戦車重火砲壕、ヌーザランミ特攻艇秘匿壕（宮古島市）、於茂登前山の砲台弾薬庫跡、八重山戦争マラリア犠牲者慰霊之碑（石垣市）

●人物　山下虎雄

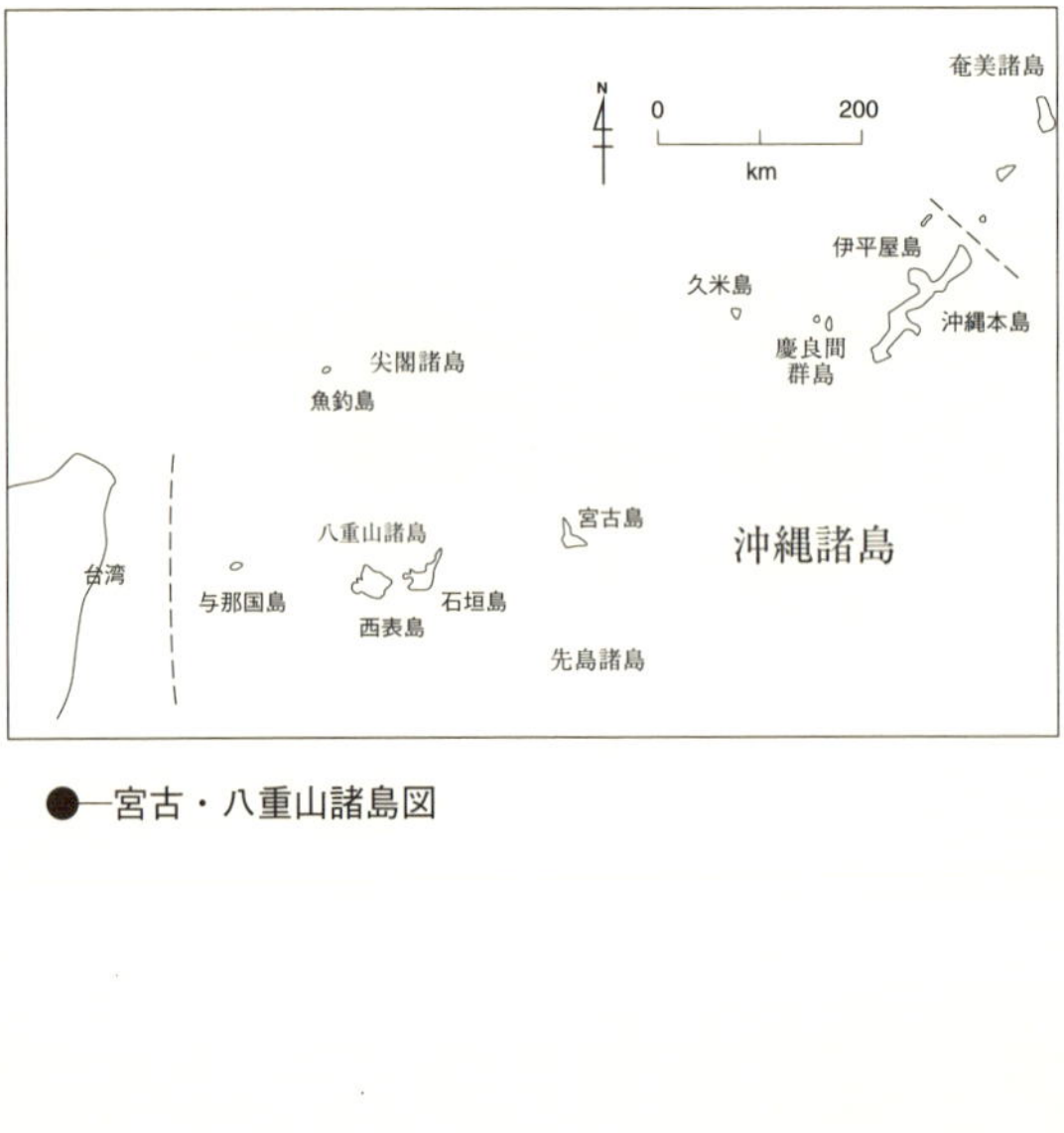

●—宮古・八重山諸島図

宮古―飛行場建設と疎開　戦時中の宮古の人口は六万七〇〇〇人余り、うち約一万五〇〇〇人が召集や動員、疎開などで島外にあり、島には約五万二〇〇〇人が残っていた。島全体が平坦であることから航空基地として最適とみなされた宮古島には、一九四三年九月から海軍飛行場（平良町《ひらら》）、西飛行場（下地村《しもじ》）、中飛行場（下地村）の三つの軍用飛行場が建設された。飛行場建設のための用地取得はほとんど強制的に行われ、とくに肥沃な農地であった海軍飛行場の一帯にあった三つの集落は、土地の接収によって四散し、移住先でマラリアの犠牲になる者もあった。

サイパンが陥落した一九四四年七月、沖縄への侵攻を不可避とみた日本政府は、老幼婦女子の九州・台湾への疎開を沖縄県に命じるが、宮古では地理的に近く、戦前から多くの宮古出身者が職を得て移住していた台湾への疎開が大部分を占めた。すでに九州・台湾航路ともに日本の制海権は失われており、渋る住民には役場の職員などが説得にあたって町内会や部落単位で疎開が行われた。疎開先は台湾全域におよんだが、台湾への空襲の激化にともなって農山村地域への再疎開を余儀なくされ、栄養失調やマラリアで命を落とす者もあった。

宮古―日本軍の配備と空襲　一九四四年七月に宮古入りした第二十八師団を中心に、宮古には約三万人の陸海軍が配備された。この年の後半から現地召集や防衛召集が急増し、飛行場建設や陣地構築に動員されたが、一九四五年六月には防衛召集はさらに強化され、満一七歳以上、満四五歳以下の男子という対象をこえて行われた。一五歳で召集された住民は、「一〇《キロ》の模擬爆薬一個と手榴弾一〇個を渡され、深さ一《メートル》のタコツボ壕にひそみ、戦車がくると、それに向けて投げろといわれ、自爆せよと言うているのに等しかった」という。また、島全体が平坦な宮古島では、上陸後に前進を阻止する障害に乏しいことなどから、上陸時に一気に敵を殲滅《せんめつ》する水際作戦がとられた。防衛召集された住民は米軍侵攻の際に最前線に立つよう教育され、数え二〇歳で召集された住民によると、「毎日銃剣術と、爆薬を背負って戦車を爆破する訓練ばかりで」、「毎日上官から宮古出身の兵は先頭に立って戦えといわれていた」たという。

宮古が初めて空襲を受けたのは、那覇が壊滅的な被害を受けた日と同じ一九四四年十月十日（十・十空襲）で、一九四五年に入ると米英軍による激しい無差別攻撃が続いた。台湾の航空基地を飛び立って沖縄戦に向かう特攻機の中継基地であったことから、宮古の飛行場は繰り返し爆撃を受け、五月四日の英艦隊による艦砲射撃では、三つの飛行場を中心に一〇〇〇発以上の砲弾が撃ち込まれた。海と空の輸送路を絶たれて物資の補給が途絶え、連日の空襲で畑に出ることもままならず住民は飢えに苦しんだ。栄養失調によって体力が衰えた人々は次々とマラリアに罹患《りかん》し、医薬品の補給もなかったことから多くの命が失われた。宮古での戦没兵二五六九人のうち、九〇%近くは爆撃ではなく、栄養失調とマラリアによるものとみなされている。

一九四五年八月二十六日、米国海兵隊二〇〇〇人が宮古に上陸して日本軍の武装解除にあたったが、飢えや栄養失調、マラリアが蔓延する状況は戦後まで続いた。また、敗戦によって日本国や沖縄県の保護を失った台湾の疎開者たちも、自力で帰郷を余儀なくされる苦境に立たされた。九月、宮古で疎開民組合が結成され、同年五七二人の引揚げにあたっている。

八重山—日本軍の配備　石垣島では一九四三年以降、平喜《へぎ》名《なー》飛行場（海軍北飛行場）、平得《ひらえ》飛行場（海軍南飛行場）、白保飛行場が建設された。建設作業には六〇〇人余りの朝鮮人人夫と、石垣島やその周辺離島から徴用された人々が動員された。一九四四年八月には独立混成第四十五旅団が石垣島に移駐、九月にかけて同旅団を構成する部隊が続々と移駐してきた。一九四四年当時の八重山の人口約三万三〇〇〇人に対して、同旅団だけで三千数百人、さらに陸海軍あわせて一万人を超える部隊が移駐してきたことから、島の人口は急増した。食糧は当然不足したが、住民は飛行場づくりに動員されて食糧増産は遅々として進まなかった。

こうしたなか一九四四年十月、八重山への空襲がはじまった。当時、主食の米は島産米と県からの割り当てでまかなっていたが、空襲によって一九四四年の移入米は前年比三九%にまで激減、翌年には完全に途絶えた。日本軍の配備で急増した人口をまかなうだけの食糧増産態勢が整わないうえ、島外からの供給が途絶えたなかでも、住民は日本軍から食糧の供出を強いられ、家畜も接収され、陣地づくりのための木材まで提供しなければならなかった。

八重山—マラリア有病地への疎開命令　石垣島では、一九四四年十月十日に機銃掃射を受けたのを皮切りに、米軍が慶良間諸島に上陸した一九四五年三月下旬から空襲が激しさを増し、四月から六月まで、毎月延べ一〇〇〇機を超える米英軍機による攻撃にさらされた。米軍が八重山・宮古諸島に上陸する可能性が大きくなったとの判断のもと、迎撃態勢を整える必要のあった同旅団は、島の人々に指定地域への避難を命じた。このとき避難地とされたのがマラリア有病地であったことにより、地上戦のなかった八重山に甚大な被害をもたらすこととなった。

石垣島のさらに南に位置する波照間島《はてるま》では、西表島《いりおもて》の南風見《はいみ》（現竹富町）への疎開が命じられた。島には青年学校教員として山下虎雄《やましたとらお》という人物が赴任していたが、山下は難色を示す住民に抜刀して疎開を強要した。その様子は、「山下虎雄という方が波照間青年学校の指導員として赴任して来られたと聞いていたが、彼はいつの間にか軍人に変身した。腰には日本刀を下げて、『疎開に反対する人は斬り殺す』と住民を脅迫した」と証言されている。山下は陸軍中野学校出身の離島工作員だったのである。疎開は四月初旬から行われ、隣保《りんぽ》班ごとに避難小屋を造って共同で生活したが、まもなく梅雨に入るとマラリアが流行しはじめた。食糧難による栄養失調に加え、薬も手に入らず、一家全滅や幼い子供を残して親が亡くなった家族など、マラリア被害は悲惨を極めた。波照間の戦時中の人口一六七一人のうち、戦没者は五九三人であるが、うちマラリアによる死者は五五二人にものぼった。

マラリア有病地への疎開は、鳩間《はとま》島や竹富島でも行われ、八重山地域の人口約三万一七〇〇人の半数以上がマラリアに罹患《りかん》、そのうち三六四七人が死亡という甚大な被害を出した。マラリア有病地であることを知っていながら日本軍が疎開を強制した背景には、食糧の確保とスパイ防止という目的があった。約一万人を超える軍隊が駐屯したうえ、島外からの食糧供給が途絶えたなかで、日本軍にとって食糧の確保は死活問題であった。また、波照間島で疎開を強制した山下虎雄は、敵が上陸して「島民」が捕虜になると軍の内容を知られ、スパイにされてしまうために敵の上陸前に疎開を完了させる必要があった旨を後に語っている。マラリア有病地への疎開は、こうした日本軍の作戦遂行上の必要からなされたものであり、そこには沖縄の人々に対する不信感が透けてみえる。

（小野百合子）

〔参考文献〕平良市史編さん委員会『平良市史 第一巻通史編Ⅰ（先史～近代編）』（平良市役所、一九七九年）、石垣市総務部市史編集室『平和祈念ガイドブック ひびけ平和の鐘』（石垣市、一九九六年）、竹富町史編集委員会町史編集室『竹富町史第十二巻資料編戦争体験記録』（竹富町役場、一九九六年）

13 離島の沖縄戦

沖縄県は東西約一〇〇〇キロ、南北約四〇〇キロの広大な海域に無人島も含め大小一六〇の島々がある。『沖縄県史二〇 沖縄県統計集成』によると戦前（一九三〇年）は五五の有人島があったという。日本軍がいた島では住民が戦闘に巻き込まれたり、日本軍による住民虐殺で犠牲となるケースがあった。また、日本軍がいなかった島でも連絡船が沈められ食糧不足に陥るなどの被害に遭った。日本軍存在の有無で島々では戦争のあり様が異なっていた。

地上戦となった津堅島と強制疎開した久高島　沖縄本島中城湾の正面に浮かぶ津堅《つけん》島では、一九四四年の十・十空襲以降、独立混成第四十四旅団から一三〇名の重砲兵一個中隊および小隊などがやってきて、陣地構築が始まった。その場所は住民が御嶽《ウタキ》として崇める新城《あらぐすく》グスク、クボウ御嶽およびその周辺域であった。そして多くの住民を本島へと疎開させるいっぽう、補助看護婦一三名を含む七〇名ほどの青年男女が日本軍に配属された。

一九四五年四月六日から上陸と撤退を繰り返していた米軍は、四月十日に艦砲射撃を開始し、戦車上陸を行った。地上戦の始まりである。米軍は三度上陸と撤退を繰り返しながら日本軍を攻撃、追い込まれた日本軍は陣地に逃げ込んだり、集団で自決した兵士もいた。現在の新城グスクのとなりにある慰霊之塔が建つ高台は、日本軍の三六高地、本部陣地壕の中腹にあたる。本部壕は切り立った岩山の空洞部分に造られており、最上階の三階部分が出入り口で、内部は二段、一段と下に降りる構造になっていたという。

補助看護婦として島に残った緑間春子さん（当時一五歳）は「本部壕に近づいた米兵が日本軍の銃剣で殺されたことで報復を受けた。三階の出入り口から米兵に炎を浴びせられた。私たち看護隊は一階で水にぬらした毛布をかぶり必死にこら

【もっと知りたい沖縄戦】
●場所　津堅新川クボウグスクの砲台跡（うるま市）、痛恨之碑（久米島町）、塩屋の銃眼跡、具志堅洞陸軍本部壕跡（南大東村）、黄金山の陸軍本部壕跡（北大東村）
●人物　谷川昇、鹿山正、仲村渠明勇

えていた。その時、看護隊のひとり宮城シズさん（一五歳）のお父さんが、外から大声で呼びかけていた。私たちは、ここに居ることを告げるとシズのお父さんが外側から土を掘りだし、私たちは岩の間から這い出ることができた。上部にいた日本兵は焼け死んだ」と述べた（筆者聞取り）。

生き残った日本軍は、津堅島が陥落状態になると沖縄本島の与那原《よなばる》港へ逃げた。島に残っていた住民は、島の西側にあたるホゥト井泉《カー》周辺に掘った避難壕に潜み、井泉から湧き出る水で命をしのいでいた。米軍資料『ワトキンス・ペーパー』には「一〇〇名の民間人が五月二一日に津堅島から沖縄島へと立退かされ、一時的な定住先が勝連《かつれん》半島および喜舎場《きしゃば》エリア」へ収容されたと記されている。

他方、久高《くだか》島では日本軍の駐留はなかったが、住民は強制的に沖縄本島北部へ疎開させられた。北部へ向かう途中に船が転覆したり、疎開先の北部山中で日本軍による食糧強奪に遭った。また、一部の女子青年が「久高のアンマー部隊」として知念《ちねん》半島に配置され、戦闘に巻き込まれた。

日本軍がいなかった平安座島・浜比嘉島・伊計島・宮城島

勝連半島から金武《きん》湾を囲むように浮かぶ平安座《へんざ》島・浜比嘉《はまひが》島・伊計《いけい》島・宮城《みやぎ》島には島出身兵十数名の通信隊がいた。宮城島の高台には模擬大砲が設置されたが、米軍上陸前に日本軍が移動したことで、住民が危険と感じ撤去したという。

いっぽう、島を離れ沖縄本島北部に避難した住民は、飢えと闘っていた。米軍は上陸すると宮城島・伊計島に残っていた住民を平安座島に強制的に収容した。平安座島は、すでに空襲で多くの家屋を失っていたが、となりの浜比嘉島は大きな被害はなく、米軍は平安座島と浜比嘉島に約八〇〇〇名の民間人を収容した。また、四島は多くの移民を輩出する地域だったこともあり、帰郷した住民らが英語やスペイン語で米兵と話し合うことで多大な犠牲がでることはなかったという。

敗残兵と住民　伊平屋島・伊是名島　沖縄本島の北にある伊是名《いぜな》島と伊平屋《いへや》島は五～六キロしか離れていないが、島内の様子はまったく異なっていた。

六月三日、伊平屋島に六〇〇〇名以上の米軍が上陸してきた。この時に住民四七名の死傷者がでている。当時、伊平屋島には一人の離島残置《ざんち》諜者《ちょうじゃ》と漂着して住民に助けられた日本兵がいた。助けられた日本兵は米軍への斬り込みを決心したが、区長の説得で住民になりすまし投降した。それ以後、伊平屋島は米軍管理下に置かれ多くの被害を出すことはなかった。

他方、隣の伊是名島では、沖縄本島から逃げてきた平山隊数名と漂着して住民に助けられた日本兵、そして一人の離島残置諜者が潜伏していた。彼らは、二度にわたり漂着してきた米兵、合せて四名を銃殺した。また、「日本が負けた」と言いふらした住民を虐殺、奄美大島から売られ漁師となった三名の少年たちを、自分たちの存在が伊平屋島に駐留する米軍に漏れることを恐れ虐殺した。その際に一部の住民も加担したという。伊是名島で虐殺事件が相次いだのは八月十五日以降のことであった。

飢餓にあえいだ粟国島と渡名喜島　粟国《あぐに》島と渡名喜《となき》島は、座間味《ざまみ》島に駐留していた日本軍の管轄地域であった。だが、軍隊は一人もおらず、粟国島では住民たちで模擬大砲を設置したことで米軍の標的となった。十・十空襲以後、那覇に住んでいた粟国島出身者が島へ避難してくると、人口は約四〇〇〇名に膨れ上がった。沖縄本島間の定期船も沈没したことで、粟国島では食糧難に追い込まれ、猛毒を抜かないと食べられないソテツを食するまで追い込まれた。三月二十三日、米軍の艦砲が沖縄本島と同じように粟国島を襲い、一三名が亡くなった。また六月九日、米軍が粟国島に上陸した際に五名の住民が射殺されたという。粟国島には一人の離島残置諜者が潜伏していたが、米軍へ反撃することはなかった。

渡名喜島も粟国島と同じように十・十空襲以後、出身者らが島に避難にやってきたことで約八〇〇名の住民が一三〇〇名まで膨らんだ。三月二十三日、渡名喜島も空襲にさらされ、住民は集落と山の避難壕を行き来するようになった。その後、米軍機がしばしば飛来したことで漁にでることもできず、住民は飢えに苦しんだ。渡名喜島では直接の銃弾を受けて死亡したのは一二名、避難生活で飢えと病気で亡くなったのが三〇〇名以上にのぼる。渡名喜島で敗戦を知ったのは九月九日だったという。

●—尋問を受ける粟国島の住民（1945年6月9日，沖縄県公文書館所蔵）

住民虐殺の島・久米島　久米《くめ》島にいた鹿山正《かやまただし》海軍兵曹長率いる通信隊は、敗戦日の八月十五日以降も住民虐殺を繰り返していた。六月十三日、米軍は偵察隊を上陸させ少年を含む二名を拉致《らち》、通信隊の人数が少ないことを知った米軍は、六月二十六日に当初の計画を大幅に下回る米兵九九六名で上陸した。

いっぽう、鹿山正は米軍の指示で降伏勧告に来た仲村渠明勇《なかんだかりめいゆう》と、一時、米軍に拉致された住民三名を含め彼らをかくまった嫌疑で郵便局に勤めてた安里正次郎、北原区の区長、警防団員併せて九名を虐殺した。さらに谷川昇一家（幼児、二歳、五歳、七歳、一〇歳の子どもを含む）を住民への見せしめとして虐殺した。谷川家の虐殺には住民も加担していたという。後に鹿山は「ワシの部下は三十四人、島民は一万人もおりましたからね。島民が向こう側（米軍側）にいってしまってはひとたまりもない。だから、島民の日本に対する忠誠心をゆるぎないものにするために断固たる処置が必要だった。島民を掌握するためにワシはやったのです」と、悪びれる様子もなく述べている（『沖縄タイムス』一九七二年三月二十五日）。九月七日、米軍に鹿山通信隊が投降したことで住民虐殺は終った。

空襲・艦砲攻撃に晒された大東諸島　大本営は沖縄本島の東方約四〇〇キロに浮かぶ大東諸島《だいとう》（北大東島・南大東島・沖大東島）、三島併せて人口約五八〇〇名の島々に、南大東島に第八十五兵站警備隊本部、北大東島、沖大東島にそれぞれ一個歩兵中隊、約七七〇〇名を配置した。兵士用の慰安所も南大東島二ヵ所、北大東島・沖大東島にそれぞれ一ヵ所ずつ設置されている。大島諸島の住民も沖縄本島と同じく飛行場建設・陣地構築のために住民は根こそぎ動員され、地上戦に備えた軍民合同演習が実施されていた。また、日本軍は住民、特に「年齢六〇才以上及一五歳未満の女子」「妊産婦及病弱者」などに対し疎開を勧奨した。その勧奨は戦争の足手まといとなる住民を疎開させるいっぽうで、兵士の食糧確保がねらいだった。残った住民の人数は南大東島一四八一名、北大東島約七〇〇名で、沖大東島は全住民が島を離れたという。住民は東京の八丈島、沖縄本島へと向かった。

米軍の大東諸島への攻撃は、十・十空襲を皮切りに、飛行場や停泊していた駆逐艦《くちくかん》等が標的となった。沖縄本島上陸前の三月二十七日、南大東島に初めての艦砲射撃が行われた。兵士や住民はガマ（自然洞穴）に避難したことで住民被害はそう多くはなかったが、南北大東島に配置されていた日本軍は一一二名が戦死したという。敗戦を大東諸島で迎えた兵士らは一九四五年十二月二十一日、復員船となった空母葛城に乗船し、故郷へ帰還した。

（川満　彰）

〔参考文献〕比嘉繁三郎『津堅島の記録』（文進印刷株式会社、一九九〇年）、徳田球美子・島袋由美子『久米島の戦争』（なんよう文庫、二〇一〇年）

14 日本軍の特攻

空から神風特攻機、海上では特攻艇（震洋《しんよう》、㋹《マルレ》）、陸上では爆雷を背負った肉弾攻撃や夜間の斬り込み攻撃、日本軍の特攻戦術は、沖縄戦で頂点に達した。

特攻作戦への過程　一九四四年二月、トラック島への米機動部隊の奇襲により日本海軍は航空機約三〇〇機を失う大損害を被った。その後マリアナ諸島をめぐる戦いでも壊滅的な打撃を受け、以後立て直すことはできなかった。この直後、特攻兵器の試作が決定され、海軍で「人間魚雷（回天《かいてん》）」や「震洋」、陸軍で「マルレ」の試作が始まった。沖縄への配備は同年七月に始まり、読谷の比謝《ひじゃ》川沿岸（マルレ）、金武《きん》湾（震洋）、今帰仁《なきじん》の運天港（蛟龍《こうりゅう》および魚雷艇）などへ配備が続いた。十月十日、慶良間諸島に三個海上挺進隊、約三五〇隻のマルレが配備されたが、米軍上陸時にそのほとんどは出撃しなかった。

同年十月、フィリピン沖海戦が始まり、海軍航空隊は三三三機を、陸軍航空隊は二一〇機を特攻に投入した。空の特攻「神風特別攻撃隊」のはじまりであった。

第五航空艦隊の撃滅　フィリピン沖海戦で武蔵を含む戦艦三隻、空母四隻を失い、艦隊としての作戦行動が不可能にな

●—米空母「バンカー・ヒル」（5月11日の菊水6号作戦で特攻機2機が突っ込み火薬庫が爆発，久高島東海岸に擱座した。この攻撃による死者は396人，負傷者は264人にのぼった。）

【もっと知りたい沖縄戦】

●場所　比謝川沿いの特攻艇秘匿壕群、義烈空挺隊玉砕之地慰霊碑（読谷村）、渡喜仁の陣地壕跡（今帰仁村）、伊舎堂用久中佐と隊員の顕彰碑（石垣市）

った日本海軍は、一九四五年二月、特攻を主体とした部隊編成として初の第五航空艦隊を編成した。米軍の沖縄上陸が始まると、第五航空艦隊は、練習機も含めた出撃可能なあらゆる航空機を投入して「菊水」作戦に踏み切った。陸軍ではこれを「航空総攻撃」と呼んだ。四月六、七日の「菊水」一号は、総攻撃機六九九機、うち特攻機三五五機という大規模なもので、米軍の被害も沈没八隻、損傷一五隻にのぼった（全期間を通じ、特攻機が二機突っ込んでも空母、戦艦は沈没しなかった）。また四月六日、残存海上部隊の主力をもって海上特攻を強行、沖縄の敵泊地を目指したが、一機の搭載機も持たず基地航空部隊の援護もなく、米艦載機の攻撃にさらされて戦艦大和をはじめ主力は九州西南方沖の海中に没した（七日）。これにより海軍の海上勢力は文字通り壊滅した。

米軍上陸地となった読谷村楚辺《そべ》では、すでに米軍による住民収容が始まり野戦病院では負傷した住民の手当てが行われていたが、そこでは「夜になると日本軍の特攻機が頻繁に襲ってきたので、そのたびに負傷者は壕に避難するという逆転した避難生活を送ることになった」。特攻隊の攻撃はあまりに激しく収容された民間人はトラックで石川（現うるま市）へ移動させられたが、「日本軍機の攻撃によって、収容所で亡くなった人も多かった」という。

陸での特攻　日本兵は少数のグループをつくって米軍陣地に忍びより、きわめて近距離から爆薬箱を投げたり、箱を抱えたまま陣地内に飛び込み米兵を道づれに自爆しようとした。〝人間爆弾〟の中には成功したものもあったが、大方は近づく前に射殺された。四月十六日から始まる伊江島の戦闘では、兵器の足りない者が爆薬箱、手榴弾で戦い、荒けずりの棒の先に短剣をつけた槍で斬り込んだ。なかには乳呑み児を背負った婦人もいて、斬り込み隊に加わり米軍陣地に突撃した。六日間の戦闘で米軍は四〇〇〇名余の日本軍を殺したが、戦死した多くは民間人だったといい、軍服を着て日本軍の兵器をもった民間人はおよそ一五〇〇名と推定された。

激しい戦闘が展開された嘉数—西原戦線では、一〇キロ爆薬をかかえた〝自爆攻撃兵〟によって戦車六両が撃破された。浦添丘陵では三〇名からなる日本兵が「万歳」を叫びながら壕の中から飛び出し、まっすぐ米軍の前線に突貫し、全滅した。シュガー・ローフの洞窟から、二隊にわかれた日本軍が爆雷をかかえて米軍戦車めざして飛びだした。（豊田純志）

〔参考文献〕『具志川市史　第五巻　戦争編戦時記録』（具志川市史教育委員会、二〇〇五年）、『読谷村史　第五巻　戦時記録上巻』（読谷村役場、二〇〇二年）

コラム⑦

米軍の航空作戦

米軍が膨大な物量と兵力を投入して沖縄に進攻したのは、日本本土進攻のための作戦拠点を得るためであった。米軍は四月一日に沖縄本島西海岸に上陸すると、南北に進攻して日本軍と戦闘を始めるのと並行して飛行場などの基地建設も進めていった。六月下旬の時点で、沖縄本島と伊江島で一二の飛行場（滑走路二二本）の建設が進められ、運用が始められていった。

沖縄へは上陸一週間後には早くも戦闘機が配備されて出撃体制を整えるが、最初の役割は沖縄本島にある日本軍への攻撃と、九州からやってくる特攻機の迎撃だった。これが五月に入ると奄美諸島や九州南部への攻撃へと任務が移っていく。米軍の九州進攻に向けて、飛行場など日本軍の拠点を先に破壊しておく必要があったのである。日本軍の軍事施設だけでなく、市街地や鉄道、港など交通網への爆撃も行っている。また、搭乗員のその場の判断で攻撃目標が決まる場合もあり、漁船や民家、集落に対しても無差別に攻撃が行われた。沖縄から九州に疎開した児童らの中には空襲を体験する者もいるが、その時に飛来したのは沖縄からの米軍機であった可能性もある。

七月に入ると、より大型で多くの爆弾を積む爆撃機も沖縄に配備され、九州各地への爆撃も本格化していった。また、哨戒機による東シナ海一帯への船舶に対する攻撃も行われ、海上での日本軍の動きを抑制した。八月に入ると最新鋭の爆撃機であるB29の配備が始まった。圧倒的な航続距離と爆弾の搭載量を誇るB29なら、北海道を含む日本本土のほとんどが爆撃可能となる。沖縄には一〇〇〇機近いB29の配備が予定されていた。

実際には八月十五日に日本の敗戦が決まったので、沖縄からのB29出撃は行われなかった。しかし米軍が日本本土進攻に向けて建設した軍事基地は終戦後も残った。「太平洋の要石《かなめいし》」として新たな役割を負わされ、戦後の「基地オキナワ」の姿へと続いていくのである。

（伊佐真一朗）

〔参考文献〕林博史『沖縄からの本土爆撃』（吉川弘文館、二〇一八年）

15　疎開と引き揚げ

【もっと知りたい沖縄戦】
●場所　対馬丸記念館、小桜の塔（那覇市）、南風原国民学校学童集団疎開記念碑（南風原町）、戦後引揚者上陸碑（中城村）
●人物　粟国良行、金城トミ

政府や県、軍は戦力にならない沖縄住民を半ば強制的に日本本土と台湾へ、さらには沖縄本島北部に疎開させる計画を立て、その結果、多くの沖縄住民が疎開先で過酷な体験を強いられることとなった。戦争が終わってからは疎開者だけでなく戦前からの海外移住者も含め、本土や海外から約一七万六〇〇〇もの人が沖縄に引揚げてきた。その数は、当時の沖縄本島人口の半分以上を占めていた。

疎開の背景　政府は空襲の際、足手まといとなる老婦女子を強制退去させるため、一九四四年三月三日「一般疎開促進要綱」、同年六月三〇日には将来の戦力温存を背景に「学童疎開促進要綱」を閣議決定した。そして、同年七月七日、サイパン玉砕を受けて約一〇万人の沖縄住民を県外疎開させる方針を定めた。

それを受けて沖縄県も七月二十六日に「県外転出実施要綱」を作成し勧奨という形式で疎開を推進していった。また七月十九日には県内政部長から国民学校長などに「学童集団疎開準備に関する件」の指示が出された。

政府関係機関や九州各県などと協議のうえ、沖縄県からの疎開人数を本土へ約八万人、台湾へ約二万人を目標とし、最終的には宮崎県・大分県・熊本県の三県が沖縄県出身疎開者の受け入れを行うこととなった。

学童疎開・県外一般疎開　学童疎開の第一陣は八月十五日に出発するが、二十一日に那覇を出発した対馬丸が翌日、米潜水艦ボーフィン号によって撃沈され、学童七八四人を含む一四八四人（氏名判別者のみ）が亡くなった。そのため疎開が少し停滞するが、十・十空襲を受け、沖縄が戦場になる危険性が強く感じられるようになると次第に疎開希望者は増えていった。

「沖縄県学童集団疎開準備要項」によると、学童疎開の対象学年は、初等科三年から六年までの男子を原則とし、一、二年生でも心身の発育が充分な者は疎開可能とした。実際には、対象外の高等科生も女生徒も多数疎開している。

一九四四年十月末までに文部省に報告された学童集団疎開の児童数は、宮崎県三一五八名、熊本県二六一二名、大分県三四一名で合計六一一一名であった。

家族と離れた疎開児童の体験は、よく「ヤーサン（ひもじい）・ヒーサン（寒い）・シカラーサン（寂しい）」の言葉で語られることが多い。疎開先では食糧の提供があったとはいえ、「空腹に耐えられず、道端においているミカンの皮さえも拾って食べた。栄養失調も極限に近いところまできていて、校舎の二階教室へ上がるときも途中で一休みしてからでないと上がれない日が続」（平田守「学童疎開」）くという、文字通りの極限状態に陥っていた。食糧増産のため運動場は畑と化した。高等科を卒業した疎開児童は疎開グループから離れ、食糧を提供してもらう代わりに農作業に従事したり、住み込みで軍需工場へ働きに出るなど、自活の方途を見出さなければならなかった。

一九四五年六月下旬になると、「沖縄は全滅した」という情報が疎開児童にも伝わり、県民はすべて戦死し、疎開児童は沖縄へ帰還できなくなったという流言も出て、皆肩を寄せ合って号泣したという（筆者聞取り）。痩せた身体に寒さは特に辛く、冷たい霜や雪の上を歩くと、持っていたわらじはすぐにボロボロになり、「アガヨー、アガヨー（痛いよ、痛いよ）」と言いながらかろうじて学校に通ったと回想する者も少なくない（筆者聞取り）。

一般疎開の場合も学童疎開と同様で、一家五名で宮崎へ疎開することになった粟国良行は「船の中には数え切れないほどの大勢の人」をのせた阿里山丸《ありさんまる》で出航し、宮崎県の下富吉集落の民家に世話になった。当時国民学校五年生だった粟国は、山之口国民学校へ通い、授業のほか、竹槍訓練を受けたり、時々麦踏みなどの農作業に動員されたという。また、一般疎開者の児童でも、学校を卒業すると学校の命令で軍需工場へと働きに出された。

戦争は終わっても国民の生活は困窮し、栄養不足と不衛生な環境のために病気にかかる児童も多くなり、赤痢や心臓病などで死亡する者も出た。

北部疎開　一九四四年十二月中旬には第三十二軍は県幹部職員および民間代表者を集め、老幼婦女子を北部へ疎開させることを県に提示する。翌四五年二月十一日には県は北部疎開を推進する人口課を設置し、約一〇万人の中南部の住民を北部地域へ疎開させる準備を進めた。

同時に、北部では避難小屋造りを始めるなど、受入体制を整えていった。県は中南部疎開者受入地として、本部町を除く国頭《くにがみ》村・東《ひがし》村・大宜味《おおぎみ》村・今帰仁《なきじん》村・羽地《はねじ》村（現名護市）・名護町（現名護市）・久志村（現名護市）・金武《きん》村（現金武町）・恩納《おんな》村の九町村に一〇万人を移動する計画を打ち出した。しかし十分な受け入れ態勢が整わないために疎開は進まなかったが、三月二十四日から米軍の艦砲射撃が始まり上陸が迫ると、慌てて北部へ避難を始めた。疎開の道中も決して安全なものではなく、まもなく本島中部を米軍が占領したため北部への疎開はできなくなった。

●—戦後引揚者上陸碑（中城村久場）

疎開先では、例えば大宜味村の北部には村民（七五〇〇人）のおよそ一・四倍に当たる一万二四七人の受入が割り当てられ、さらに割当以外の疎開者も押し寄せてきたことから、避難小屋や食糧は足りなくなった。

北部の山中での疎開生活は、食糧不足とマラリアとの闘いだった。マラリアは、熱帯から亜熱帯に流行する感染症。マラリア原虫を持った蚊が人の血を吸う時に体内に原虫を送り込むことにより発症する。悪寒《おかん》、震えとともに体温が上昇し、呼吸切迫、嘔吐《おうと》などが起こり、死に至るケースも少なくない。また、栄養失調を起因とする罹病《りびょう》、飢餓などで疎開者に死者も出た。その様子は、「子どもはお腹を膨らまして、うつろな目で顔の周りのハエを追い払おうともしない。隣で糞尿をしても誰も動こうとしない。母親は海まで行って海水を採り、それで道端の草を煮ていた。どうすることもできない」状態で、死の淵に立たされた（尾比久浩、当時一五歳）。

追い打ちをかけるように、山中で敗残兵となった日本兵が食糧を求めさまよい、避難民から食糧を強奪していった。日本軍は食糧を強奪すると同時に、住民三〇人余りが日本軍によって虐殺された渡野喜屋《とのきや》事件も起こしている。沖縄戦が事実上終了すると、米軍の投降の呼びかけに応じて、山中に逃げていた人々も山を下りて、米軍の指定した収容地区へと向かった。

台湾疎開　戦争が激化すると、宮古・八重山諸島の人々を中心に約一万名余りが台湾に疎開した。その受入先は台湾東部を除くほぼ全土におよんでいた。疎開先での宿泊は世帯や班ごとに割り当てられ、学校や寺院、公会堂などが仮住まいとなった。疎開児童約七〇〇名は台湾の国民学校に入学することになったが、沖縄の学童は日本語がわからないのではと転入を嫌う校長や職員もいた。

　戦争が激しくなると、配給も滞りがちになり、日雇労働をしたり、台湾人から譲ってもらった畑を耕して野菜を作るなど自給生活を余儀なくされるようになった。猛威をふるっていたマラリアにより体力の無い疎開者たちは次々と斃《たお》れていった。戦後に疎開者を迎えに行った者は、疎開者の「顔色は青褪《あおざ》め、痩せ細り、マラリアに罹って寝込んでいる者、死亡した者も三人と聞かされ、一年前別れを告げたときの姿は全く無く、すっかり変わり果てていた」と証言している（『城辺町史　第二巻　戦争体験編』）。

引き揚げ　日本の敗戦に伴って浮上した問題が、六六〇万余人にのぼる軍人・軍属及び一般邦人の海外からの引き揚げであった。厚生省は、呉、浦賀、鹿児島、佐世保、舞鶴など計一八ヵ所の地方引揚援護局を設置した。各援護局の検疫所ではコレラ、ペスト、痘瘡、腸チフス等の疫病に対する予防接種が行われ、その後事務手続きを経て、それぞれの郷里へと帰還している。

　いっぽう、日本や海外からの沖縄への引き揚げは軍政府と沖縄民政府の共同事業で、四六年七月一日より開始された。中城《なかぐすく》村の久場崎《くばさき》港や那覇港等が主な受入港となり、久場崎やインヌミヤードゥイ（現沖縄市高原《たかはら》）に収容所が設置された。引揚者は頭からＤＤＴをかけられ、予防接種や種痘等の検疫が行われた。数日間の収容所での帰村手続きを経て、米軍のトラックでそれぞれの郷里へと帰っていった。

　台湾では、私的な船舶の運行による「ヤミ船引き揚げ」が行われ、台湾で寄る辺のない宮古・八重山出身の疎開者がいち早く引き揚げている。宮古・八重山では、疎開者の引き揚げを行ったが、四五年十一月一日に疎開者を乗せた船舶「栄丸」が季節風の大波にのまれエンジンが故障し、一〇〇名を超える疎開者と船員が死亡した事件も起こっている。

（中村春菜）

〔参考文献〕琉球新報社（編・著）『沖縄学童たちの疎開』（一九九五年）、松田良孝『台湾疎開―「琉球難民」の一年一一ヶ月』（南山舎、二〇一〇年）、新里清篤『あゝ学童疎開船対馬丸―記録と証言』（対馬丸遺難者遺族会、一九七八年）

コラム⑧

ヤーサン・ヒーサン・シカラーサン

九州に向かう疎開船は米軍の潜水艦からの攻撃を避けながらのジグザグ航行だった。当時五年生で疎開した知念信夫さんは「万一の時は海に突き落とすようにと、事前に訓練されていた。浮き袋を身にまとい甲板に並んだ。魚雷発見の声がした。ドスンとにぶい音がする。爆雷のようだ。灯火管制下でボンやり見えていた僚船の影も見えなくなった」と語っている（『玉城村史』）。

無事に九州に到着すると、受入先では青年会、婦人会らの出迎えがあり、お茶やおにぎり、団子といった差し入れまで用意されていた。玉城《たまぐすく》村（現南城市）内から疎開児童を引率した教員の喜納盛敏さんによると、出迎えてくれた人たちが、「沖縄シ（沖縄人）は、ハダシで来るから」とワラ草履を編み、たくさん束ねて駅まで持参してくれていたが、子どもたちが靴を履いているのを見て「どうぞ」と言えず寺の床下に放り込むこともあったようだ。

疎開児童の心情を最もよく表しているのが「ヤーサン（ひもじい）・ヒーサン（寒い）・シカラーサン（寂しい）」である。戦況の悪化にともなって配給も徐々に減り、育ち盛りの子どもたちにとっては、中城《なかぐすく》村出身の仲松千代さんのように「食糧探しがほとんど唯一の遊び」だったと回想する人も少なくない。さらに、夏服しか持ち合わせていなかった児童は、上着を切って長ズボンに変えるなど寒さを凌いでいた。慣れない寒さで肺の病気を患い寝込んでしまう児童も出た。伝染病の一つ、赤痢で命を落としてしまう児童もいた。家族と離れて暮らす期間が長引けば長引くほど、児童は寂しさを募らせた。六月下旬には沖縄は全滅したという情報を耳にし、中城村出身の安里清一さんたちはみんなで肩を寄せ合って泣き崩れたという。引揚げるまで、ほとんどの児童は家族の安否がわからず、沖縄に帰ってきてから自分が孤児になったことを知った安里さんのような児童もいた。戦後になって、第二の故郷となった疎開先を訪ねる児童も多く、交流を深める学校も少なくない。

（中村春菜）

〔参考文献〕琉球政府立那覇高等学校六期生『戦時下の学童たち』（戦争体験記発行委員会、二〇一一年）

16 沈められた船

一九四四年三月以降、沖縄へ大部隊が次々と配備されることになった。また、同年七月のサイパンの戦いの戦訓から、軍と政府は民間人が戦闘の足手まといになると判断し、沖縄島から九州・台湾に老幼婦女子を疎開させることにした。対馬丸事件、尖閣諸島戦時遭難事件はこのような背景のもと発生した。

政府による船舶の管理　一九四二年、政府は国内の民間船船を徴用し、A船（陸軍作戦用）、B船（海軍作戦用）、C船（船舶運営会：民需用）の三つに振り分けて海上輸送を実施したが、戦闘艦のような速力・装甲・攻撃力を持ち合わせていない民間船舶は格好の標的である。米軍は敵国の補給路を寸断する目的で当初から船舶に対する攻撃を実施しており沖縄近海でも多くの船舶が撃沈され多くの人命が失われた。

嘉義丸事件　一九四三年五月二十六日、鹿児島から沖縄へ航行していた船団が寄港予定地の奄美近海で米軍潜水艦の魚雷攻撃を受けこのうち嘉義《かぎ》丸に命中し撃沈された。生存者にはかん口令が敷かれた。なお、前年の一九四二年には「多喜《たき》丸」がこの近海で潜水艦に攻撃されていた。

対馬丸事件　一九四四年八月十九日、日本軍部隊（第六十二師団）を乗船させた対馬《つしま》丸・和浦《かずうら》丸・暁空《ぎょうくう》丸を中心とした船団が中国から那覇へ到着、兵力輸送後の同船団は児童を含む民間人を乗船させて九州へ疎開させることとなっていた。このころには沖縄近海も危険な状態となっており、出航前にイカダ用の竹と縄を持ってくるようにとの通知があったため、中には疎開予定の我が子を慌てて連れ戻す親もいた。

八月二十一日、船団は多くの疎開者を乗船させて長崎へ出航したが、すでに米潜水艦ボーフィン号に追尾されており、八月二十二日の夜、船団は魚雷攻撃を受けこのうち対馬丸に魚雷が数発命中して約一一分後に撃沈、疎開児童を含む一四

【もっと知りたい沖縄戦】
●場所　対馬丸記念館、小桜の塔、海鳴りの像（那覇市）、尖閣列島戦時遭難死没者慰霊之碑（石垣市）

八四名（氏名判明者数）が犠牲になった。当時、この事件はかん口令が敷かれたが、疎開しているはずの学童からの便りが来ない事などから、撃沈されたとうわさが広まった。

尖閣諸島戦時遭難事件　一九四五年六月三十日、第一千早《ちはや》丸と第五千早丸が石垣から台湾へ住民約一八〇名（二四〇名の説もあり）を疎開させるため出港したが、七月三日に米軍機（B24）の攻撃を受け第五千早丸が爆撃で撃沈、第一千早丸は機銃掃射で大破した。第五千早丸の生存者を救出した第一千早丸は魚釣島に漂着、その後八月十九日〜十一月に救助されるまでの間、生存者は取り残され多数の餓死者を出した。犠牲者の総数は七五名とも一〇〇名ともいわれている。

●—海鳴りの像

戦後補償問題　沖縄県出身の民間人が犠牲になった民間船舶の被害は、対馬丸、第一千早丸、第五千早丸を含めると二六隻、犠牲者数は四五三二名にのぼりこのうち県内出身者数は三〇〇〇名余とされている。第二次大戦時は各国で徴用船舶による輸送は行われており、敵勢力から輸送船に対する攻撃に対抗する防衛手段が講じられていたが、日本では輸送手段に対する防衛は軽視され、さらに、撃沈船舶の生存者にかん口令を敷き、その後船舶に乗船する予定者自身が危機を回避する手段を奪っていった。これは悲劇の拡大につながった一因といえるだろう。

一九五〇年、対馬丸事件は遺族会を結成し慰霊祭のほか、補償や船体引き揚げを求めて国への要請行動を始め、一九六二年から対馬丸事件で犠牲者になった学童や関係者の遺族に対し見舞い金の支給などがあった。しかし、対馬丸以外の撃沈船舶の犠牲者遺族への補償は十分とはいえず、中には補償を受けていない遺族がいる現状があり、軍人軍属の戦没者等と比較するとその扱いに大きな差がある。（仲程勝哉）

〔参考文献〕尖閣列島戦時遭難死没者慰霊之碑建立事業期成会『沈黙の叫び 尖閣列島戦時遭難事件』（南山社、二〇〇六年）、対馬丸記念会『対馬丸ガイドブック』（東洋企画印刷、二〇〇五年）

17 行政と警察

【もっと知りたい沖縄戦】
●場所　県庁・警察部壕（那覇市）
●人物　泉守紀、島田叡、荒井退造

「一〇万人を超す命を救った」、あるいは二〇万人を救ったとして当時の県知事や警察部長を賛美する主張がある。はたして事実に照らしてそう言えるのだろうか。人々を戦争に駆り立てていった行政や警察を美化していいのだろうか。

戦争体制を作っていった行政・警察　沖縄戦の前提として、人々は兵士や勤労動員など戦争へと動員されるいっぽうで、人々の言論や行動が警察や行政組織によって監視され、戦争を推進する政府や軍への批判ができなくなっていた。そうした戦時体制を作っていったのは、内務省の指揮下にあった県―市町村―字という行政組織や警察（県警察部の指揮下）だった。当時の県は今日のような地方自治体ではなく、県知事や警察部長は内務省の中央官僚が順番に任命されて赴任してくる中央直結の組織だった。

一九四三年七月から沖縄県知事になった泉守紀《いずみしゅき》は沖縄戦前に逃げ出した、仕事をしない知事として批判されることが多いが、他方で「武器を持たぬ民間人を軍人とともに玉砕《ぎょくさい》させることは不合理」だと考え、軍の慰安所設置要求を拒否するなど軍の横暴に反発していた。ただ筋を通して軍に反論するのではなく、自暴自棄的な態度だったことは問題であった。

そこで内務省は「軍の司令官らと協調してやってくれる知事」として島田叡《しまだあきら》を選んだ（当時の警保局長の証言）。沖縄県民を犠牲にしようとする軍に対して県民を守ろうとするのではなく、軍の要求にこたえる知事として選ばれたのである。島田知事は四五年一月三十一日に沖縄に着任した。県警察部長だった荒井退造は四三年七月から任に就いていた。

棄民政策としての疎開　沖縄からの県外疎開は四四年七月の閣議決定に基づき、一〇万人の県外疎開が指示されて始まった。他方、沖縄本島北部への「やんばる疎開」が本格的に実施されたのは、四五年二月七日に長勇《ちょういさむ》第三十二軍参謀長

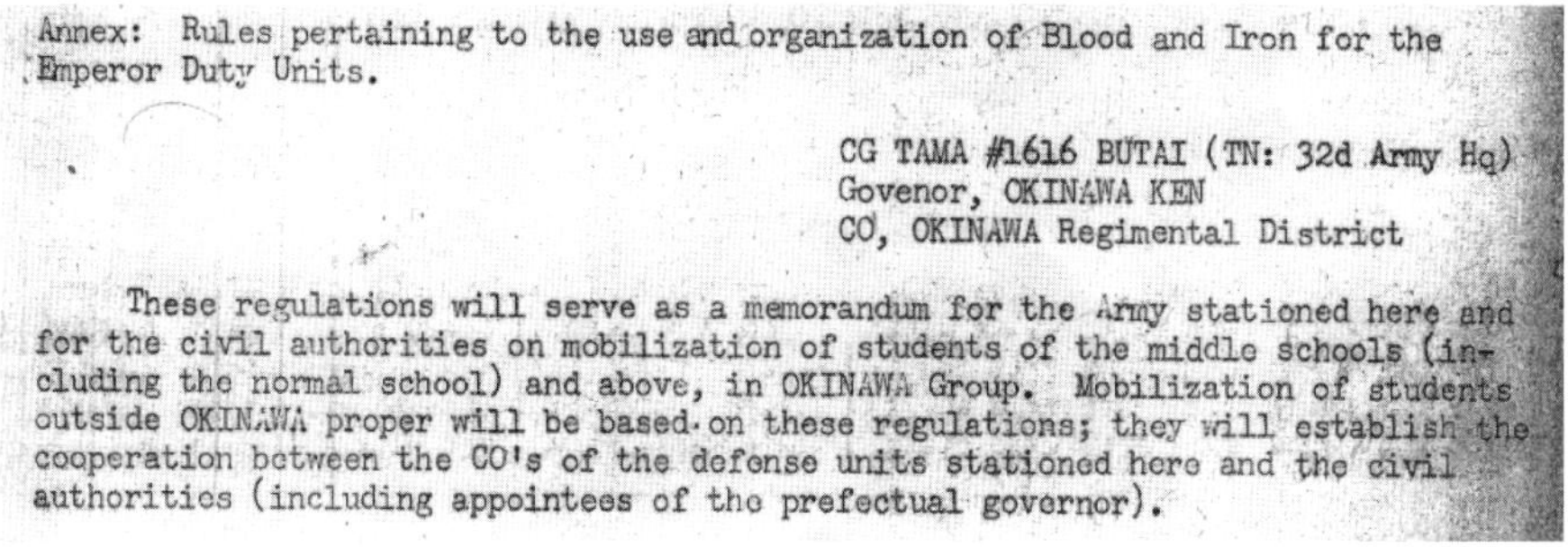
Annex: Rules pertaining to the use and organization of Blood and Iron for the Emperor Duty Units.

CG TAMA #1616 BUTAI (TN: 32d Army Hq)
Govenor, OKINAWA KEN
CO, OKINAWA Regimental District

These regulations will serve as a memorandum for the Army stationed here and for the civil authorities on mobilization of students of the middle schools (including the normal school) and above, in OKINAWA Group. Mobilization of students outside OKINAWA proper will be based on these regulations; they will establish the cooperation between the CO's of the defense units stationed here and the civil authorities (including appointees of the prefectual governor).

●—鉄血勤皇隊動員の三者覚書の英訳

が県庁を訪れ、米軍が十五日ごろ沖縄に来襲する可能性があるので「老幼婦女子の北部山岳地帯への緊急退避」を要請してからだった。これを受けて県は一〇万人の疎開を計画したが実際にはそれよりいくらか少ない住民が疎開した。いずれも知事や警察部長が提案あるいは決定した事柄ではなく、政府や軍の指示・要請に基づいて行ったことである。長参謀長は「全県民が兵隊に」なれとしたうえで、「戦場に不要の人間が居てはいかぬ。先ず速かに老幼者は作戦の邪魔にならぬ安全な所へ移り住む」よう求めた。

急きょ、北部への疎開を進めてもそこには食糧がなかった。また疎開は役に立たない者だけに限定されており、荒井警察部長は、「働ける者」が疎開しようとすれば「発見次第途中から追ひ帰す」と県民に警告し、県の地方事務所や警察はそうした者を発見すればその場で徴用し労務に就かせることにした。つまり軍にとって役に立たない者だけを、頼りにできる者なしで、食糧もまともにない所に送り出す棄民政策でしかなかった。北部では多くの人々が飢えやマラリアで犠牲になった。むしろ米軍に早期に占領された地域に残っていた人たちには比較的に犠牲が少なかったことを考えると、北部疎開が多くの命を救ったとは言えないだろう。まして島田知事が一〇万人を救ったというのは何も根拠がない。

学徒たちを兵士として動員　知事のきわめて重大な行為の一つが、鉄血勤皇隊への学徒の動員である。第三十二軍司令官、沖縄連隊区司令官（徴兵業務を担当）、沖縄県知事の三者による覚書がある。あらかじめ一四歳から一七歳までの学徒の名簿を作成して、県知事を通じて軍に提出し、その名簿を基に軍が学徒を鉄血勤皇隊に軍人として防衛召集し、戦闘に参加させることなどが取り決められていた。一七歳未満の者の防衛召集を行うためには本人の志願や保護者の許可など厳密な手続きが必要だったが、そうした法的手続き抜きに県知事は本来兵士に召集される義務のない学徒を軍に提供した。いくつかの関連史料から見てこれは島田知事によるものと考えられる。いくら軍が強く要求したとしても、知事が死を覚悟して沖縄に赴任してきたとするならば、法的手続きを無視したやり方に異議を唱え、少年たちを守ろうとする努力をしていれば、と考えるのは無理な注文だろうか。

最後の市町村長会議　沖縄中部で激戦が続いていた四五年四月二十七日、南部の市町村長と警察署長を集めた市町村長会議が県庁壕で開催された。この会議で県からなされた指示事項の中には、「避難民の受入については同胞愛を発揮し壕や食糧の世話に万全を期すること」のように住民の保護に配慮した項目もあるが、他方で「残忍な敵は我々を皆殺しするものと思ふ　敵を見たら必ずうち殺すというところまで敵愾《てきがい》心《しん》をたかめること」、「村に敵が侵入した場合一人残らず戦えるよう竹ヤリや鎌などを準備してその訓練を行って自衛抵抗に抜かりのない構えをとらう」、「軍事を語るな、スパイの発見逮捕に注意しよう」というものがいくつも入っていた。つまり米軍が住民まで皆殺しにすると恐怖を煽り、住民にも一人残らず竹やりなどを持って戦うように指示していた。

このときの知事の訓示では、避難する多数の県民の世話に注意を促している部分もあるが、同時に毎日のように出ている犠牲は「暴虐な米獣のため」だとし「これを思いわれわれは本当の意味での敵愾心を燃やし米兵と顔を合はす時がきたら必ず打殺さう」と敵意を煽るものだった。

この場には軍関係者もいたので、軍の批判はできなかっただろうが、この訓示や指示事項は新聞『沖縄新報』に掲載されて壕に避難していた人々に配布あるいは読み上げられた。こうした知事の言動を「本当に言いたかった」ことではないと何の根拠もなく解釈し、知事を弁護する向きもある。知事の側にいた人のなかには、命を大切にするように言われたと語っている人もいるが、それは知事と個人的なつながりのある人だけの話であり、一般の人々は新聞に掲載されたことを文字通りに受けとめるしかない。知事として県民に対して公的に語ったことと、身近な者だけにこっそりと語ったことが違っていた場合、後者をもってその人物を評価してよいのだろうか。島田知事は人柄としては人望のある人物だったようだが、公職にある者は公的な言動で評価されるべきではないだろうか。

警察による住民監視　沖縄戦下の警察の役割、その責任者である警察部長の役割も慎重な検証が必要である。

四五年二月下旬に県警察警備隊（隊長は県警察部長）が編成され、警察は平時業務を停止し、戦時態勢に編成替えされた。この「戦闘活動要綱」では、住民を組織し士気高揚をはかるだけでなく、警察官自らが軍事訓練を行い、さらに住民に軍事訓練を施し、米兵との戦闘方法、夜襲の方法などの訓練を警察が指導するという任務が明記されている。また警察警備隊のなかに特別行動隊を設置し、内密に行動し、民間人の行動を警戒、情報収集をはかる任務が与えられていた。つまり住民を秘密裏にスパイする役割である。さらに別の警察文書では、警察官あるいは民間人のなかから密偵（スパイ）を敵占領地に送り込んで、日本軍の遊撃（ゲリラ）戦に協力するだけでなく、米軍に保護された住民の動向を監視し、米軍に協力する者は殺すか然るべく処置するように指示されている。この指示内容がどこまで実行されたのかはよくわかっていないが、少なくとも県警察部がこういう指示を配下の警察に出していたことは確認できる。

沖縄戦において多くの沖縄の人々に被害をもたらせた大きな責任は日本軍にあることは言うまでもないが、知事や警察部長を含めて県が、住民を守ろうとした側面があったとしても、軍に協力して人々を戦場に駆り立て、敵愾心を煽り竹やりでも戦えと煽ったことを無視していいのだろうか。

美化論の背景　近年、こうした知事や警察部長らへの美化論が本土から多く出てくるのはなぜだろうか。沖縄戦でも戦後の米軍基地についても沖縄を犠牲にし続けている本土が批判されている中で、自分たちの郷土の出身者が沖縄の人々を助けたと思うことによってホッとしたいという癒しへの願望が作り出した幻想ではないだろうか。観光や文化など沖縄は本土人の癒しの場としてうけとめられているようだが、沖縄の置かれている現実から目を背けて、沖縄を自らの癒しの材料として扱っているだけのように感じられる。

今日、有事（戦時）法制を考えるとき、地域の戦争体制を作るのは自衛隊というよりは警察を含めた行政機関である。沖縄の戦時体制を作った行政・警察を美化することはこの問題から人々の目をそらせることになりかねない。公人がその職務上、何を行ったのか、事実に基づいて議論するべきではないだろうか。

（林　博史）

〔参考文献〕林博史『沖縄戦と民衆』（大月書店、二〇〇一年）、野里洋『汚名　第二十六代沖縄県知事　泉守紀』（講談社、一九九三年）、『沖縄県史　資料編23　沖縄戦日本軍史料』（二〇一二年）

18 日本軍の犠牲となった沖縄の人々

【もっと知りたい沖縄戦】
●場所　アバタガマ（糸満市）、八重岳（本部町）、渡野喜屋（大宜味村白浜）
●人物　牛島満、白石信治、宇土武彦、宮里栄正、大城政英、大城藤六、山城ヨシ、玉城靖威、与儀春子、仲本政子、糸数昌徳、岸本金光、照屋忠英、長田盛徳、上原盛栄、知念明

アジア太平洋戦争で、これほどまでに同じ国の兵士に住民が襲われたり、殺されたりした地域があっただろうか。「食糧強奪」「壕追い出し」「住民虐殺」などで日本軍の犠牲となった住民の証言は枚挙にいとまがない。なぜ、このような戦争犯罪が起こったのだろうか。

米軍上陸前後から始まった「壕追い出し」「住民虐殺」　米軍は上陸前、艦砲射撃を開始した。その時撃ち込まれた対岸では日本軍による「壕追い出し」が始まっていた。浦添市の宮里栄正さんは「三月下旬の米軍上陸前、球部隊の軍曹と上等兵がその壕にやってきて、『すぐ壕から出て行け、文句いうなら殺してやる』といきなり立退きを命じ」られたと述べている。そして米軍上陸後、追い詰められた日本軍は沖縄人をスパイ視し住民虐殺が始まった。浦添市の大城政英さんは天久台《あめくだい》（那覇市）で、陣地壕の入口を開けたことでスパイ容疑で捕まった。大城さんは釈放されたが、「四月二八日の夜九時半ごろ」、別の男がスパイ容疑で銃殺されたのを目の当たりにした。その時大城さんは「どうして沖縄人をスパイ、スパイと言って殺すのかと聞いたら」、日本兵は「沖縄人はみんなスパイだから殺せという命令が上から出ているんだ」と答えたという。

五月下旬、第三十二軍の南部撤退が始まったことで日本軍の犯罪行為は拡がった。糸満市真栄平《まえひら》の大城藤六さん（当時一三歳）は、最初に入っていたアバタガマ（自然洞穴）を日本軍に追い出され、親戚二七名で避難した古墓に砲弾が直撃、「一二名が即死した」と述べた。同じく糸満市の山城ヨシさんは「壕から出ていけ、出て行って住民なんか艦砲に当たれ」と日本兵に言われ、その時に食糧も奪われたと振り返る。そして住民が米軍に投降しようとすると「もし捕虜になるために出ていったら、後ろから手榴弾を投げる」と脅され、実際

に米軍に近づいたとみなされただけで殺された人もいたとふり返る。

やんばる（北部）での「食糧強奪」と「住民虐殺」 やんばるの山中では「食糧強奪」が頻繁に行われていた。宇土部隊が八重岳を撤退した四月十六日以降のことである。『嘉陽《かよう》誌』（名護市）には、はじめは敗残兵に食糧を提供していたが、「村の人が協力的でないと見ると、鉄砲や刀をガチャガチャいわせて威嚇《いかく》して食糧を」奪われた、と記されている。那覇市出身の玉城靖威さん（当時一〇歳）は「敗残兵たちは、最初の一ヵ月は『斬り込みに行くから食糧を分けて下さい』といって哀願して各避難小屋を回っていた。しかし、五月になって食糧難が逼迫《ひっぱく》化してくると、哀願をやめて、いきなり銃や日本刀を突きつけ『食糧を出さないと殺すぞ』と脅して力ずくで乏しい食糧を強奪した」と述べ、敗残兵に五、六回襲われたという。同じく那覇市出身の与儀春子さん（当時二九歳）は、民間人収容地区に入った五月二十日の夜中「二人組の敗残兵が現れ、班長さんの頭を棒でなぐり、放火して家を全焼させた」、そして五月二十八日に「昨日まで、お互いに励まし合った高嶺さん方が日本兵のために惨殺された」と述べている。避難民は民間人収容地区に入ってもしばらくは敗残兵に脅かされたのである。

二つの「住民虐殺」 大宜味村渡野喜屋《とのきや》（現、白浜）集落で、避難民の男性が敗残兵に捕まり山中で斬殺され、砂浜に並べられた婦女子が手榴弾で虐殺されるという事件が起こった。宇土部隊の敗残兵グループの二名が、避難民が入り込んでいた民家に侵入し米軍に捕まったことで、他のメンバーらが避難民をスパイと決めつけ虐殺したのである。その時、四歳だった仲本政子さんは、全身に手榴弾の破片が刺さるという大けがを負った。仲本さんはその様子を兄から聞いており、「五月十二日の夜中、日本兵が何十人も血相を変えてやって来て『俺たちは山の中で何も食う物はないのに、お前たちはこんないい物を食っているのか』と言って食糧などを全部持っていき」、「日本兵たちは『いいお話があります。いいお話があります』と言って、前後から銃を突きつけながら、残った女子どもを浜に連れて行き、一か所に集合させ、『一、二、三』と言って、後ろから手榴弾を投げ、皆殺しにしようとした」と述べている。米軍資料には「日本兵が三五人（筆者注―実際には約四〇人）の民間人を殺し一五人を負傷させた」と記されている。米軍に捕まったはずの二人の日本兵は、しばらくして戻ってきたという。

海軍の白石部隊は、スパイ容疑者リストを記した手帳を持ち歩いていた。今帰仁村の糸数昌徳さん（当時三六歳）は、「名簿を持って歩きよった」「それを私に見せて、誰々を殺す、みんな殺すといって、手帳にね」と述べている。名護町（現名護市）の岸本金光さんは、「（白石は）照屋忠英校長を八重岳に行く道路で殺した」「次は今帰仁《なきじん》の長田盛徳郵便局長と屋部《やぶ》国民学校長の上原盛栄を殺す番になっている」と話していたと振り返る。白石部隊に殺された人数は不明だが、白石部隊は終戦後もしばらくは逃げ回り、四五年九月に米軍に投降した。

「沖縄人はスパイ！」　日本軍が住民に対して犯した「食糧強奪」「壕追い出し」「住民虐殺」を行った理由の多くはスパイ・非国民視であった。

沖縄戦が近づく一九四四年八月末、第三十二軍司令官牛島満中将は「防諜《ぼうちょう》に厳に注意すべし」と訓示した。沖縄では「軍の作戦に寄与」するため、召集対象外の小学生からお年寄りまでが根こそぎ動員され陣地・飛行場建設が急ピッチで進められており、その結果各地で日本軍と住民が混在する状況が拡がっていた。さらに、その陣地場所や役割等は軍事機密という矛盾を孕んでおり、防諜に神経を尖らす日本軍は、特に十・十空襲以降、住民は米軍の捕虜になると情報を漏らすのでは、と猜疑心をもって見ていたのである。日本軍は、「球軍会報」（一九四五年四月九日付）で「爾今《じこん》軍人軍属を問わず標準語以外の使用を禁ず　沖縄語を以て談話しある者は間諜《スパイ》とみなし処分す」と発令している。

●—白石部隊の降伏式（1945年9月3日，沖縄県公文書館所蔵）

日本軍の沖縄人に対する意識の根底には、一八七九年に武力によって琉球国を沖縄県とした、いわゆる「琉球処分」から連綿と続く沖縄人蔑視・差別意識があった。当時国内では本土は一等国民、北海道・沖縄は二等国民と揶揄されており、沖縄県民は一等国民をめざし自ら進んで皇民・同化政策を積極的に取り入れるようになった。特に有識者らは戦争に勝つための協力を惜しまず、逆にその積極的な協力がアダとなったのである。

住民同士の監視システム隣保班（隣組）と国士隊　一九四〇年、大政翼賛会を頂点とした国民を統制する政治新体制の末端組織、隣保《りんぽ》班（隣組）が各地域で組織化され、その役割は国民貯蓄や資源回収、食糧の供出や労働力の徴用だけでなく住民同士で監視し合う防諜組織という役割も担っていた。沖縄県では一九四一年に県庁内に事務局が設けられ、二年後の四月には沖縄県下の二市五五町村に八一〇の部落常会（町内会）、その下に計一万一一八三の隣保班が設置されたという。

この末端組織である隣保班は誰かが戦争に対し悲観的なことを口に出すだけで、「流言蜚語《りゅうげんひご》で人心を惑わした」として憲兵隊に報告する義務があり、特に移民帰りの住民は監視対象者だったという。浦添市のハワイ生まれ知念明さんは首里警察署からの出頭命令を受けて兄と一緒に尋問され「外国帰国者は全て名簿ができていたようです」と述べ、他の帰国者女性は「一時間ほどハワイのことを聞かれたらしい」と振り返った。

だが、それだけではない。やんばるでは住民（地域有識者）が住民を監視するという国士《こくし》隊が四五年三月下旬、結成されていた。国士隊は極秘扱いとされ、彼らの任務は一般民心の動向に注意し、反戦・厭戦《えんせん》意識を持つ人、移民帰国者、日本軍に対して不平不満を持つ人などを極秘に調査することだった。地元住民でしかできないこれらの調査項目を見ると、前述した白石部隊の持っていた手帳（スパイ容疑者リスト）作成に国士隊が関与していた可能性もある。

日本政府及び大本営は、戦況が悪化すると国内での住民を引締める政策を次々と打ち出し、あげくには住民同士が監視するという状況をつくりだした。沖縄では、日本軍の根底にある蔑視・差別意識が、地上戦という極限状態のなかでむきだしとなり、作戦上、人手不足の時には住民を根こそぎ動員するいっぽう、「スパイ」という名の下で「食糧強奪」「壕追い出し」「住民虐殺」が行われたのである。また、「食糧強奪」は日本軍が配置された海外（中国大陸や南方諸島など）での食糧確保の方針と同じように「現地調達」であったことも要因だった。この残虐行為は日本政府・大本営の「皇国思想」、国を守るために住民は犠牲となってもかまわないという「国体護持」政策、「出血持久捨石作戦」の帰結だったのである。

（川満　彰）

〔参考文献〕川満彰『陸軍中野学校と沖縄戦』（吉川弘文館、二〇一八年）、安仁屋政昭編『裁かれた沖縄戦』（晩聲社、一九八九年）

19　日本軍によって強制された「集団自決」

【もっと知りたい沖縄戦】

●場所　アカムティ、サーバルの壕、島西部のウンザガーラの壕（渡嘉敷村）、チビチリガマ、シムクガマ（読谷村）、アハシャガマ、タバクガマ、ヒトツギシガマ、サンダガマ、ユナッチパク壕（伊江村）、前川防空壕群（南城市）、カミントウ壕（糸満市）

「集団自決」（「強制集団死」という場合もある）は日本軍による「軍官民共生共死」と、本土防衛のため持久戦を一日でも長く戦うという方針のもと、住民と日本軍が混在した戦場の中で、日本軍による強制、誘導で起こった。

「集団自決」の背景　沖縄戦開始前から、沖縄に駐屯した日本兵や在郷軍人は、「米軍の捕虜になったら女は強かんされ、男は戦車の下敷きになって殺される」などという表現で、住民に対し、米軍による残虐な扱いを吹き込んでいた。その結果、住民は地上戦が始まると、米軍に投降できず、日本軍からもいつ刃を向けられるかという極限の状態におかれ、強制、誘導により「集団自決」に追い込まれた。米軍に保護されたことや食糧探しさえも、日本軍に「スパイ」嫌疑をかけられ、虐殺される事例が相次いだ。住民虐殺と、強制、誘導による「集団自決」は、住民が軍にとって足でまといであり、守るべき対象ではなかったことを示している。

各地で起きた「集団自決」　米軍上陸後、離島や沖縄本島のいくつかの場所で「集団自決」が起きた。

一九四五年三月二十六日、米軍は慶良間《けらま》諸島に上陸した。渡嘉敷《とかしき》、座間味《ざまみ》、阿嘉島《あか》、慶留間島《げるま》には前年九月以来、陸軍の海上特攻の秘密基地として、海上挺進《ていしん》戦隊第一～三大隊（一個大隊は、戦隊長含め一〇四人一〇〇隻）と、約九〇〇人の同基地大隊が駐屯していた。特攻は、㋹《マルレ》と呼ばれた一人乗りボートに、爆雷二四〇キロを搭載し、米艦船に体当たりする作戦だった。島々では、子どもから大人まで兵舎建築や陣地壕掘り、食糧増産に協力した。各家庭や学校が宿舎となり、兵士から、「いざとなったら自決しなさい」「いざとなったら舌を噛みきって死になさい」と言う表現で、住民は戦陣訓の思想を聞かされていた。

慶良間諸島の米軍による攻撃は、二十三日に始まったが、本島に先立つ攻撃は想定外で、日本軍は特攻作戦をほとんど実施できなかった。二十六日早朝、米軍は慶留間島に戦車二〇台余と兵士二〇〇人で上陸した。住民は日本軍が駐屯したアカムティ、島北部のサーバルの壕、島西部のウンザガーラの壕で「集団自決」に追い込まれた。ヒモでたがいの首をしめたり、枝にかけたヒモで首を吊るなどして、約一〇〇人の集落民のうち、五三人が亡くなった。

●—渡嘉敷島の「集団自決跡地」碑（1993年建立）．右奥から谷間へ下りた場所で「集団自決」（強制集団死）が起きた．

座間味島には二十六日朝ごろ、米軍が水陸両用車三〇台で上陸、集落を約一時間で制圧した。日本軍は番所山《ばんどころやま》に本部を移し、交戦した中隊は全滅した。上陸前夜、住民は、忠魂碑の前に集合という軍命令を聞かされていた。米軍上陸時に壕や逃走する途中で、日本兵が配布した手榴弾、カミソリ、劇薬のネコイラズを使って「集団自決」を強いられ、一八ヵ所で一七七人が死亡している。

渡嘉敷島には、二十七日朝ごろ米軍が上陸した。同日夜、日本軍は、集落に残った人々を陣地近くの谷間に軍命で集めた。二十八日午前十時ごろ、米軍が日本軍陣地の攻撃を始めると、直後に、本部から来た防衛隊員（28防衛隊参照）が村長に伝令した後、「天皇陛下万歳」の掛け声を合図に、「集団自決」を余儀なくされた。軍から渡されていた手榴弾を炸裂させ、カマなど農具で切りつけ、それもないものは木の枝などで殴り合うなどして、三二九人が亡くなった。かろうじて生き延びた住民は、米軍への投降も許されず、飢餓に苦しみながら八月十五日まで山中に留まった。その間投降を呼び掛けた十数人が「スパイ視」され、日本軍に殺害された。

四月一日、米軍は沖縄島に読谷海岸から上陸した。二日、約一四〇人が隠れていた同村波平のチビチリガマを米軍が包囲し、投降を呼び掛けた。竹やりをもって抵抗した避難民が攻撃を受けて死亡した。二日に渡る緊迫した状況の末に、とうとう住民は布団に火を付け、毒物を注射するなどして、同壕では八三人が命を落とした。

いっぽう、同じ字《あざ》の住民多数が避難していたシムクガマでは、ハワイ移民帰りの男性が「アメリカ人は住民を殺さない」と住民を説得した結果、「集団自決」は起きなかった。チビチリガマには「集団自決」が起きる直前まで日本軍の思想を代弁する指導者層の存在があり、二つのガマの生死を分けたといえるだろう。

同二～四日には美里《みさと》村美里（現沖縄市）の集落内で、村民や南部からの避難民が、四ヵ所で「集団自決」に追いこまれた。ある義勇隊員はカマで家族を手にかけ、自らを隣人に殺害させた。また避難民らは防空壕や避難先の家屋に火をつけるなどして、同集落では約五〇人が「集団自決」した。

同一六日、米軍は伊江島の日本軍飛行場を奪うために同島に上陸した。島には約四〇〇〇人が残っていた。うち約一〇〇〇人が現地召集や防衛召集され、残りの村民も伊江島防衛隊や青年義勇隊、救護班、婦人協力隊として軍の指揮下にあった。米軍は上陸直後に飛行場を制圧、しかし日本軍は城山の壕に潜み爆雷による切り込み攻撃などをしかけた。二十日夜、日本軍の総攻撃後、人々は「集団自決」に追いこまれていった。二十二日、約一二〇人が避難していたアハシャガマでは、米軍の戦車砲、発煙筒による攻撃、ガマ上部からの攻撃を受けた。米軍が投降勧告をする中、四、五〇人ごとでうつぶせになり、防衛隊が爆雷三個を爆発させ、百十数人が死亡した。生き延びたのはわずか十数人だった。その他、タバクガマで五〇人、ヒトツギシガマ、サンダダ壕、福の井の壕で爆雷やダイナマイトを炸裂させて「集団自決」した。

同島のユナッパチク壕は、「集団自決」が起きたことが最近まで知られておらず、体験者の並里千枝子さんが二〇一五年に手記をまとめたことで事実が明らかになった。約八〇人が手榴弾を炸裂させ「集団自決」を強制された。並里さんは村に働きかけ二〇一六年に慰霊碑を建立している。

五月末、第三十二軍が首里城の司令部壕から沖縄島南部へ撤退すると、沖縄島南部でも「集団自決」が起きた。三〇日、玉城《たまぐすく》村（現南城市）で、五九ヵ所の壕があった前川民間防空壕群で避難民と日本軍が混在する中、六ヵ所で約二〇人が手榴弾で「集団自決」を強いられた。六月中旬、摩文仁《まぶに》村（現糸満市）米須《こめす》のカミントウ壕では、日本兵がいたため住民が投降できずに、米軍の呼びかけ後、壕入り口で砲弾が炸裂したのをきっかけに次々と手榴弾を爆発させ、五八人が死亡した。ユナッパチク壕のように、生き延びた者も、心に傷を負い語ることができないため、「集団自決」の全容は今もわからないままといえる。

記憶と継承の抗争　各地で起きた「集団自決」は、さまざまな形で住民に対して「軍官民共生共死」が徹底されたことが背景にある。慶良間諸島は海上挺進隊の秘密基地だったことで、強固な軍民一体の戦時体制が作られ、徹底した同化政策が浸透していた。伊江島の場合、島に残った住民が総戦闘員化されていた。読谷村チビチリガマの場合は、軍隊の思想を指導者が代弁したことが背景にあるという。

●—チビチリガマ（読谷村）米軍が1945年4月1日に上陸。83人が命を落とした。

「集団自決」をめぐって日本軍の歴史を美化しようとする人々によって、沖縄戦を書き換えようとする動きが、何度も繰り返されてきた。一九八二年検定で、文部省の検定意見によって沖縄戦の住民虐殺に関する記述が削除され、一九八三年検定では「集団自決」を先に書かせる検定意見を問題にした第三次家永訴訟が起こった。

二〇〇五年には、慶良間諸島の元戦隊長と遺族が、作家の大江健三郎と岩波書店を名誉棄損などで訴えた「集団自決」訴訟を起こした。

さらに二〇〇七年に、高校歴史教科書の検定は「集団自決」に関する記述から「日本軍の強制」という部分を削除させた。しかし、沖縄では、戦争体験者らを中心に史実の歪曲を許さないという世論が形成された。県議会と全市町村議会での検定意見撤回を求める意見書可決、保革を超えた「教科書検定意見撤回を求める県民大会」は島ぐるみの県民運動へと発展し、約一一万六〇〇〇人が記述復活の声を上げた。政府は沖縄の世論を受け、教科書会社に訂正申請をさせる形で、軍強制の記述変更をみとめたが、沖縄戦体験者らは、現在も検定意見撤回を求める運動を続ける。

「集団自決」訴訟は二〇一一年、元戦隊長らの「深い関与が推認される」と沖縄戦研究の成果を元に事実認定し、大江・岩波側が勝訴した。

（謝花直美）

〔参考資料〕宮城晴美『母の遺したもの　沖縄・座間味島「集団自決」の新しい事実』（高文研、二〇〇八年）、林博史『沖縄戦　強制された「集団自決」』（吉川弘文館、二〇〇九年）、謝花直美『証言沖縄「集団自決」　慶良間諸島で何が起きたか』（岩波書店、二〇〇七年）

コラム⑨

渡嘉敷島の「集団自決」を伝える
——吉川嘉勝さんの体験

渡嘉敷島出身の元中学校校長の吉川嘉勝《よしかつ》さん（一九三八年生）は一九四五年三月末に起きた「集団自決」を生き延びた。米軍の攻撃が激しくなった二十七日、山中や壕にいた住民に、日本軍陣地がある「ニシヤマ（北山）に集まれ」という軍命が伝えられた。大雨の中、吉川さんはランドセルを背負って川を遡った。「家族は一本のヒモを手に声を掛け合った。枝を掴み、岩棚をはいあがった」。何時間も登って、軍陣地下手の谷間に辿り着いた。先に着いた人々はナタやカマで樹木を伐採し、かたまって座っていた。正装にあたる和服を着た女性もいた。

米軍の攻撃が続くなか、日本軍陣地から伝令が来た後、村長が「天皇陛下万歳」と叫んだ。人々も「天皇陛下万歳」と斉唱した。あちこちの輪で手榴弾が炸裂した。吉川さんの親族約二〇人の輪でも防衛隊員の兄らが手榴弾を次々と地面に叩きつけた。しかし四発とも不発。その間、周囲は地獄のようになっていた。「血だらけの遺体がころがり、手足を吹き飛ばされた人々が泣き叫んでいた」。死にきれない人をナタやカマでを切りつける人もいた。「他の家族においていかれるのか」。叫ぶ人がいた。突然、母親が叫んだ。「あね、（親戚の）信秀兄さんは（息子の）信坊おんぼーすーせー。やさ、生ちかりーるうぇーかや、生ちちゅしやさ（ほら、信秀兄さんは信坊をおぶっている。そうだ、生きられる間は生きるべきだ）」。「手榴弾や捨ていれー、死ぬせー　いちやてぃんないさ、あね、兄さんたー追ぅてぃ　ひんぎーしやさ（手榴弾は捨てなさい。死ぬのはいつでもできる。兄さんたちを追って逃げよう）」。家族は立ち上がり、その場から逃れた。

家族や親族がたがいに手をかけあった「集団自決」から生き延びた人々は、戦後口を閉ざしたままだった。だが、「集団自決」の事実を歪めようとする動きに対し、吉川さんを始め証言する人が相次いだ。吉川さんは今も渡嘉敷島を案内し、証言を続ける。

（謝花直美）

吉川嘉勝さん

20 ガマ

ガマとは沖縄の言葉で自然洞窟のことをいう。沖縄戦当時、日本軍はガマに手を加えて陣地壕として使い、住民は「鉄の暴風」から身を守るために避難した。ガマに隠れた沖縄の住民たちは、外の様子がわからない中で追い詰められていき、移動するか／しないか、投降するか／しないか、「自決」するか／しないか、さまざまな選択を迫られた。ここでは、いくつかのガマにおける住民体験を紹介したい。

読谷村波平のチビチリガマ　読谷村波平《なみひら》にある自然洞窟で、約一四〇人の波平の住民が避難していた。

四月一日、米軍に発見され、チビチリガマに避難していた一部の住民は竹やりで攻撃するが、米兵の反撃に遭い、二人が重傷を負い、その後死亡する。その日、南洋帰りの二人が初めて「自決」を口にし、着物や毛布などに火をつけようとした。それを見た住民たちの間で、「自決」をめぐって激しく対立し、口論が沸き起こった。四人の女性が反発し、結局その日は未遂に終わる。翌日、米兵はガマに入ってきて降伏を呼びかけるが、布団や毛布などを山積みにし、中国戦線での経験を持つ男性が火をつける。燃え広がる炎と充満した煙によって人々は死に追いやられた。

上原豊子さんは「火をつけたガマの中はもうもうたる煙で、いろんな悲鳴が聞こえて、表現できませんけど、私はとにかく苦しくて、死と戦っていたということしか覚えていません」と語っている。チビチリガマの他にも、伊江島のアハシャガマ、うるま市の具志川城《ぐしかわグスク》址の壕などで「集団自決」が起こっている。

うるま市石川嘉手苅のヌチシヌジガマ　このガマには四月から六月まで嘉手苅《かでかる》、山城、伊波《いは》の住民や読谷からの避難民計一〇〇人以上（約三〇〇人という話もある）が避難していた。当時、伊波国民学校の教員だった山城武子さんは、親族と

【もっと知りたい沖縄戦】
●場所　潮平権現洞（糸満市）、チビチリガマ（読谷村）、ヌチシヌジガマ（うるま市）、前川防空壕群、糸数アブチラガマ（以上南城市）、轟の壕（糸満市）

一緒にヌチシヌジガマに避難した。日中は暗闇の中で息をひそめて一歩も出ず、夜間に少人数でガマを離れ食糧を探し回ったという。「暗く閉ざされた内部は湿気が多く重苦しい。ごつごつした岩の上でほとんどの時間を過ごすことも耐え難かった」と語っている。

米軍の投降勧告に対して、嘉手苅の区長が「自分が殺されたら洞くつから出るな」と言い残して投降勧告に応じた。この区長が米軍に殺されなかったことからヌチシヌジガマの住民は、この壕を出ることになる。全員が投降し、砲弾による死者がなかったことから、戦後、ヌチシヌジ（命をしのいだ・ながらえた）ガマと呼ばれるようになった。読谷村波平のシムクガマでは、ハワイ移民帰りで英語を話せる住民が米兵と交渉し、約千人の命が助かっている。糸満市阿波根《あはごん》の潮平《しおひら》権現洞のガマも避難していた住民の命が助かったガマで、これらのガマの共通点は、日本兵がいなかったということである。

南城市玉城前川の防空壕　ここは人工壕で、住民が二、三世帯ずつ一組になり避難壕として合計四〇ヵ所余りの壕を作っていた。壕入口の多くはしゃがんで通れるくらいの高さで、広さは約四平方メートル。隣り合う壕が内部で連結している。壕の壁面にはツルハシで掘ったり、削ったりしたような痕がはっきり残っている。三月二十三日以降に住民は避難をはじめ、四月二十七日、軍の命令により住民は壕を出るが、軍が使用しなかったために翌日には戻ってきている。

当時一二歳だった知念実さんは「壕の前で砲弾が炸裂し、父は手に、母は足に、弟が頭にそれぞれ負傷した。手当のかいもなく、数時間後に弟は息を引きとった」と話している。ほかにも、この壕では四ヵ所で「集団自決」が起こっており、二〇人余が亡くなっている。五月三十日、もしくは三十一日、前川《まえかわ》集落近くに米軍が進攻してきたため、多くの住民がこの壕を離れ、具志頭《ぐしちゃん》方面に避難した。

南城市玉城糸数アブチラガマ（糸数壕）　もともとは糸数住民の避難指定壕だったが、五月下旬から八月下旬には、糸数の住民と負傷兵、日本兵が雑居していた。

一九四五年、米軍の港川上陸に備えた球《たま》部隊（美田《みた》連隊）の地下陣地になり、自然洞穴にかなりの手を加えて、二月頃からガマの中に歩道をつくり、数百の兵隊が収容出来るように整備された。三月二十四日に二〇〇〇人余りの糸数住民がこのガマに避難した。

五月初頭、沖縄陸軍病院の分室になり、およそ六〇〇人の負傷兵が収容された。ここには軍医が三人、看護婦三人、衛生兵もいて、ひめゆり学徒隊一四人と教師一人が五月一日にきて看護にあたっていた。やがて分室は米軍が進攻してきたので、撤退命令によって五月二十五日に糸満市伊原のガマへ撤退していく。この時歩けない重傷患者百数十人は毒薬を渡され、糧秣《りょうまつ》監視兵四人とともに残された。残された重傷患者のほとんどは死亡した。

六月二十三日を過ぎても、ガマ内には生き残った負傷兵やたびたびもぐりこんできた敗残兵がひそんでいた。住民がここに日本軍の食糧がたくさんあることを知って食糧を探しに行くが、米兵のスパイになって出歩いていると日本兵に疑われて、ガマの中から小銃で村民三人が射殺され、負傷した人

●—ガマから出てきた子どもたち（沖縄県公文書館蔵）

もいたという。ガマの中にいた糸数の住民は終戦も知らなかった。八月二十二日に米軍の宣撫《せんぶ》班（日本兵）がこのガマに入ってきて、全員出るようにと言われ、住民ら約五〇人がガマから出て米軍に収容された。

糸満市伊敷の轟の壕（カーブヤーガマ）　このガマには名城《なしろ》の住民と他地域の避難民数百人が避難していた。

日本軍の南部撤退後は、日本兵一四、五人が入り込んできた。島田叡《あきら》知事以下の県庁首脳部も六月七日ごろこの壕に移動してきた。島田知事は、一五日夜県庁の活動停止を命じ、自らは壕を出て摩文仁《まぶに》の軍司令部へ向かった。知事が出て行って間もなく、日本兵が県庁職員、警察職員、住民を奥の湿地帯に追い立て、自分たちは入り口近くの乾燥地帯を占拠した。以後、日本兵が厳重に見張り、許可なく外に出られないようにした。名城の新垣カメさんは「三歳以下の子どもは自分自身で始末をしなさい。そうしないなら、こっちが切り捨てて捨てるから」と日本兵に言われ、自分の産んだ子を殺されるわけにはいかないからと、子どもを連れて轟《とどろき》の壕を出ている。

米軍の馬乗り攻撃後、食糧調達が困難になり住民は飢餓状態に陥る。体力のない赤ん坊や幼児が衰弱して次々と死んでいくなか、警察職員だった隈崎俊武さんは住民を外に出して

ほしいと日本兵を説得するが、「上官から此《こ》の壕の守備を命ぜられて居る責任上、此の壕の不利になるようなことは、あくまで阻止せねばならぬ」と受け入れられなかった。

米軍は壕の中に多数の住民がいることを知り攻撃を中止し、捕虜となっていた沖縄出身の日本兵に住民への投降呼びかけを依頼した。呼びかけは成功し、住民は壕から助け出された。

ガマの多様性　住民は、家族や親せき同士でガマに避難し、空襲や艦砲射撃から身を守っていた。しかし、そのガマでの経験は多様で、人それぞれである。ガマを見つけたり、掘ったりして避難していたが、戦火が近づいてくるともっと安全な場所を求めて移動を繰り返す人が多い。しかし、移動の際には知念方面は非戦闘地域である、日本軍がいる糸満方面がより安全である、北部突破を目指せなど、様々な情報に住民は右往左往した。また、ガマに避難しても、日本兵にガマを追い出されるケースや、反対に情報漏えいを恐れガマの外に出してもらえないケースなど、ガマの中にいる日本兵に支配されていた様子がわかる。ガマは外と遮断されている閉鎖空間である故に、恐怖やパニックが蔓延《まんえん》し、捕虜になるくらいなら、とお互いを殺しあう「集団自決」も起こっている。

また、轟の壕で子どもが餓死した安里要江さんは「最期の別れにわが子の死顔を一目でも見ようと思っても、明かりが一つもないので見届けることができません。和子の顔の輪郭や骨と皮だけの体をなでまわしながら、この感触をいつまでも覚えておこうと、指先を目の代わりにして、いつまでもいつまでも撫で続けていました」と語っている。暗闇の中で大切な人を弔《とむら》うこともできなかった。

「鉄の暴風」から身を守るためガマへと逃げたが、飢えに苦しみ、米軍の攻撃に怯え、ガマに避難しても助かるとは限らなかった。ガマの入り口を米兵に包囲され、投降を迫られた住民たちは、日本軍がおらず、移民帰りや地元のリーダーの声をきっかけに住民全員が投降し命が助かったガマもあれば、絶対に捕虜にはなるなと「集団自決」や日本軍による虐殺が起こったガマもあった。「もう死ぬしかない」と追い詰められた住民たちを「生」と「死」に分けたものは、日本軍だけを信じていた集団に対して、外国語や異文化経験など多様性を知る人の声だったのではないだろうか。（山城彰子）

〔参考文献〕読谷村史編集委員会『読谷村史 第五巻 資料編四』（戦時記録 上巻、読谷村役場、二〇〇二年）、糸満市史編集委員会『糸満市史 資料編七』（戦時資料 下巻、糸満市役所、一九九八年）、糸数アブチラガマ整備委員会『糸数アブチラガマ（糸数壕）』（玉城村、一九九五年）

コラム⑩

ガマでの避難生活

米軍上陸前から空襲の度にガマに避難する生活だったが、米軍上陸後はガマへの避難が長期化し、そこでの避難生活が強いられた。当時一二歳だった知念秀雄さんは、うるま市上江洲《うえず》内の鍾乳洞に家族と一緒に避難した。夕方、「空襲が終了するので家に帰って炊事、イモカスを臼でくだいて粉にしたり忙しく働いた」という。水汲みは、遠い集落の共用井戸まで汲みにいった。ある日、家畜小屋が直撃を受けて「焼け死んだ山羊《やぎ》の肉で山羊汁を作って、鍋ごと壕内に運んできてみなにふるまったが、焼け死んだ山羊は血を抜かれてないうえに黒こげに焼かれているので、（中略）おいしくなかった」という。

当時二二歳だった比嘉英子さんは、南城市玉城《たまぐすく》親慶原《おやけばる》のうしろの山のガマに避難した。「自然壕は入口が小さくて、中へ降りてゆくはしごが縄で作ってありました。中に入るとひんやりと冷たい感じで、上からはポツリポツリと雫が落ち、下はチョロチョロと流れていました」と語っている。寝るときは、「デコボコの石の上にむしろを敷き詰めて、横向きになったり座ったりして寝」て、「便所は上に上がって外ですますようになって」いたという。食事は、「家から持って来た米や味噌を壕の中で煮炊きしました」と話している。避難生活は不衛生で、「白いシラミが頭の地肌が見えないくらいに湧いて、眉や肩にも落ち、どこから湧いてきたのか着物の縫い目にもぎっしり動いていました」と語っている。

米軍が迫って来ると着の身着のままでさらに安全な場所を求めて移動を繰り返し、捕虜になった時はしばらく何も食べていなかったという人も多い。捕虜になってからも、長い人では数ヵ月に及ぶ不衛生なガマでの生活によって、体力がない高齢者や子どもは次々に亡くなった。

（山城彰子）

〔参考文献〕具志川市史編さん委員会『具志川市史 第五巻 戦争編 戦時体験Ⅰ』（具志川市教育委員会、二〇〇五年）、玉城村史編集委員会『玉城村史 第六巻 戦時記録編』（玉城村役場、二〇〇四年）

21 日本軍「慰安婦」と米軍による性暴力

日本軍は慰安所を沖縄全域に設置した。そこでは、沖縄、朝鮮、台湾、本土出身の女性たちが「慰安婦」にされ、過酷な性暴力を受けた。また沖縄戦中に始まった米兵による性犯罪は、現在まで続く深刻な問題である。

沖縄につくられた日本軍慰安所　日中戦争開始以降、日本軍は中国をはじめアジア太平洋の占領地に慰安所を設置していった。その主な目的は、第一に住民対策としての「強かん予防」、第二に戦力低下を防ぐ「性病予防」、第三に不満のはけ口として「兵士の慰安」、第四に軍が慰安所を管理することによる「機密保持」であった。

沖縄に送り込まれた部隊は、それぞれ配備された地域に慰安所を設置した。その数は、これまでに判明しているだけでのべ一四四ヵ所にのぼる。慰安所の建物は、日本軍が自ら建てることもあったが、大きな民家や公民館を接収して使用することが多かった。軍に立ち退きを命じられた住人は、台所の土間や馬小屋での生活を余儀なくされた。

【もっと知りたい沖縄戦】
●場所　アリランの碑（渡嘉敷村、宮古島市）、第二十四師団野戦病院新城分院、ヌヌマチガマ（八重瀬町）、宜野座村立博物館（宜野座村）
●人物　ペ・ポンギ、泉守紀、山川泰邦

慰安所の運営方法は、軍の直営、業者に委託、遊郭《ゆうかく》や旅館を軍専用に指定、のいずれかであったが、どの場合も日本軍の監督下に置かれた。各部隊は、「軍人倶楽部《くらぶ》ニ関スル規定」（歩兵第三十二連隊）、「後方施設に関する内規」（独立歩兵第十五大隊）のように、慰安所の運営に関する規則を定めていた。特に、「軍人倶楽部ニ関スル規定」には、業者がこの規定に違反し、軍に協力的でない場合は契約を解除し、慰安所を閉鎖させることなど、業者と軍の関係が明記されている。

沖縄の女性も「慰安婦」にされた　沖縄には、料亭と旅館を兼ねた辻（チージ）という遊郭が存在していた。「慰安婦」を確保するため、第三十二軍は、当時の県知事の泉守紀《いずみしゅき》に協力を求めたが拒否された。そこで、辻の業者を集め、「慰安所で兵隊の士気を鼓舞《こぶ》するよう協力を求めたが、すでに慰安所の実態は知れ渡っており逃れようとする者が多かった。

しかし決戦体制下で、軍人以外の一般の客足は遠のき、軍に慰安所の経営を持ちかけられ、ジュリ（辻の芸娼妓のこと）を「慰安婦」にする業者も出てきた。四四年十月十日の空襲で辻が焼失すると、業者がジュリを連れて慰安所に行くことが増えた。当時の那覇警察署の山川泰邦《やまかわやすくに》によれば、五〇〇人ものジュリが「慰安婦」にされた。宮城ツル（仮名・当時二一歳）は、辻が焼かれ、実家の家族も亡くして、十一月に津《つ》嘉山《かざん》（南風原《はえばる》町）の慰安所に行った。そこに辻から集められた女性が一〇名いた。地元の住民は、慰安所の前に行列をつくる兵隊の姿や「苦しい、苦しい」と言って泣く「慰安婦」を目にしている。

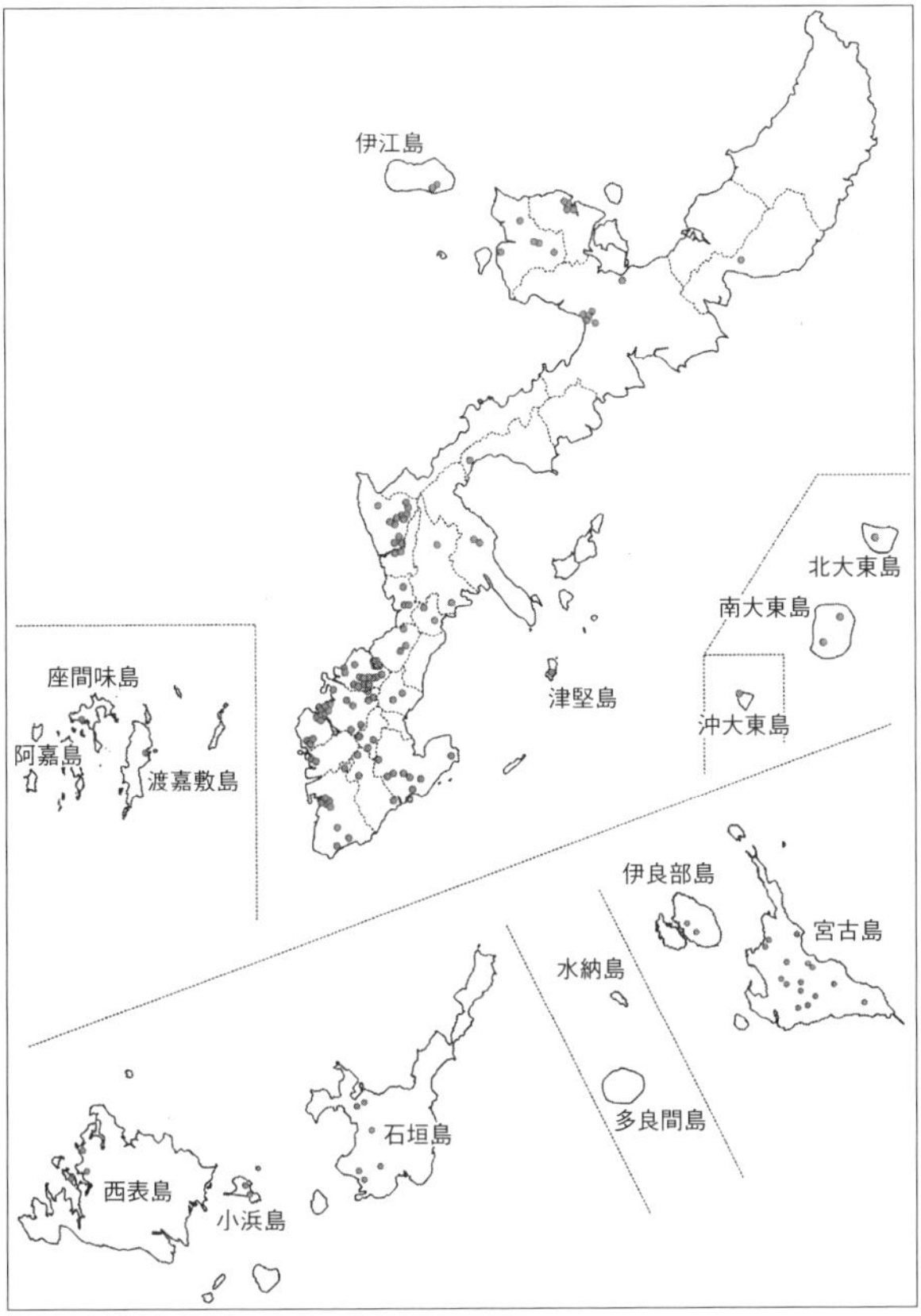

●—慰安所マップ

朝鮮から連れてこられた女性たち　日本は植民地の朝鮮を資源や人員の供給源とみなし、若い女性を軍需工場で働かせたり、中国や東南アジアの慰安所に送り込んだりした。沖縄で「慰安婦」にされた女性たちも、日本国内の工場で働くとだまされ、連れてこられている。佳村文子（創氏名）は「日本本土に行き女工として働けば賃金を多くとることになり、生活もゆたかになって親孝行もできる」と聞いていた。宮古島に到着して、日本軍将校へと引き渡されたときに初めて「慰安婦」にされることを知った。その驚きと怒りは言葉では表現できないほどで、「オンマ（お母さん）」「オッパ（お父さん）」と呼びながら、一晩中泣き明かした。

朝鮮の女性たちは外出を制限され、毎日、数十人もの兵隊の相手をさせられた。食事は部隊が用意したが、量が少なかったのか、朝鮮の「慰安婦」が近所の住民に食べ物を求める姿が目撃されている。

軍が強制する性病検診も屈辱的なものだった。大山《おおやま》医院（嘉手納《かでな》町）では、二週間から一ヵ月に一回の割合で、朝鮮人「慰安婦」一〇～一五人の性病検診が行われた。「慰安婦」はみな色白で美しく、年齢は一六、一七歳ぐらいであった。そのうちの一人が病院の中を逃げまわり、検診台に上がるのを拒否すると、憲兵は彼女を殴り叩きのめした。それを見た他の女性たちはもう抵抗しなくなった。

沖縄戦下の「慰安婦」 米軍の砲爆撃が始まると、慰安所は閉鎖され、「慰安婦」は避難場所を求めてさまよったり、野戦病院の壕で看護や炊事を手伝ったりした。

沖縄には、九州など本土出身の「慰安婦」もいた。独立歩兵第十二大隊本部（北中城村《きたなかぐすくそん》）の松木謙治郎《まつきけんじろう》は、米軍が上陸した四月一日の夜、部隊専属の「慰安婦」八人に出会った。部隊から自由行動を命じられ、どうしてよいのか困っているというので、南部に行くよう助言した。九州出身の彼女たちは、不安をふきとばそうと「炭坑節《たんこうぶし》」を歌っていた。

沖縄陸軍病院の高平《たかひら》分院（南城市大里《なんじょうしおおざと》）では沖縄の「慰安婦」十数人、慶良原《きらばる》分院（南城市玉城《たまぐすく》）では九州の「慰安婦」二〇人、第二十四師団野戦病院新城《あらぐすく》分院では、朝鮮人「慰安婦」が患者の便器・尿器の始末、食事や水の世話などをしていた。その後、病院が撤退、解散すると、彼女たちは戦場を逃げ惑うことになった。新城（八重瀬町《やえせちょう》）で、一七～一八歳ぐらいのモンペ姿の朝鮮人「慰安婦」三人が民家に隠れ、頭に鍋をかぶってワーワー泣いている姿が目撃されている。

朝鮮人「慰安婦」の収容と送還 かろうじて生き残った「慰安婦」は、民間人収容所に収容された。沖縄と本土出身の「慰安婦」は一般住民と区別されなかったが、朝鮮の女性は、宜《ぎ》野座《のざ》の米軍病院や田井等《たいら》（名護市）の孤児院などで働いていた。田井等孤児院では、朝鮮の女性一〇人ぐらいがシラミと汚物にまみれた子どもたちの世話をした。十一月、沖縄本島にいた四〇人がキャンプ・コザ（沖縄市）に移され、本島以外にいた一一〇人と合わせて、一五〇人の女性が朝鮮に送還された。しかし、ペ・ポンギさんのように、帰国船が出ることを知らず、沖縄に取り残された女性もいた。

なお、朝鮮人「慰安婦」の戦死者数は今も不明で、「平和の礎」には一人も刻銘されていない。

日本軍慰安所と「鬼畜米英」宣伝 日本軍や政府は、米軍が鬼や獣のように残虐で、男は戦車でひき殺され、女は暴行されたうえにひどい殺され方をすると宣伝して恐怖心をあおった。また、捕虜になれば米軍の「慰安婦」にされるとも言われた。沖縄では住民も目にすることがあった日本軍慰安所の存在が、その宣伝に説得力を与えることになった。女性たちは米軍に捕まる前に死ななければならないという意識を植えつけられ、その結果、投降を拒んで米軍に殺されたり、「集団自決」が起こったりした。

米軍による性暴力　米軍は作戦上の理由で、日本兵や民間人に投降勧告を行い、米兵に対して捕虜を人道的に扱うように指導した。しかし、その一方で沖縄戦の初期の段階から、米兵による性犯罪や殺害事件は始まっていた。

沖縄戦が終わっても、米兵による性暴力はやむことはなかった。銃を持った米兵は、大勢の人がいる収容所のテント、畑や道ばたなど、あらゆる場所で女性を拉致して強かんした。数人の米兵による輪かんや、強かん後に女性が殺害される事件も少なくなかった。被害は生後九ヵ月の乳児から高齢者におよんだが、被害者の多くが告発すらできず、加害米兵が処罰されることはほとんどなかった。

一九五五年には「由美子ちゃん事件」が起こった。加害米兵は、六歳の少女を強かんし、刃物で切り裂いて殺した後、遺体を米軍のゴミ捨て場に捨てた。県民の間に大きな怒りが広がり、各地で抗議集会が開かれたが、琉球政府には逮捕権も裁判権もなかった。米軍が北ベトナム爆撃を開始した六五年頃には、米軍基地周辺で働く女性への凶悪な強かん、殺人事件が多発した。

七二年に沖縄の施政権が日本に返還されても、状況は変わらなかった。九五年には、米兵三人による一二歳の少女への暴行事件が起こった。事件に抗議する「沖縄県民総決起大会」には八万五〇〇〇人が参加し、日米地位協定の見直しなどを求めた。二〇一六年には元米兵の軍属によって、二〇歳の女性が暴行を受けて殺害され、雑木林に遺棄される事件が起こった。「県民大会」には六万五〇〇〇人が参加し、海兵隊の沖縄撤退などを決議した。

沖縄戦中に始まった米軍による性暴力は今も繰り返されている。県民の怒りは限界を超え、米軍基地の存在そのものを問い直すところまできている。

（古賀徳子）

〔参考文献〕アクティブ・ミュージアム「女たちの戦争と平和資料館（wam）『軍隊は女性を守らない―沖縄の日本軍慰安所と米軍の性暴力』（二〇一二年）、林博史『沖縄戦と民衆』（二〇〇一年）

コラム⑪

沖縄に残された日本軍「慰安婦」
――朝鮮人ペ・ポンギさんの体験

ペ・ポンギ（裵奉奇）さんは、一九一四年に朝鮮の忠清南道《チュンチョンナムド》（現在の北朝鮮）で生まれた。一七歳のときに結婚したが、夫は貧しく、生活できなかった。あちこち仕事を探して苦労していた時、業者から「南の島に行けば楽をして稼げる」と言われ、心が動いた。

四四年十一月七日頃、朝鮮の女性五一人を乗せた「マライ丸」が那覇港に到着。十・十空襲によって那覇は焦土となっていた。五一人のうち、二一人が渡嘉敷島《とかしき》、座間味島《ざまみ》、阿嘉島《あか》に、約二〇人が那覇、約一〇人が大東《だいとう》諸島の慰安所に振り分けられた。ペ・ポンギさんら七人は、渡嘉敷の海上挺進《ていしん》基地第三大隊の慰安所に送られた。「慰安婦」にされると知った時、ペ・ポンギさんは全身から血が抜けたような衝撃を受け、恐怖で体が震えた。「アキコ」という名前を付けられ、日に十数人もの兵士の相手をさせられた。そのうえ、朝早くから壕掘りや弾薬運搬などの重労働も課せられた。

四五年三月二十三日、米軍の爆撃が始まったが、「慰安婦」は壕に入れず、仲間のハルエが弾に当たって死んだ。日本軍と山の陣地に移り、炊事班になったが、自分達の食べ物はなく、飢え死にしそうだった。八月二十六日に部隊が武装解除され、沖縄本島の石川の収容所に移された。

戦後は行く当てもなく、言葉もわからないなかで、飲み屋の酌婦《しゃくふ》をしながら、沖縄本島を転々とした。子守や野菜売り、空き瓶集めなどをしたが、年を取って働けなくなり、生活保護を申請する際に戸籍が問題になった。「慰安婦」として沖縄に連れてこられた事情を説明し、一九七五年に特別在留許可が出た。それが新聞に載ると、いろいろな人が体験を聞きにきたが、話をすると寝込んでしまった。ひどい頭痛や神経痛に悩まされていたこともあり、ひきこもりがちだったが、朝鮮総連の金賢玉《キムヒョノク》夫妻の支えで、食事や映画に行き、同胞の集まりや平和集会に顔を出すようになった。穏やかな晩年を過ごし、九一年に七七歳で亡くなった。

（古賀徳子）

〔参考文献〕川田文子『赤瓦の家――朝鮮から来た従軍慰安婦』（筑摩書房　一九八七年）

22　朝鮮人軍夫

【もっと知りたい沖縄戦】
●場所　韓国人慰霊塔（糸満市）、恨之碑（読谷村）
●人物　鄭実寛《チョンシルグァン》、崔瀚北《チェハンブク》、兪世鎮《ユセヂン》、姜仁昌《カンインチャン》、沈在彦《シムヂェオン》

沖縄に送られた日本軍には日本人だけでなく朝鮮半島出身者も含まれていた。東京帝国大学の学生で学徒出陣によって徴兵された者、日本本土で働いていて徴募され軍属だった者、そして朝鮮の大邱《テグ》で編成された特設水上勤務中隊に「軍夫」として徴集された朝鮮人もあった。ここでは、人数の多かった特設水上勤務中隊に焦点を当てたい。

朝鮮半島からの動員　一九四四年六月十七日、朝鮮に「応徴士徴発に関する件」が布達された。応徴士とは被徴用者のことであり、「国民徴用令」にもとづく、軍要員としての人員徴発命令であった。

一人っ子の鄭実寛《チョンシルグァン》は、自分には徴用はないだろうと思っていたが、「隣近所がみんな引っ張られていく。怖くなって身を隠そうとしたけれど、誰も匿ってくれりゃしない。家を出て四日目に（家に…引用者注）戻って、オモニ（母…引用者注）と妻と三人が一緒の部屋に集まって恐怖にかられていたら…午後四時ごろ、巡査をともなった刑事に踏み込まれた。徴用令書さえ示されずにその場から引っ張っていかれた」という。このように強制的に集められ、中には三〇歳を越える人も含まれていた。

六月二十四日、大邱公会堂に集められた軍夫たちは、身体検査を受け、軍服や軍靴が支給された。大邱で編成された部隊は、特設水上勤務第一〇一から第一〇四中隊であった。特設水上勤務第一〇三中隊は、七月二十四日釜山から乗船し下関と門司を経由して、八月十日那覇港に着いた。

那覇埠頭での荷役作業　特設水上勤務第一〇三中隊は、那覇に着いた翌日から港での荷役作業に駆り出された。軍夫たちは朝五時に起床ラッパで飛び起き、班別点呼の後、朝食をとる。しかし、その朝食は、「飯盒の蓋ぐらいしかない飯を三人で食べるのだから、いつも満腹になることはなかった」

という。作業は、船の荷物をはしけに積み替え、はしけから陸揚げして兵営、施設、倉庫などへ運ぶ仕事などであった。荷物には大砲もあったという。崔瀚北《チェハンブク》、兪世鎮《ユセジン》らは、「あの時一番辛かったのは、あまりにも重い物を運ぶことと、ひもじさに耐えることでした」と証言している。

●―捕虜となった朝鮮人軍夫（1945年5月11日，慶留間島，沖縄県公文書館蔵）

阿嘉島での「処刑」　一九四五年二月、特設水上勤務第一〇三中隊は座間味村阿嘉島《あか》に移動し、まともな食糧も与えられずに、秘匿壕掘りや特攻艇の出し入れに従事していた。そして四月、日本兵に「処刑」される事件が二件起こっている。姜仁昌《カンインチャン》は、「サツマイモを掘り出して食べたり、稲を盗んで食べた」軍夫一二名が「処刑」されることになり、軍夫三人で殺された一二人を埋める穴を掘らされたという。もう一件の「処刑」された軍夫たちも住民の畑作物を盗んだ者、食糧収集を命ぜられ帰隊時間内に戻らなかった者など七名であった。沈在彦《シムヂェオン》は「うしろ手に縛られ引き立てられて行く七人の後に、墓穴掘りを命ぜられた七人の軍夫がついて行きました。（中略）目隠しをされ、谷間に向かって立たされた七人の背に向けて撃たれた七発の銃声。」と証言している。

戦　後　沖縄戦を生き延びた朝鮮人は、日本兵とのトラブルを避けるために、朝鮮人専用の屋慶名《やけな》収容所に収容された。その人数は約一六〇〇人にのぼったという。竹内康人氏は、陸軍軍人軍属に関する「留守名簿」の分析から配備された部隊は計五四部隊、合計三一九一人の数字を明らかにしているが、竹内はこの名簿以外にも朝鮮人は動員されているとしている。摩文仁に建つ「韓国人慰霊塔」には、「徴兵・徴用として動員された一万余名」と刻まれているが、沖縄戦に動員された朝鮮人軍夫の正確な人数は未だ明らかになっていない。

（山城彰子）

〔主要参考文献〕海野福寿・権丙卓『恨　朝鮮人軍夫の沖縄戦』（河出書房新社、一九八七年）、沖本富貴子「沖縄戦に動員された朝鮮人に関する一考察」『地域研究　第二〇号』（沖縄大学地域研究所、二〇一七年）

23　秘密戦

一〇代半ばの少年たちが、ゲリラ兵として最前線に立たされていたことはあまり知られていない。彼らは、自分の存在を秘密にし「沖縄が玉砕した後も戦い続けろ」と命じられた。

故郷を護るために　一九四四年十月から翌年三月にかけて、沖縄島中北部の一五歳から一八歳の少年たち約一〇〇〇人と県立第三中鉄血勤皇隊一五〇人が召集された。配属先は「第一護郷隊《ごきょうたい》」と「第二護郷隊」。それぞれの正式名称を「第三遊撃隊」「第四遊撃隊」という。少年らの召集や組織編成を指揮したのは、村上治夫《むらかみはるお》を中心とする陸軍中野学校出身者だった。特殊勤務部隊や離島への残置諜者も含めると四二人が沖縄入りしていた。陸軍中野学校はスパイや謀略を専門とし、ゲリラ戦（遊撃戦）研究を行っていた秘密組織である。

ゲリラ戦とは、戦力差のある敵に正面から挑むのではなく、ジャングルなどに潜み奇襲攻撃を繰り返して相手を消耗させる戦い方である。敗戦を重ねていた日本は、すでに第一遊撃隊をパプアニューギニアへ、第二遊撃隊をフィリピンへ配置していた。沖縄ではそれを「護郷隊」と名付け、存在を隠すとともに、「故郷を護るほまれ高い部隊」と少年らの戦意高揚を煽《あお》った。主力部隊が壊滅した後もゲリラ戦を続け、本土決戦準備のために米軍部隊をかく乱し沖縄に足止めさせるのが目的だった。一七歳未満の召集は当時の法令にも違反しており、多くの少年らに「志願」が強要された。

訓練は昼夜を問わず行われた。少年たちの上官である分隊長は地元の在郷《ざいごう》軍人らで、彼らは自分たちが体験した非人道的な軍隊式訓練を、まだあどけなさが残る護郷隊員に浴びせた。殴る蹴るの暴行や血だらけになるまでの匍匐《ほふく》前進は当たり前だった。足の親指を引き金にあて銃口を口にくわえる自決訓練もあった。爆薬を抱えて戦車に体当たりする訓練は繰り返し行われ、「一人で十人の敵を殺したら死んでもよい」

【もっと知りたい沖縄戦】
●場所　少年護郷隊之碑（名護市）、第二護郷隊之碑（恩納村）、忘勿石之碑（竹富町）
●人物　村上治夫

●—少年護郷隊之碑（川満彰提供）

と言われた。死を恐れない訓練と陣地構築に明け暮れるうち、次第に少年たちの心は壊れていった。沖縄島と同様に、西表島でも護郷隊が編成された。

故郷を破壊すること　米軍が沖縄島に上陸すると、護郷隊員はやんばるの山々で戦闘を開始した。第三十二軍のたび重なる作戦変更で何度も配置を変えられた護郷隊は、十分な陣地構築ができないまま、第一護郷隊は多野岳《たの》に、第二護郷隊は恩納岳《おんな》にそれぞれ本部を置いた。地元の土地勘を活かす目的で召集されたはずの少年たちだったが、まったく知らない土地で山中をさまよった者も少なくない。

護郷隊の戦闘はその場しのぎに終始した。米軍の北部進攻を遅らせるために橋を爆破したが、米軍はまったく問題にせず逆に中南部からの避難民を苦しめた。米軍の占領地域への夜襲を命じられ、結果、自分の手で故郷を焼き払うことになった少年兵がいた。砲弾が降り注ぐ戦場で、竹槍を持たされた者もいる。野戦病院に収容されている友だちが、歩けないからと衛生兵に銃殺される場面に遭遇した。同じ護郷隊員をスパイ視し、虐殺する役割を負わされた少年もいた。

圧倒的な物量差を前に、部隊は壊滅状態となる。第一護郷隊員は一九四五年七月、「（地元に帰って）秘密遊撃戦の基盤を作れ」との命令を受けたが、これは事実上の解散だった。第二護郷隊も、なし崩し的に解散に追い込まれた。護郷隊の戦死者は一六〇人にのぼった。

沖縄ではほかに、スパイ監視機関の「国士隊《こくし》」や離島への諜報員の配置など秘密戦が遂行されたが、不明な点も多い。波照間島では、残置《ざんち》諜者《ちょうじゃ》によって島民がマラリア発生地の西表島に強制退去させられ三四％が死亡している。そして同じ頃、日本全国にも陸軍中野学校出身者数百名が配置され、沖縄のような戦場をたどろうとしていた。　（吉川由紀）

〔参考文献〕川満彰『陸軍中野学校と沖縄戦』（吉川弘文館、二〇一八年）、NHKスペシャル取材班『僕は少年ゲリラ兵だった　陸軍中野学校が作った沖縄秘密部隊』（新潮社、二〇一六年）

24　沖縄と移民

沖縄県は日本でも有数の移民県である。一九四〇年には県民の一割に近い約五万七〇〇〇人以上が海外で暮らしており、人口比から見れば沖縄は戦前もっとも移民の多い県であった。その背景には、明治期以降も特に農村部で続いた貧困があったが、他方では先に海外へ渡った人たちの成功が憧れの的となったことなどもあげられる。

移民と沖縄戦　沖縄から海外に渡った人々は、渡航先での差別に直面したり、慣れない環境での生活に苦労したりしながらも、農業や商店経営などでお金を貯めて、沖縄にいる親族に送金し続けた。沖縄移民が海外から沖縄に送金した金額は、一九二九年の県歳入の六割以上をしめるまでになっていた。渡航先は、ブラジル、ハワイ、ペルー、フィリピンなどが多く、それぞれの国には各一万人以上の人が渡航したことがわかっている。

【もっと知りたい沖縄戦】
●場所　シムクガマ（読谷村）、平和の礎（糸満市）
●人物　比嘉武二郎、比嘉太郎、儀間昇

このようにして海外での生活を体験していた移民帰りの人々が、証言記録などには数多く登場する。特に、彼らが沖縄戦の最中に周囲の人々に投降を促し、多くの人の命を救ったという事例は数多くある（36の項目参照）。

移民帰りの人たちが果たした役割　移民帰りの人が多くの人に投降を促した事例として、本島中部の読谷山村《ゆんたんざ》（現読谷村）波平《なみひら》のシムクガマの事例が有名である。このシムクガマには約千人の住民が避難しており、米兵がやってきた時に、一部の警防団の少年らが竹やりを持って突撃を試みた。その時、ハワイ帰りの二人の男性が、少年たちに突撃を思いとどまらせた上で、外に出て米兵と交渉した。そして、米兵らが住民を殺さないことを確認してから、ガマの人たちに投降を呼びかけた。

また、糸満市の戦争体験記録には、移民帰りで英語もできた人が「アメリカは絶対大丈夫、何もしない」と言って周囲に投降を促したという事例や、同じく移民帰りの男性が「アメリカ人は大変良心的だから、人を殺すようなことはしない」「僕らは出るから、あんたたちも出よう」と声をかけて投降したという事例もある。

戦前の沖縄社会の中では、移民帰りの人々はスパイの疑いをかけられることもあったが、地域のリーダーとして影響力を持った事例も少なくない。また、そうした人々は戦前の「皇民化教育」を経験していないだけでなく、海外での生活経験から日本軍の宣伝や命令に惑わされることがない存在でもあった。

例えば、シムクガマで他の人たちに投降を呼びかけた先述の男性は、ハワイで儲けて帰ってきたので周囲が茅葺《かやぶき》の家で暮らしている中で、瓦葺の家を建てて周囲からも注目される存在であったという。それでも、日の丸の小旗を振って出迎えた甥に向かって「日本の政治家、軍人はアメリカの国の力の大きさを分かっているのか」と疑問を呈したという。そして、日本軍の勝手な振舞いははっきりと断り、「非国民」扱いされていた。このような「非国民」が、沖縄戦の際に多くの人の命を救ったのである。

沖縄戦と日系兵　沖縄移民と沖縄戦について考える時に、ハワイやアメリカ本国で生まれた日系二世の人々の存在を忘れることはできない。一九四一年に起こった真珠湾攻撃の後、米本国で暮らしていた約一二万人の日系人らは強制収容されるが、収容された日系人らによって「日系人部隊」が編制され、ヨーロッパ戦線などに送られたことはよく知られている（ハワイでは米本国のような大規模な収容はなかった）。また、太平洋戦争開戦後には通訳兵・語学兵として対日戦争に参加した日系兵もいる。彼らは海軍語学学校や陸軍情報部（ＭＩＳ）日本語学校での短期間の訓練を経て、太平洋戦争に参加した。彼らの役割は、戦場での日本人への投降の呼びかけ、押収した日本軍資料の翻訳、捕虜の尋問などを行うことである。このような情報活動に関わった日系兵は約六〇〇〇人にのぼり、沖縄戦にも三二二人の日系兵が参加している。

●—尋問される日本兵捕虜（沖縄県公文書館所蔵）

修学旅行などで訪れることが多い平和の礎でも、日系兵の名前が確認できる。一万四〇〇〇人以上の米兵戦死者の中で、「YAMAGUCHI GEORGE T」「MASAKI NAKAMURA」など、少なくとも一〇人の日系兵の刻銘が確認できる。これは、一九四五年八月十三日に那覇で起こった航空機事故で亡くなった日系兵らの名前であり、いずれも陸軍情報部の語学兵として太平洋戦争に参加していた。

　この一〇人の日系兵の名前は、日本財団の助成金によって運営され、全米日系人博物館の「日系人の歴史保存プロジェクト」の主要事業となっている「ディスカバー・ニッケイ」ホームページの「日系アメリカ人兵役体験記録データベース」で確認でき、この航空機事故についての複数の証言も読むことができる。

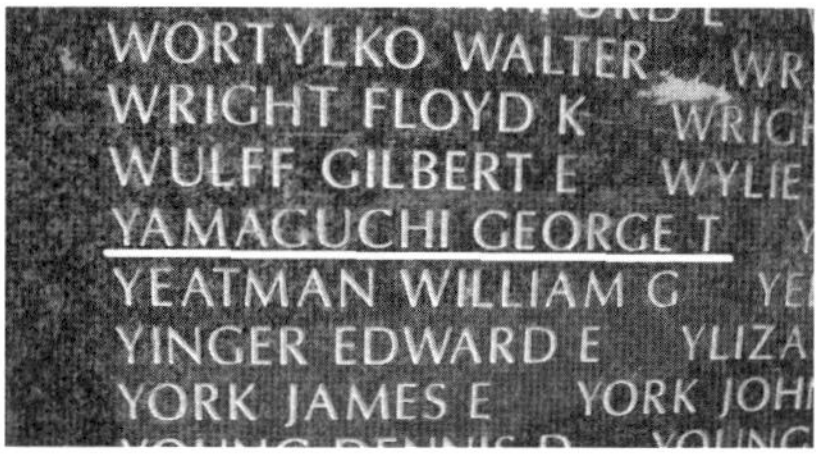

●—平和の礎に刻銘される日系兵の名前

日系兵の抱えた葛藤　沖縄戦に参加した通訳兵・語学兵の中には、父母が沖縄出身であるなど沖縄とのつながりがあるものもおり、米兵として沖縄戦に参加することに大きな葛藤を抱えざるを得なかった。米陸軍情報部の一員として沖縄戦に参加した比嘉武二郎は、ハワイ生まれだが幼少期の大部分を沖縄で過ごした経験を持ち、同級生も親戚も沖縄にいた。比嘉は沖縄上陸五ヵ月前に沖縄侵攻を知った時のことを次のように語っている。

　「沖縄だけには行きたくなかった。故郷の土を銃を携えて踏む気持ちがわかりますか？　しかも沖縄の人々の敵として……」（『ハワイ日系移民が見た戦争と沖縄』、二〇一三年）

　比嘉は沖縄上陸後、投降の呼びかけの際にウチナーグチ（沖縄語）を使うなど、さまざまな制約の中で必死に沖縄の人たちを救うことを試みた。彼は自らの戦争体験を振り返って次のように語っている。

　「私個人として一番うれしいのは、人に向かって一度も銃を撃たなかったこと。辞書や拡声器を使って、ウチナーグチ（沖縄方言）で二つの国に対する義務を果たせたこと、人を一人も殺さず両方の国の役に立ったことだ。」（同右）

　通訳兵や語学兵の存在については、一九七二年までその存在すら秘密にされ、日系兵の多くもその体験を語らなかった。そのため、現在でもその任務や活動の実態については未解明な点が多くある。

日系人と戦後沖縄　戦争で壊滅的な被害を受けた沖縄の戦後復興を支えたのが、ハワイを中心とした沖縄移民であったことも知られている。特に、沖縄戦に従軍した日系二世の比嘉太郎は、自ら見た沖縄の惨状をハワイの沖縄移民らに伝え、沖縄救済運動を始めることになる。彼の呼びかけに応じたハワイや米本国の沖縄移民らは、義援金や援助物資を集めて沖縄に送った。そうした救済運動の一環として、一九四八年に五五〇頭の豚がアメリカ本国から沖縄に送られ、沖縄の復興の一助となったエピソードは有名である。

そのように、沖縄から海外に渡った移民（日系兵含む）が「沖縄を救った」という側面はこれまでも強調されてきた。しかし、沖縄戦後史と日系人のつながりはそうした側面だけにとどまらない。近年になって、米軍占領下の沖縄で県系人を含む日系人らが、米軍の一員として住民を監視対象に行っていた諜報《ちょうほう》活動の実態がわかってきている。

この任務を担ったのは、米陸軍対敵諜報隊（ＣＩＣ）であり、沖縄戦の時に沖縄に上陸し、捕虜の尋問などにあたった（先述のＭＩＳとは別組織）。その後、ＣＩＣは沖縄に駐留し続け、米軍占領下で住民全体を監視下に置く諜報活動を行った。そのさい、沖縄語を理解し、沖縄文化を知っている県系人の中には、ＣＩＣの一員として復帰運動や労働組合運動に関わる人物や団体の情報を集めるという任務についた者もいた。沖縄では本土との間で自由な渡航ができなかったことが知られているが、この渡航の許認可権を握っていたのもＣＩＣである。

日系人の沖縄への思いを利用した米軍　沖縄戦の際には県立二中の学徒兵として沖縄戦を体験し、その後家族のいるハワイに渡って米兵となり、戦後実際にＣＩＣの一員として沖縄でも諜報活動に携わった儀間昇は、自らの経験を振り返って次のように述べている。

「ＣＩＣとして務めたことに後ろめたさはない。なぜなら民主主義が普及すると信じていたからだ。僕はウチナーンチュとして、沖縄のためになると信じていたんだ。」（島袋貞治他、二〇一六年）

戦時中から戦後まで、沖縄につながりを持つ日系兵は、それぞれの時代にそれぞれが置かれた状況の中で、沖縄のことを思い、必死に沖縄のために行動しようとしたことがわかる。米軍はそうした日系兵らの思いを、沖縄戦の最中のさまざまな作戦の遂行や、戦後の占領政策の一部として軍事的に利用していったと言えるだろう。

（北上田　源）

〔参考文献〕沖縄県平和祈念資料館編『第十四回特別企画展「ハワイ日系移民が見た戦争と沖縄―ハワイウチナーンチュの沖縄へのウムイ」』（二〇一三年）、島袋貞治　琉球新報社編『奔流の彼方へ―戦後七〇年沖縄秘史』（琉球新報社、二〇一六年）

コラム⑫

沖縄戦と移民(1)引き裂かれた兄弟

――東江兄弟の体験

日系兵として沖縄戦に従軍し、沖縄で奇跡的に家族と再会した東江盛勇《あがりえせいゆう》（フランク東）の体験を紹介する。東江兄弟の父は一九〇四年に移民としてメキシコ（後に米国）に渡り、農園などで働いた。二男の盛勇はアメリカで生まれ、六男の康治《やすはる》・七男の平之《なりゆき》は家族で名護に戻ってきた後に生まれた。盛勇はその後ふたたびアメリカに渡って働き、沖縄の家族へも手紙やお金を送り続けていたが、米陸軍に自ら志願し入隊した。一九四一年の真珠湾攻撃以降、盛勇は日本への愛着とアメリカへの義務感の間で葛藤しつつも、情報兵の募集に応じて沖縄戦に従軍する。

父が移民経験を持ち、アメリカで暮らす兄がいた弟たちにとって、アメリカは遠い国ではなかった。だが、真珠湾攻撃以降は父親からアメリカの話をすることは禁じられた。そして、彼らは自ら軍国少年であることを証明するため、積極的に奉仕作業などにも参加した。県立三中に進学した二人は、沖縄戦のさいには鉄血勤皇隊員として護郷隊に配属されたが、米軍との交戦で負傷したり、隊からはぐれたりしてしまうなどして、五月以降は家族で名護山中の避難小屋に隠れていた。

沖縄上陸後、盛勇は任務のかたわら必死に家族を探し回った。一家の安否を尋ね回る米兵のことを聞いた父は、自ら米軍のキャンプへ向かい盛勇との再会を果たす。その後、父とともに避難小屋に行った盛勇は家族と会い、重傷の康治を軍病院へ運んだ。いっぽう、平之は投降の呼びかけにはすぐに応じず、捕虜になるまでに時間がかかった。日本軍が勝つと信じていた平之は、しばらくの間敗戦を受け入れることができなかったという。

日米両国の戦争は兄弟の間を引き裂き、久しぶりの兄との再会を喜ぶという弟の感情をも奪ってしまっていた。康治は米軍病院に向かうジープの上で、初めて日本の無条件降伏を知ったという。それは、お互いを敵と味方に分けた戦争から、兄弟たちがようやく解放された瞬間でもあった。

（北上田源）

〔参考文献〕名護市史編纂委員会『名護・やんばるの沖縄戦』（二〇一六年）

コラム⑬

沖縄戦と移民（2）警戒され利用され

——大城守徳の体験

大城守徳は、アルゼンチンで現地の母親のもとに生まれたが、生まれてすぐに大城守吉夫妻に引き取られ、大切に育てられた。守吉は一九二四年に沖縄県人として初めて同国に入り、同国への沖縄移民の基礎を築いた人物である。一九四一年、守徳は日本の教育を受けるために一一歳で沖縄に渡り、南風原《はえばる》国民学校に通うことになった。

白い肌と青い目の守徳は容姿の違いから学校でいじめられたが、気の強い性格から日々喧嘩を繰り返し、徐々に学校に通わなくなっていった。戦争の足音が近づく沖縄社会において、彼の動向は当時の特別高等警察（特高）が注目するところとなる。『沖縄県知事事務引継書　昭和十八年七月』の中の「特別高等警察」という項目の中で、彼の実名が挙げられ「本名は日本籍を有すると雖《いえど》も、純然たる外国人なるを以て長ずるに及び、その動向注意の要あるを以て、目下家族との連絡を緊密にし、本人の指導啓蒙に努めつつあり（読点は筆者）」（『那覇市史』資料篇二—六より）と監視の対象とされていたこともわかっている。

そのように監視の対象とされるのと同時に、彼は別の意味で利用されることもあった。「挙村の愛情に包まれ『日本魂』は育つ」との見出しがついた当時の新聞記事で、彼のことが紹介されている（大阪朝日新聞、一九四二年三月二〇日記事）。記事の中では、彼が「日本魂の勉強のために来日した」との記述や、学校長の「本人は日本魂の勉強を一生懸命やって、将来強い日本の大将になると意気込んでおります」という談話も掲載され戦意高揚に利用された。

海外につながる要注意人物として警戒されるいっぽうで、戦意高揚のためにも利用される。自身に対するさまざまな眼差しをどのように受け止めて、守徳は戦争に突き進む沖縄社会を見ていたのだろうか。彼は、戦後アルゼンチンに戻った後、東京でアルゼンチン料理屋を開いていたというが、その後の消息についてははっきりとわかっていない。

（北上田源）

〔参考文献〕南風原町史編集員会編『南風原町史第八巻　移民・出稼ぎ編』（二〇〇六年）

25 米軍にとっての沖縄戦

【もっと知りたい沖縄戦】
●場所　慶良間チージ（シュガーローフ）の碑（那覇市）

米軍は沖縄上陸のかなり前から沖縄の地理・歴史・民俗等についての調査を進め、軍政・民政に必要な基礎資料とした。その資料中には「島民は日本人から民族的に平等だとはみなされていない。（中略）琉球人と日本人との関係に固有の性質は潜在的な不和の種であり、政治的に利用できる要素をつくることができるかもしれない」（『沖縄県史資料編一　民事ハンドブック　沖縄戦Ⅰ（和訳編）』より）とあり、この米軍の県民観は沖縄戦の際の米軍の捕虜の取り扱いや戦後の占領政策にさまざまな影響を与えた。

米軍の沖縄住民観と心理戦　その例として、米軍が沖縄戦において日本兵の戦意喪失、民間人への投降勧告のために用いた宣伝ビラが挙げられる。米軍は沖縄上陸前から五七〇万枚もの宣伝ビラを準備していたが、民間人向けに作成された宣伝ビラの中には「この戦争は皆さんの戦争ではありません。貴方たち沖縄人は、内地人の手先に使われているのです」と書かれているものがある。また、日系兵らの投降呼びかけに応じて捕虜となった人々の収容所も、民間人収容所と軍人の収容所に分けられた。さらに、戦後も米軍は一貫して沖縄を日本から切り離す分断統治政策をとった。

このように、沖縄戦から戦後の統治政策にいたるまで、米軍は一貫して琉球人と日本人の間の「潜在的な不和の種」を利用し続けた。日系兵らがガマに隠れた沖縄住民を救ったというエピソードは美談として語られることも多いが、その背景にある米軍の意図を忘れてはならない。

無差別攻撃　言うまでもなく、米軍機から投下されたのは宣伝ビラだけではなかった。米軍は約二〇万トンもの爆弾・砲弾を用いて一九四四年から沖縄を攻撃し続けた。一九四四年十月十日の空襲（十・十空襲）では、当初予定されていた軍事施設への爆撃にとどまらず、那覇市内をはじめとして多くの民間地域にも攻撃を加えた。この空襲により那覇市内の約九割の家屋が焼失し、死者は本島全体で三三〇人にものぼった。それまで米軍は日本軍が中国などで行っていた国際法違反の無差別爆撃を批判していたが、その後米軍による無差別攻撃は全国に広がり、各地で大きな損害を与えることになる。

また沖縄戦において米軍は、戦車や歩兵部隊による進撃の前に日本軍陣地およびその周辺に、徹底的に砲爆撃を加える作戦を徹底した。そうした攻撃によって命を落とした民間人は数多く、東風平《こちんだ》町では戦没者の死因の約九割を被弾死が占めている(『東風平町史—戦争関係資料』掲載の「戦没者の字別・年齢別調査表」統計より)。民間人を巻き込んだ日本軍の作戦が被害を大きくしたという側面もあるが、米軍による無差別攻撃が多くの県民の犠牲をもたらしたことは間違いない。

米兵の戦闘神経症　そのように無差別攻撃を続けた米軍であったが、約三ヵ月にもおよぶ激しい地上戦の中で、一万二五二〇名の戦死者、五万五一六二名の戦傷者を出すことになった。また、戦闘神経症を発症した患者数は、約一万四〇〇〇人にのぼり(米軍第一〇軍報告書より)、太平洋戦争全体の戦闘神経症患者発生数の割合の二倍以上の高い割合で患者が出たという(保坂廣志、二〇一四年)。

戦場で戦闘神経症にかかった米兵たちは「幽霊のように蒼白《そうはく》でぼうっとした」様子で、「彼らの目は生気がなく、その動作は緩慢で、『知的な働きが欠けている』表情は、神経がもはや刺激に耐えることができない」状態であったという(ジョージ・ファイファー、一九九五年)。こうした米兵たちは、戦後も心的外傷後ストレス障害(ＰＴＳＤ)に苦しめられることになる。

ただ日本軍側と比較すると、米軍は沖縄上陸前から六人の精神科医を従軍させ、あらかじめ戦闘神経症患者の治療を想定した医療体制を整えていた(結果的には、当初の予想を上回る患者が出たものの)。戦闘神経症者への対応が皆無と言える日本軍とは雲泥の差があったと言える。　(北上田　源)

〔参考文献〕『沖縄県史資料編一　民事ハンドブック　沖縄戦Ⅰ(和訳編)』(沖縄県教育委員会、一九九五年)、保坂廣志『沖縄戦のトラウマ—心に突き刺す棘—』(紫峰出版、二〇一四年)、ジョージ・ファイファー『天王山』(早川書房、一九九五年)

26 収容所からの再出発

一九四五年三月二十六日、米軍は慶良間諸島に上陸すると、翌四月一日には沖縄本島西海岸に上陸した。米軍は進撃とともに占領地域を確保すると、各地に民間人収容所を設置した。戦場を生き残った人々は次々に収容所に送り込まれた。米軍は「ニミッツ布告」を発布、日本帝国政府の行政権を停止するとともに、米軍政府の樹立を宣言した。

米軍政のはじまり　米軍は、収容した人々に、食糧、衣料、テントなどの最低限の必需品を与え、負傷した者に対しては、応急処置を施すなどの「保護」も与えた。しかし、民間人収容所における米軍政府の本来の目的は、収容した人々を保護することにあるのではなく、あくまでも統治することにあった。

米軍政府の基本的な統治方針は、沖縄上陸前にすでに計画されていた。一九四五年一月の作戦指令によると、軍政の目的は軍事作戦の支援を最優先としており、収容した人々に対する「必要な服従」と「厳格な管理」が打ち出されていた。沖縄の人々を「敵国民」として統治する方針であった。

軍事作戦を最優先させるという米軍政府の方針は、軍民が雑居した地上戦において、日本軍と沖縄の人々を引き離すことに向けられた。

民間人の「保護」　地上戦のさなかの米軍の特徴的な活動の一つに、民間人への医療行為があった。沖縄の人々は、米軍に捕まると残虐な目にあわされると聞いていたので、米兵が負傷した人々を手当てしていることに驚きの声を上げている人は少なくない。米兵から投降を呼びかけられたとき、「私たちは殺される」と思っていたある女性は、「米兵はとても親切であった。傷ついた者や傷口からウジのわいた者、膿《うみ》がつぶれてきたないなあと思う者まで、一人びとりトラックから抱えて降し、丁寧に傷の手当てをしていた」と証言してい

【もっと知りたい沖縄戦】
●場所　宜野湾市立博物館（宜野湾市）、宜野座村立博物館（宜野座村）、うるま市立石川歴史民俗資料館（うるま市）

る。米兵が負傷者を手当てするその光景は、「鬼畜米英」を吹き込まれていた人々に「親切な米兵」といった印象を与えたとしても不思議ではなかろう。

しかし、民間人への医療活動に関する米軍政府の思惑は、「親切な米兵」のイメージとはまったく異質のものであった。

米軍政府の月例報告書には、「日本人に対するさらなる信頼から沖縄人を引き離し、合衆国とその軍隊への愛着を促進する最も効果的な方法は、軍政府医療職員の仕事であった」と記述されている。また、別の報告書には、「数人は、日本による統治よりもよりよく暮らせるだろうと信じ、アメリカによる占領が継続することを望んでいるとさえ述べた。このことは彼らを取り込む方法かもしれない」とも記述されており、ここでは米軍に対する愛着を促進する方法、あるいは「彼らを取り込む方法」として、医療活動が認識されている。

収容所での生活　米軍の進撃にともなって、民間人収容所の分布は拡大する傾向を見せた。米軍は沖縄本島の中部から南部にかけて飛行場を建設するなど軍事利用するため、人々を北部の狭い地域に集めた。

北部の収容所では、配給が滞り、食糧事情が極端に悪化していた。そうしたなか、宜野座《ぎのざ》に収容された中部出身の女性は、「カンダバー（サツマイモの葉）をやるときでも家畜同様に使われていました。那覇の人でしたが、夜、カンダバーを取りに行ってですね、腕が垂れ下がるほど棒で腕を叩き折られて帰ってきました」と証言している。食糧の分配をめぐって、地元住民と避難民との間であつれきが生じたことが示されている。

栄養失調やマラリアで亡くなる者も少なくなく、キャンプシュワブにほど近い現名護市の瀬嵩《せだけ》や大川では、「栄養失調の老幼がマラリアにかかったら、ほとんどが死んでしまうという悲惨な状態でしたね。瀬嵩でも大勢死んでいるんだが、大川は余計ひどかったですね。そうですね、大川だけで、千人そこらの死人だと思うんですね、実にひどかったですから。栄養失調で、瀬嵩の道端に死んでいる女を一度だけ見ましたがね、骨と皮だけになっているのを」との証言も見られる。

また、収容所全体を通して、米兵による性暴力事件が後を絶たなかった。中部の北中城村島袋《きたなかぐすくそんしまぶくろ》では「若く見える女は、すぐに引っぱられていました。助けてーしても、男の人も誰も助けることができませんでした。もし男の人が助けようとすると、アメリカーは銃を持っていて、撃つんですから、どうにもなりませんでした。ほんとに撃ち殺すんですよ」との女性の証言が見られる。この女性は「私が見たのはほんの一例にすぎません。強姦事件は数えきれないほどあったんです」

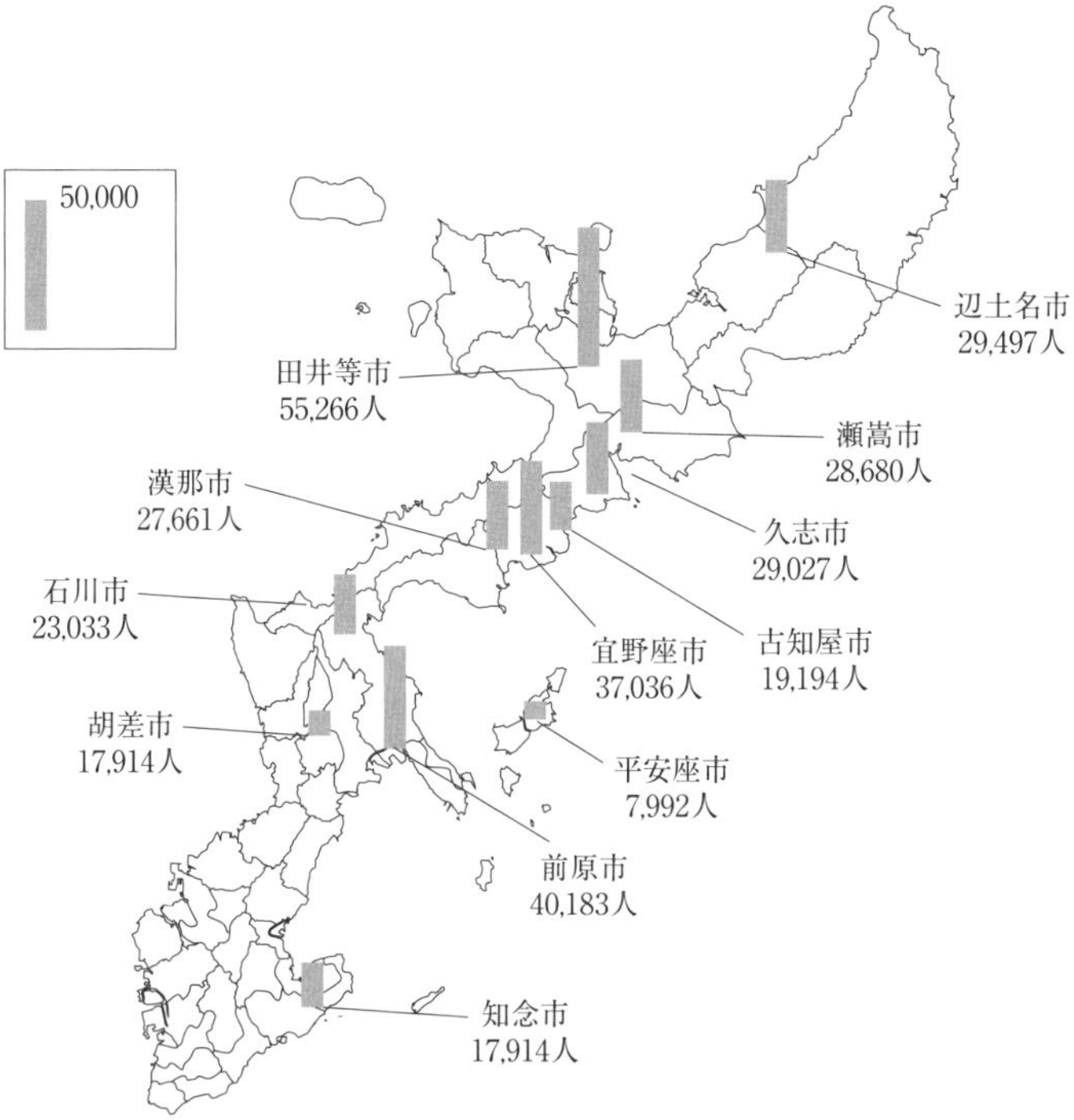

●—民間人収容所分布図（1945年10月10日,『沖縄市町村三十年史』上巻より。「地方行政緊急措置要綱」〈1945年9月〉に基づき，各収容所を統合した市制がしかれた。）

とも語っている。収容所では人権などなかったといえるだろう。

「自治」の萌芽　こうしたなか、一九四五年八月、一つの転機が訪れた。奇遇にも日本帝国政府がポツダム宣言を受諾した八月十五日、米軍政府は仮沖縄諮詢《しじゅん》会を召集し、八月二十日には、沖縄諮詢会が設置された。沖縄諮詢会は、あくまでも米軍政府の諮問機関という低い地位しか与えられなかったが、諮詢会はなかば執行機関としても機能し、米軍政府と住民側とのパイプ役を果たした。沖縄諮詢会の会議の場では、沖縄の自治と民主化についてさかんに議論された。

一九四五年九月には「地方行政緊急措置要綱」の公布にともない、一二の市からなる市制が敷かれ、それにあわせて市長選挙、市議会議員選挙も実施された。このとき、女性に初めて参政権が与えられた。日本全体を見わたしても、女性が選挙権を行使したのは、この選挙が初めてのことであった。

郷里に帰れない人々　人々が収容所に押し込まれている間、米軍は無人化した地域で自在に基地を建設していた。日本の敗戦によって基地建設計画が修正されたことにより、沖縄本島北部の大部分の地域が開放された。それとは対照的に、本島中南部を中心とした広範囲な地域が、陸軍、海軍のそれぞれの占領地域に指定された。伊江島に至っては、島全体が陸軍の占領地域に指定された。陸軍、海軍ともに、占領地域へはもちろんのこと、その隣接地においてでさえも住民が定住することに難色を示した。軍用地の開放は遅々として進まず、帰村が許可されたとはいえ、中南部や伊江島出身の多くの人々が収容所に滞留せざるを得なかった。

嘉手納飛行場とキャンプ桑江に囲まれた中部の北谷村（現北谷町）では、人々が村内に定住することは許可されず、村役所を隣の越来村《ごえく》（現沖縄市）に構えたほどだった。「私たちの土地は軍用地になってしまって、カミヅク（生活）もできない。私たちの畑のあたりは、イシグー（石粉）を入れてゴルフ場になってしまった」との証言に見られるように、戦前のような生活は成り立たなくなっていた。現在では米軍基地のない南部の玉城村（現南城市）でも、「帰ってみると上江洲《うえず》口の集落はブルドーザーでしきならされ、半永久的な建物が建設され、集落は一変してしまっていた」という状況があった。

普天間飛行場が建設された宜野湾村《ぎのわん》（現宜野湾市）では、普天間基地を取り囲むように、戦後一貫して「ドーナツ型」の街が形成されていった。米軍は、宜野湾村民を収容所に押し込んでいる間、住民不在のうちに村の中心部に普天間飛行場を建設したのである。ただし、戦後間もない頃の普天間飛行場にはフェンスがなく、空軍の補助飛行場としてなかば遊休化していた。しかし、米軍は飛行場に周辺住民が立ち入ることを許さず、飛行場に立ち入る人々に対し、監視や取り締まりといった方針を宜野湾村に通達した。普天間飛行場の周辺住民は、飛行場の周辺に住まわざるを得なかったのである。

沖縄戦を起点として、今日まで郷里に帰ることができない人々が存在する。沖縄戦を体験した宜野湾市のある男性は、実家が普天間飛行場に接収されているのを見たとき、「戦争はやってはいけない」と感じたという。沖縄戦を生き残った人々にとって、収容所の経験とは、あまりにも過酷な再出発であった。しかし、「戦争はやってはいけない」と語ったこの男性のように、平和への意識が個々のなかに芽吹いたことを忘れてはならない。

（清水史彦）

〔参考文献〕七尾和晃『沖縄戦と民間人収容所　失われる記憶のルポルタージュ』（原書房、二〇一〇年）、鳥山淳『沖縄／基地社会の起源と相克　一九四五―一九五六』（勁草書房、二〇一三年）、林博史『暴力と差別としての米軍基地　沖縄と植民地―基地形成史の共通性』（かもがわ出版、二〇一四年）、『名護市史　本編　三―名護・やんばるの沖縄戦―』（名護市役所、二〇一六年）

27 家族にとっての沖縄戦

【もっと知りたい沖縄戦】
●人物　謝花良雄、牧志宗栄、伊礼ハル、大城豊・千代、神谷ハル、大城鶴子

沖縄戦において、日本軍は家族にとっての父親や息子、娘を根こそぎ動員し、家には母親、子ども、老人、病人が残された。家族は離散し、戦後、全員が無事に戻った家は少なかった。生き残った人々は、家族の消息を探し歩いたが、南部の戦場では遺骨をみつけることも難しかった。

父親の体験　家族の長である父親のほとんどが、沖縄戦の前に、補充兵や防衛隊として召集された。防衛隊員の多くは軍事訓練を受けたこともなく、ろくな装備も与えられず、軍人としての意識は薄かった。弾薬や食糧運搬、水汲み、伝令など労働力として酷使されたうえ、米軍戦車への挺身《ていしん》攻撃や夜間斬り込みを命じられ、防衛隊員の六割が戦死している。そのいっぽうで、妻子のことが心配で戦線を離脱した者が少なくなかった。

伊江島に防衛召集された謝花良雄さん（当時三〇歳、本部《もとぶ》町）は、竹槍や急造爆雷を作って、米軍のテントに斬り込みに行ったが、米兵に竹槍をつかまれて突けなかった。米軍に機関銃や手榴弾で攻撃され、大勢の死傷者が出た。翌日の夕方、隊長に集められ、「もう防衛隊は武器もないし、もう戦闘はできないので解散する」と自由行動を命じられた。

息子や娘の体験　男子は、一四歳以上の一部は男子学徒隊や義勇隊、護郷《ごきょう》隊、一七歳以上は防衛隊、一九歳以上は徴兵検査をへて軍人に召集された。女子は、一五歳以上は、義勇隊や女子学徒隊、救護班、炊事班などに動員された。

義勇隊の動員は、家族と壕に避難している住民に対しても容赦なく行われた。区長や役場職員、兵隊が壕をまわって、男女問わず、働ける者をかき集めたのである。牧志宗栄さん（当時一五歳、北谷町）は米軍が上陸した四月一日の夜、山内（沖縄市）の壕で「若い人は皆出なさい」と言われ、姉や女子青年と一緒に動員された。部隊と移動しながら、弾薬や薬品、

食糧の運搬、負傷兵の担架移送などを行ったが、六月十八日に摩文仁《まぶに》で収容されるまでに一〇人中七人が死亡した。

母親の体験　女性には、将来兵力となる男子を産むことが求められていた。乳幼児の死亡率が高かったこともあって、一世帯当たりの子どもの数は多かった。妊娠中に沖縄戦が始まり、壕や墓の中で出産した母親もいたが、母乳が出ずに乳児が死亡することもあった。子どもを連れて戦場を逃げまどい、命を落とした母親も少なくない。隠れていた壕で、子どもの泣き声に対する日本兵の脅迫、あるいは他の住民の非難の目に耐えられず、子どもを殺害して半狂乱となり、壕を出て行った母親もいた。

召集された夫の実家にいた伊礼ハルさん（一九二四年生、佐敷《さしき》町出身）は、宇江城《うえぐすく》（糸満市）の壕で、四月五日に長男を出産した。壕にいた他の子どもが泣き出し、兵隊が「外に出して殺しなさい」と怒り出したこともあった。しばらくして、兵隊に「壕は軍が使用する」と追い出され、自分たちで掘った小さな壕まで取り上げられた。義父が抗議すると、日本刀に手をかけて「首を斬るぞ」と脅された。避難中、夫の祖母と長男が弾に当たって亡くなった。長男はまだ生まれて二ヵ月だった。小渡《おど》（糸満市）の海岸に追い詰められ、義父は捕虜になったら戦地の息子たちに顔向けできないので、「手榴弾で自決をしよう」と言った。しかし義母が「自分たちは死んでもいいけど、子どもがかわいそう。生きられる間は生きよう」と泣いてすがって、思いとどまらせた。米兵の投降呼びかけに、近くにいた日本兵は「米兵に殺されるよりは僕たちに殺される方がいいよ」と言っていた。出て行くのも怖いし、残るのも怖いと思った。捕虜になる覚悟を決めた義父は、先頭になって、白い布をくくりつけたサトウキビ一本を持ち、家族で出た。夫とは、大川《おおかわ》（名護市）の収容所で再会した。

子どもの体験　子どもたちは母親や兄姉、祖父母に連れられて壕へと避難した。壕に入ってきた日本兵は、泣き声が聞こえれば米軍に攻撃されるという理由で、子どもを殺害したり、親に殺させたりした。家族や親戚と隠れていた場所に爆弾が落とされ、子どもだけが助かることもあった。あるいは、まだ学校に通ってない小さな子どもの行動がきっかけとなり、家族が壕を出て助かった例もある。

南風原《はえばる》町出身の大城豊《とよ》さん、千代さん（当時一三歳と一一歳）姉妹は、母親と妹四人、母方の実家など総勢一六人で、安全な場所を求めて糸満まで逃げた。最初に妹の富子や親戚の三人が直撃弾で死亡した。波平《なみひら》では、隠れていた民家に弾が落ち、妹の文子が死亡、母親と祖母が重傷を負い、千代さんと

●—犠牲となったおばあさん。5月，那覇市（沖縄県公文書館所蔵）

妹の吉子がケガをした。長女の豊さんは一人だけでも生き残って家を守るようにと祖母に言われて、その場を離れた。叔母たちと出会い、ある日、「早く出てきなさい、アメリカーは殺さないよ」という避難民の言葉で壕を出た。残った千代さんは、雨や炎から守るために、動けない母親を何時間もかけてひきずって移動させた。祖母はその場所で、乳飲み子だった妹の秀子は収容所で息を引き取った。防衛隊員の父親もすでに戦死しており、八人だった家族は、足が不自由となった母親と姉妹の三人になった。

老人の体験　歩いて避難できない老人は、家族や親戚の迷惑になると考え、死ぬなら自分の村で死にたいと言って、自宅や近くの避難壕に残ることを選んだ。運良く米軍に収容された例もあるが、多くは被弾や餓えによって死亡したとみられる。日本兵に壕を追い出された後、神谷ハルさん（一九一八年生、糸満市）の姑は自分は年だからとその場に残った。ハルさんが収容所から戻り、姑と別れた場所に行くと、艦砲で吹き飛ばされたのか、木の枝に姑の着物の布がぶら下がっていた。

老人が人々の命を救った例も少なくない。老人も「鬼畜米英」、つまり米軍に捕まれば残酷に殺されるという宣伝を信じていたが、皇民化教育を受ける前の世代であり、捕虜になるのは恥だという意識は薄かった。そのため、日本軍が不在の場合、自分は年寄りだから死んでもかまわない、と先頭になって壕を出た老人、このままではみんな死ぬしかないので降参しようと説得した老人もいた。大城鶴子さん（当時二〇歳、佐敷町）は、六四、五歳だった父親がいつも「軍隊のいない所には弾はこない。だから軍隊のいる所には行くな」と言っていたため、地元の壕に残って助かった。

また、移民帰りの老人が「米兵は殺さないから」と壕にいた人々と投降した例もある。

家族探しと遺骨収集　生き残った人々が最も知りたかったのは、家族の安否だった。収容所間は自由に移動できないため、避難民を乗せた米軍のトラックが到着するたびに、人々は家族を探しに集まった。知り合いを見つけると家族の消息を尋ね、軍作業で他の収容所に行く人に手紙を託して情報を集めた。他の収容所に家族がいるらしいと聞くと、米軍に射殺される危険をおかしても脱走して探しにいった。しかし、家族と生きて再会できるとは限らず、家族の死亡を知らされることも多かった。十一月以降、各収容所から元の集落への移動が開始された。南部の至る所に遺体や遺骨が散乱していたため、帰郷した人々は、食糧生産や住む家の再建のかたわら、遺骨をひとところに集めたり、慰霊塔をつくって納骨したりした。人々が、多くの遺骨の中から自分の家族の遺骨を特定するのは困難だった。また何年経っても行方不明の状態で、遺骨もみつからないまま、死亡と判断せざるをえない場合もあった。

引き揚げの急増と家族の再編　一九四六年秋から、県外疎開、徴兵・徴用、出稼ぎや移民のために沖縄を離れていた人々が続々と引き揚げてきた。親元に帰る日を待ち望んでいた疎開学童、南洋や満洲で戦火に巻き込まれた移民、アジア太平洋戦争の前線に送られた兵士など、それぞれの場所で戦争を生きのびた人々だった。彼らは「沖縄は玉砕した」と聞いて衝撃を受け、家族や親戚の無事を祈りながら、ようやく帰郷した。しかし沖縄戦では沖縄県民の四人に一人が死亡したと言われており、中には人口の四割以上が死亡した地域もあった。そのため沖縄に残っていた家族が全滅していることもあった。

徴兵されていた男性が帰郷したことによる結婚が増えたいっぽう、妻を失った男性の再婚、夫を亡くした妻の再婚など、戦中の家族が解体し、再編されていった。その狭間で、家族関係は複雑なものとなり、戦時中に起こった悲惨なできごとや心身に深い傷を負ったことなども加わって、家族関係に暗い影を落とした。特に、戦争孤児や戦争未亡人とその子どもたちは、精神的にも経済的にも、大きな困難を抱えて戦後を生きねばならなかった。

（古賀徳子）

〔参考文献〕『町民の戦時体験記』（本部町教育委員会、一九九六年）、『上勢頭誌中巻通史編(Ⅱ)』（一九九三年）、『糸満市史資料編7　戦時資料　下巻　戦災記録・体験談』（一九九八年）、南風原町教育委員会『南風原町沖縄戦戦災調査9　照屋が語る沖縄戦』（一九九四年）、『佐敷町誌4戦争』（一九九九年）

28 防衛隊

沖縄の日本軍の中には防衛隊と呼ばれる兵士たちがいた。かれらは沖縄で召集された地元の人たちであり、当初は主に労働力としての動員だったが、米軍上陸後は戦闘員としてまともな武器もないままに戦闘に駆り出された。

防衛召集とは　戦前の日本では徴兵制が敷かれていたので、二〇歳のときの徴兵検査を受けて、そのなかから一部が実際に兵士として入隊した（四四年からは一九歳も）。一度兵士になって辞めた者は予備役として必要な時にはいつでも兵士として召集された。しかし太平洋戦争に入ると、空襲の際の治安維持や離島の警備のために現地の人々を召集する防衛召集という召集の仕方が作られた。陸軍は一九四二年に陸軍防衛召集規則を、海軍は一九四四年に海軍防衛召集規則を定めている。陸軍についていえば、その後、一九四四年十月の改正で、一七歳から四五歳までの防衛召集が可能となった。さらに同年十二月には、戸主や親権者などの承諾の上、一四歳以上一七歳未満の者が本人の志願によって手続きをすれば防衛召集の対象者にできるようになった。

防衛召集された人々は、地元の各部隊に入れられる。彼らも軍人であるが、通常の召集された兵士とは違って、まとまって配属されることが多かったので防衛隊と呼ばれるようになった。しかし防衛隊という部隊があるわけではない。沖縄で防衛召集された兵士たちは、陣地構築や飛行場建設といった土木作業や、物資運搬など軍作業の労務に従事させられる場合が多く、装備に関しても、軍服が与えられない者もいたし、小銃も一部にしか与えられていなかった。米軍上陸が迫ってきた四五年三月に沖縄では大規模な防衛召集が行われたが、この時点からは足りない兵力を補う戦闘要員として使われるようになった。

戦後、琉球政府社会局援護課の調査によると沖縄で防衛召

【もっと知りたい沖縄戦】
●人物　米須清光、米須清輿、幸地克仁、島袋弘、幸地克仁

集された人は計二万二二二二名とされている。しかし、この調査では抜け落ちている者が多く、実際にはその人数をかなり上回ると思われる。

防衛召集の対象は、法令上は一七歳から四五歳までの男子となっているが、実際には日本軍に要求された人数をそろえるために、四五歳を超える者や病人などを召集したケースもあった。また男子学徒の鉄血勤皇隊や遊撃隊については、法令上の手続きをとることなく、一四歳以上一七歳未満の者を防衛召集した。

一九歳と二〇歳代、三〇歳代の多くはすでに兵士として召集されていたので、こうして防衛召集されたものは、一九歳未満一四歳以上の青少年たちや、三〇～四〇歳代の者、あるいは病弱だった者だった。

沖縄戦下における防衛召集　沖縄戦が開始されると、防衛召集された人々は、弾薬や食糧などの物資の運搬、炊事や水汲み、負傷兵の運搬や死体の処理、さらに、地雷の敷設や伝令など、さまざまな任務が与えられた。一九四五年五月頃、具志頭《ぐしちゃん》村（現八重瀬《やえせ》町）安里の山中で日本兵と共に壕にいた米須清光さんによれば、「夜になると毎晩のように」、「日本軍の兵隊は壕から一歩も出ず、防衛隊員のみが水汲み、食糧捜し等にこき使われた」と証言している。米須さんの証言に示されるように、こうした任務は後方での活動が多いが、壕から出て外を動き回らなければならず、米軍による砲爆撃によって犠牲になることが多かった。

さらに、防衛召集された者は地元出身者だったので、「敵が上陸すれば地の利に明るい防衛隊が前線に立つべきだ」と言われた者もあり、日本軍による夜間斬り込みの道案内など危険な任務をさせられた者もいた。戦況が悪化する中で、「アメリカ軍が上陸してきそうな所に穴を掘り」、「火薬を担いで」、「穴に隠れ、戦車が来るとそれに突っ込」むといったような戦車に飛び込んで自爆する特攻作戦や、夜間における敵陣への斬り込みに駆り出される場合もあった。

米軍との激しい戦闘が展開される四五年四月以降も、沖縄本島南部では防衛召集が行われている。例えば、東風平《こちんだ》村（現八重瀬町）では、四月十日頃、輜重《しちょう》兵第二十四連隊の大尉が村長に対し、村内に在住する「十五才以上十七才未満及四十五才以上五十五才までの者」について調査して名簿を作成するよう「要請」した。この「要請」を受け、村長は区長や実行組合長に指示して、首里や中頭地区出身者を含む、五〇〇～六〇〇名の名簿を作成した。そしてその連隊の曹長が、兵事主任の案内により各壕を訪れ、名簿にもとづいて約二〇〇名を選んで防衛召集を行った。この年齢の条件は明らかに法令の範囲外の人たちを軍人として防衛召集しようとするものので違法である。

生き残った防衛召集者　防衛召集された者はおよそ半数が沖縄戦の中で戦死している。大変な死亡率であるが、そのいっぽうで、部隊から脱走して家族の元に帰った者、米軍に捕

●—米軍に捕らえられた防衛隊員（沖縄県公文書館所蔵）

まって捕虜になった者など、必死に生き残ろうとして、その結果助かった者も少なくない。ここで、中城《なかぐすく》村出身の米須清與さんと西原村（現西原町）出身の幸地克仁さんの体験を紹介しよう。

米須さんは、中国戦線で中隊長としての経験があり、沖縄戦時は第五〇四特設警備工兵隊において、二一六名の部下がいる中隊長を務めていた。この部隊は主に建設作業を任務としていた部隊で防衛召集された者で編成されていた。米軍機による空爆が次第に激しくなる中で、「騎兵銃が三人に一挺と弾薬が十五発」、各人に手榴弾一個しか与えられず、「私ども防衛隊は土方《どかた》同然に何の誇りもなく酷使された」という。しかも米軍の上陸を控え「教育訓練の時間」も「陣地」もないという状況で「これで郷土を守れ」というには無理があり、「部下に犬死にを強いる気持ちになれなかった」と語っている。

さらに、「部下たちは家に帰れば一家の主であり、大黒柱であって、妻子のあるものばかり」で、こうした人々が戦争で亡くなれば、残された「妻子は一体どうなるだろう」と「気の毒に感じた」という。そして、米須さんは日米両軍の「戦力に大きな差異」があることに気づき、「この戦争の本質を疑いはじめ」、「軍部の責任ある指導者の無策、無謀ぶりに大きな怒りを感じた」という。米須さんの部下だった島袋弘さ

んによると、米軍は上陸したが味方には武器がなく戦えないので、「国頭《くにがみ》に向けて後退するように」言われ、部隊のみんなと一緒に逃げた。さらに、部隊全員分の「食糧はない」ので、「服を民間の着物に着替え、各自家族を探」すように言われ、「部隊は解散になった」という。

また、一九四五年三月、西原村で召集された幸地克仁さんによると、「きみらは、琉球人のくせに遅いじゃないか。きみらがだらだらしたために戦争に負けたらどうするんだ」と「怒鳴」り、初年兵をベルトや革靴で殴る本土出身の兵長の「顔に鉄棒を投げつけ、腹を蹴り」気絶させた。銃弾が飛び交い、「いつ死ぬかわからない情況」の中で、「琉球人、琉球人と馬鹿に」された幸地さんは、「どうせ死ぬのなら同じ人間に扱《しご》かれて死ぬよりは、こっちから打って殺した方がいいと思った」という。

米須さんや幸地さんの証言記録から考えてみると、日本軍による沖縄県民への差別的な意識や扱いに強い反発を感じていたこと、防衛召集された者は年齢からいっても家族を持っており、自分自身がお国のために死ぬわけにはいかなかったこと、戦争指導者への反発も含めて戦争そのものへの疑問を生じさせる状況があったこと、なども指摘できる。またそれまで兵士として召集されたこともなく軍事訓練も受けていないため、軍国主義意識に染まっていなかったこともあるだろう。

米須さんのケースのように部隊ごと解散して逃げた例は少ないが、防衛召集されたものが集団あるいは個人で、日本軍とともに死ぬことを拒否して生き延びたケースは少なくない。もちろん生き延びようとしてもそうできなかった人々も多かったと思われる。

防衛隊のケースは、通常では兵士に取られないような人々まで日本軍が兵士として召集し、犠牲を強いたという事例である。と同時に、兵士住民を問わずその命を軽んじる日本軍に盲従せずに生きることを選び、生きようとした人々の貴重な体験が詰まっている事例でもある。

（佐治暁人）

〔参考文献〕宜野湾市がじゅまる会『戦禍と飢え―宜野湾市民が綴る戦争体験』（一九七九年）、宜野湾市史編集委員会『宜野湾市史 第三巻 資料編二』（一九八二年）、西原町史編纂委員会『西原町史 第三巻 資料編二』（一九八七年）、北谷町町史編集室『戦時体験記録 北谷町』（一九九五年）、林博史『沖縄戦と民衆』（大月書店、二〇〇一年）

29　日本軍兵士

【もっと知りたい沖縄戦】

●場所　旧海軍司令部壕（豊見城市）、沖縄戦跡国定公園（糸満市）、第三十二軍司令部壕（那覇市）、沖縄陸軍病院南風原壕（南風原町）

●人物　東条英機

沖縄戦を戦った日本軍部隊の記録には、部隊の最期《さいご》について「玉砕《ぎょくさい》」や「全員最後ノ斬込《きりこみ》ヲ敢行セリ」といった言葉で綴ったものがある。日本軍には「降伏して生き残る」という選択肢は無かったのだろうか？

死を強制する「戦陣訓」の思想　一九四一年に東条英機陸軍大臣によって示達された戦陣訓の中に「生きて虜囚《りょしゅう》の辱《はずかし》めを受けず」の一文があり、この言葉が日本軍兵士らが守るべき行動規範となった。つまり生きて捕虜になることは恥であり、捕虜になることなく死ぬことを事実上強いるものだった。

第二次世界大戦に参加した多くの国の中でも、そうした思想を兵士に強制したのは日本軍ぐらいであった。そのために兵士たちは戦況が絶望的になっても降伏という選択肢は無く、死ぬまで戦い続けるしかなかった。冒頭で触れた「斬り込み」とは、銃や手榴弾、爆薬などをもって敵に向かって突撃することをいうが、米軍の前にいっぽう的に倒されることがほとんどであり、死ぬための「斬り込み」と言えた。日本軍には当然沖縄出身兵もいたが、米軍上陸直前に急遽召集された者も多かった。十分な訓練を受けることなく戦場に投入された彼らも、「君達の島を守るんだから君達が進んで斬り込みに行かんとどうする」と容赦なく斬り込みに駆り出された。

野戦病院に収容された重傷者も同じ末路をたどった。陸軍のマニュアルである「作戦要務令第三部」では「死傷者は万《ばん》難《なん》を排し敵手に委《い》せざる如く勉むるを要す」と定められていた。つまり傷病兵であっても敵に渡すなということである。これが野戦病院の撤退時、重傷者を青酸カリなどを用いて殺害することになった。こうしたことは日本軍全体の命令だったのである。

また、太平洋の島々では餓死や病死した兵士が続出したが、沖縄も例外ではなかった。前線への武器や弾薬、食糧などの

●—捕虜となった日本兵（沖縄県公文書館所蔵）

物資や兵士の輸送といった兵站《へいたん》機能を日本軍は著しく欠いていた。第三十二軍も本土からの補給に頼れず、兵士の食糧も「現地調達」として沖縄戦が始まる前から住民からの供出に頼っていた。物量に極めて劣り、しかも個々の生命を軽視する日本軍の中にあって、兵士によって住民から食糧を奪ったり壕を追い出したりすることが横行したことは多くの住民が証言している。

日本軍の崩壊と「生きる」兵士たち　米軍は公式戦史『最後の戦い』の中で、「日本陸軍は逆境と落日にもかかわらず、驚くべき意思でもって規律と組織を維持していた。しかしながら、崩壊の過程が始まったとき、それは流行病のように広まった。」と表している。

六月下旬、沖縄本島南部でも戦闘が落ち着いていくのに伴って、隠れていた住民たちが次々と米軍に収容されていった。そこには兵士たちの姿も少なからずあった。とはいえ、米軍に投降しようとした兵士が、敵への投降を許さない日本軍によって殺されるケースは少なくない。

それだけでなく日本軍は住民が米軍に保護されることさえ許さなかった。ある女性は、道を歩いて行く母子らしい二人に対し、日本兵が「撃て、米軍の捕虜にさせるな」と狙撃したのを目撃している。いっぽうである男性は、一緒に隠れていた兵隊から「一般民には何もせんはずだから」と投降を勧められたケースもある。男性は一緒にいた人たちと相談し、ハンカチを振って米軍に投降した。沖縄戦の最終盤になって日本軍という組織が崩れてその統制が利かなくなっていく中で、兵士の中には人間的な良心に基づいて住民に対して生きるように言う者も出てきた。沖縄戦では約九万四千人の兵士が戦死したいっぽう、約一万人が捕虜になっている。

日本軍は兵士であろうと民間人であろうと一人一人の命を軽んじる組織だった。そのことが沖縄戦での多くの犠牲を生み出した根本的な要因だったといえる。

（伊佐　真一朗）

〔参考文献〕吉田裕『日本軍兵士　アジア・太平洋戦争の現実』（中央公論新社、二〇一七年）、林博史『沖縄戦と民衆』（大月書店、二〇〇一年）

30　男子学徒隊

【もっと知りたい沖縄戦】

●場所　一中学徒隊資料展示室、一中健児の塔、二中健児の塔（那覇市）、沖縄師範健児の塔、沖縄工業健児の塔、全学徒隊の碑（糸満市）

沖縄戦では、徴兵年齢に満たない一四歳から一九歳の男子学徒が、兵士として日本軍に動員された。鉄血勤皇隊、あるいは学徒通信隊と呼ばれる彼らは、戦場でさまざまな任務を負わされ、全動員数の約半数が戦死した。

軍国主義教育の徹底　当時、中等教育の学校としては沖縄本島内に、沖縄師範学校男子部、県立第一中学校、県立第二中学校、県立第三中学校、県立工業学校、県立水産学校、県立農林学校、那覇市立商工学校、開南中学校の九校があり、離島には、県立宮古中学校、県立八重山中学校、県立八重山農学校の三校があった。当時は義務教育の国民学校（現在の小学校）を卒業すると仕事に就く者がほとんどで、旧制中学校や師範学校などの上級学校に進学する者は限られていた。

当時の学校教育は、天皇、国家のために尽くすことが日本国民としての務めだという、皇民化教育が徹底して行われていた。沖縄では、他の都道府県よりも先に、天皇、皇后の写真である御真影《ごしんえい》が下賜され、保管する奉安殿《ほうあんでん》も各学校に作られ、教育勅語も奉安殿の中に置かれた。学校行事や全校集会などさまざまな場面で教育勅語が読まれ、生徒たちは暗唱できるよう教育された。戦時には天皇、国家のために命を捧げることが求められた。各学校には軍隊から配属将校が派遣され、授業の中に軍事教練も組み込まれ、軍国主義教育も徹底されていた。こうした教育により、国を守るため、天皇に尽くすために立派な兵士となることが理想だという認識が植え付けられていった。

動員の開始　一九四四年三月、第三十二軍が創設され沖縄に配備された。各学校は兵舎として使われ、学徒らは陣地構築や飛行場建設などの軍作業に駆り出された。兵力を補うために第三十二軍は、男子学徒を召集できるよう沖縄県の協力も求めた。同年十二月、第三十二軍と沖縄県庁との間で、米

●—男子学徒隊一覧表

	学校所在地	学徒隊	配属場所	動員数（教師含め）	戦死者数
沖縄師範学校男子部	那覇市首里	鉄血勤皇隊	首里→摩文仁	410名	235名
県立第一中学校	那覇市首里	鉄血勤皇隊・通信隊	鉄・首里→南部 通・首里→摩文仁	285名	約200名
県立第二中学校	那覇	鉄血勤皇隊・通信隊	鉄・北部（金武→本部） 通・浦添→南部	141名	115名
県立第三中学校	名護	鉄血勤皇隊・通信隊	鉄・北部（本部，名護） 通・北部（本部，名護）	363名	42名
県立工業学校	首里	鉄血勤皇隊・通信隊	鉄・八重瀬 通・首里，浦添→摩文仁	104名	95名
県立水産学校	那覇	鉄血勤皇隊・通信隊	鉄・北部（恩納→久志） 通・首里→摩文仁	50名	32名
県立農林学校	嘉手納	鉄血勤皇隊	嘉手納→本部，東村	140名	24名
那覇市立商工学校	那覇	鉄血勤皇隊・通信隊	鉄・首里→糸満 通・首里，浦添→南部	不明	114名
私立開南中学校	那覇	鉄血勤皇隊・通信隊	鉄・浦添，宜野湾 通・首里→南部	不明	不明
県立宮古中学校	宮古島	鉄血勤皇隊	宮古島島内	不明	0
県立八重山中学校	石垣島	鉄血勤皇隊	学校付近・於茂登岳	不明	0
県立八重山農学校	石垣島	鉄血勤皇隊	学校付近・於茂登岳	不明	0

＊『沖縄県史 各論編 沖縄戦』掲載の一覧表を参考に筆者調査を加えて作成

軍上陸の際には、上級生は戦闘要員として、下級生は通信要員として軍に動員すること、そのため下級生に対し通信教育を受けさせることが決定された。こうして軍と県は学徒たちを軍人として召集する準備を進めていった。

一九四五年三月下旬、軍は各学校に対し動員命令を下した。主に一六歳から一九歳の上級生は鉄血勤皇隊として、一四、一五歳の下級生は学徒通信隊として軍へ動員された。空襲の最中での動員のため、学校へ行けない生徒や連絡がつかなかった生徒の中には、地元の部隊に動員、あるいは志願する者もいた。鉄血勤皇隊、通信隊として動員された学徒らは、二等兵の襟章を付けた軍服、軍靴を支給された。軍隊のなかでも一番下の階級の二等兵となった学徒らには装備も乏しく、各学徒隊で多少異なるが武器や弾薬などは全員には行き渡らない場合が多かった。

沖縄本島中南部の部隊に動員されたのは、師範鉄血勤皇隊、一中鉄血勤皇隊・通信隊、二中通信隊、工業鉄血勤皇隊・通信隊、水産通信隊、商工鉄血勤皇隊・通信隊、開南鉄血勤皇隊・通信隊である。主な任務は伝令、歩哨《ほしょう》、食糧物資運搬、水汲み、陣地構築、電線の保線作業などの後方支援であったが、戦闘に出された学徒もいた。五月下旬、軍の南部撤退により、学徒らの配属部隊も南部へ撤退した。戦闘が終盤になるにつれ、斬り込み攻撃など戦闘に出された学徒も多かったようである。六月下旬、各鉄血勤皇隊・通信隊には解散命令が言い渡された。北部の日本軍と合流すればまだ戦えるという情報もあり、北部を目指した学徒もいれば、南部をさまよう者、斬り込み攻撃に出される者、捕虜となる者など、解散命令後の行動はさまざまである。

沖縄本島北部の部隊に動員されたのは、二中鉄血勤皇隊、三中鉄血勤皇隊・通信隊、水産鉄血勤皇隊、農林鉄血勤皇隊である。伝令や食糧物資運搬、水汲みなどの任務の他に、戦闘や遊撃戦に参加させられた学徒もいる。四月下旬になると、各学徒隊は解散もしくは離散状態となった。水産鉄血勤皇隊だけは、七月十六日に解散命令が出ている。

宮古島の宮古中鉄血勤皇隊、石垣島の八重山中鉄血勤皇隊、八重山農鉄血勤皇隊は、八月頃まで軍と共に行動、その間、壕掘りや対空監視、通信訓練、対戦車肉迫攻撃の訓練などをしていたが、八月中旬以降自宅に帰されている。宮古、石垣での男子学徒の正確な動員数、戦死者数は未だ不明である。

戦場の実態と死者　ここでは南部と中北部に配属された一校ずつの実態を紹介したい。那覇市首里にあった県立第一中学校では、一九四四年十一月頃から二年生を対象に通信訓練が校内で行われ、学徒らは飛行場建設や陣地構築にも駆り出され、授業はほぼなくなっていた。一九四五年三月二十四日、動員命令が下り、配属将校と学徒数名で作成した召集令状を、学徒らで自宅待機中の一中生に配布した。三月二十八日、寮に集まった三年生から五年生約二二〇名が鉄血勤皇隊として動員され、首里の南側の繁多川《はんた》に集まった二年生一一五名は通信隊として動員された。鉄血勤皇隊、通信隊ともに後方支援の任務にあたった。動員後、鉄血勤皇隊の学徒らは壕内で遺書を書かされ、同時に遺髪も集められた。

四月十二日、寮が爆撃を受け学徒三名が戦死、一中鉄血勤皇隊としては初めての戦死者が出た。四月十八日には校舎が爆撃を受け、保管していた食糧などが焼失したため食糧確保が難しくなり、その後合計三〇名程が除隊されている。

繁多川にいた通信隊の部隊では四月二十九日、食糧運搬中に砲弾が落ち、四名の学徒が戦死した。通信隊の学徒らは、中隊から各小隊に分隊派遣されている場合が多く、行動や任務などが不明の学徒も多い。五月十四日、鉄血勤皇隊員は六つの部隊に分散配属されることになり、五月下旬には鉄血勤皇隊、通信隊各部隊は南部へ撤退した。

鉄血勤皇隊の各部隊は南部でも主に後方支援にあたったが、犠牲者が多く詳細が不明の部隊もある。六月下旬にはいくつかの部隊で解散命令が出され、その後の行動は学徒により異なっているが、部隊命令で斬り込み攻撃に出された学徒もいる。通信隊では六月下旬に部隊ごとに解散命令が言い渡され、学徒らはグループを組み行動している。一中鉄血勤皇隊では約二二〇名中約一五〇名が戦死、とされているが、正確な人数は未だ不明である。一中通信隊では、一一五名中六五名が戦死している。

嘉手納《かでな》にあった沖縄県立農林学校は一九四四年夏頃から、飛行場建設や大砲陣地作りなど、週の大半を軍作業に駆り出された。翌年三月中旬、学徒らは動員に必要な親の承諾を受けるため一時帰宅を許された。上陸前空襲が始まり、多くの学徒は学校に戻って来たが、空襲のため戻ることができない学徒もおり、そのまま家族と避難したり、最寄りの部隊に志願あるいは動員された学徒もいた。三月二十六日、動員命令が下り、一七〇名の学徒が鉄血勤皇隊として動員された。軍服、軍靴は支給されたが、武器は渡されなかった。動員後すぐ、物資運搬中に学徒一四名が戦死した。彼らの動員場所である嘉手納は米軍上陸地点のため激しい砲爆撃が続き、三月二十八日にも学徒三名が戦死した。

四月一日、米軍が沖縄本島に上陸し、敵陣に突撃する肉迫攻撃隊が配属将校と二〇名の学徒で編成された。同日、中飛行場（嘉手納）に向かったが、米軍はすでに移動した後だったため、本部《もとぶ》半島の伊豆味《いずみ》に向かった。同じ頃、農林鉄血勤皇隊本隊一五〇名は四月四日に金武に到着したが、食糧確保が困難であったため引率教員らが解散を決定した。解散命令後、家族の元に帰った学徒もいれば、近くの部隊に志願あるいは動員された学徒もいた。肉迫攻撃隊として編成された鉄血勤皇隊は伊豆味に向かった後、四月七日に本部町の真部山《まぶやま》の各部隊に配属された。真部山付近での戦闘が続いていたが、米軍の激しい攻撃のもと、四月二十三日には名護市の多野岳《たの》へ撤退した。多野岳での戦闘で五名の学徒が戦死、さらに北部へと撤退し、四月二十七日、東村福地《ひがしふくち》に到着した。翌日、米軍との激しい銃撃戦の末、九名の学徒と配属将校が戦死した。隊長である配属将校が戦死したため、農林鉄血勤皇隊は解散となった。解散後、近くの部隊に合流した者や、山中をさまよう者、米軍に収容される者など、行動はさまざまである。

（大田　光）

〔参考文献〕『沖縄戦の全学徒隊』（ひめゆり平和祈念資料館、二〇〇八年）、兼城一『沖縄一中鉄血勤皇隊の記録　上・下』（高文研、二〇〇〇年、二〇〇五年）、大田昌秀『人生の蕾のまま戦場に散った学徒兵　沖縄鉄血勤皇隊』（高文研、二〇一七年）

コラム⑭

男子学徒隊員の証言
——山田義邦さん（県立第一中学校五年生・当時一七歳）

一九二七年那覇市泊《とまり》に生まれた山田さんは、四五年三月二十八日、鉄血勤皇隊に動員された。五月十四日、第五砲兵司令部へ配属され、五月下旬、首里から摩文仁へ撤退した。六月十八日、同級生の宮城辰夫が怪我をし、勤皇隊本部まで連れて行くよう上官から命令された。壕を出たが、米軍の戦車が見えたので摩文仁まで引き返した。壕付近で、母の所へ連れて行ってと頼まれたが、山田さんに投降の意思はなかったため、返事ができず困っていた。すると次は「手榴弾をくれ」と言われた。

「地面にへばりついて座る辰夫に自分の手榴弾を手渡した。あの時辰夫、俺のことじっと見てた。今でも、辰夫許してくれ、と思っている。」

部隊に戻った数日後、斬り込み攻撃に出された。同級生の新川浩造は目を怪我をしていたので壕内に置き去りにされた。手榴弾を配られ、丘に上がると米軍が目の前にいて、火炎放射や機関銃で猛攻撃を受けた。

「辺りが炎に包まれるなか、目が見えないはずの浩造が壕入口まで来て私の名前を叫んでいた。最後に見た浩造の姿だった。」

山田さんは大怪我を負いながらも米軍に保護され、傷の手当てを受けた。米軍病院へ運ばれた後、ハワイの日本兵捕虜収容所に送られた。

戦後、関東の大学へ進学した時、構内の求人募集を見に行くと、用紙には〝第三国人（琉球人を含む）は固くお断りします〟と書かれていた。

「掲示板の前で立ち尽くした。辰夫も浩造も死んだ。住民も巻き込まれ、たくさんの県民が犠牲になったのに、なぜこんな事を言われるのか。悔しくてたまらなかった。この沖縄に対する差別は、表面的には見えにくいが今でも残っているように思えてならない。だから辺野古に基地をつくると言えるし、高江でもあんな事ができた。自分の戦争体験よりも、これからの世の中について、一番わかってもらいたい。時の施政者によって意図的に作られる世論があること、その恐ろしさ。このまま疑問を持たないでいいのか、と。」＊本人への聞き取り（大田　光）

31 女子学徒隊

【もっと知りたい沖縄戦】
●場所　ひめゆり平和祈念資料館・ひめゆりの塔、白梅の塔、全学徒隊の碑、ずゐせんの塔、梯梧の塔（糸満市）、積徳高等女学校慰霊の塔（那覇市）
●人物　島袋淑子、知念芳、仲地政子

沖縄戦では女学生も看護要員として軍隊に動員された。一五歳から一九歳の彼女らは、軍隊の病院のなかで負傷兵の看護などの任務を負わされ、動員の約三分の一が犠牲となった。

女学生の戦場動員　当時沖縄本島内には、沖縄師範学校女子部、県立第一高等女学校、県立第二高等女学校、県立第三高等女学校、県立首里高等女学校、私立沖縄積徳高等女学校、私立昭和高等女学校の七校があり、離島には県立宮古高等女学校、県立八重山高等女学校、県立八重山農学校（女子）の三校があった。

当時は義務教育の小学校が修了すると、畑仕事や弟妹の面倒など、家の手伝いのため進学できない子も多かった。入学試験もあるため学力も必要であり、授業料などの諸費用のため、経済的にも余裕がなければ進学は難しかったようである。当時の学校教育は、天皇のため、お国のために尽くすことが国民のつとめだという皇民化教育が徹底して行われていた。女学校も例外ではなく、女性でも国家のために尽くすこと、将来兵士となる男の子を産み育てることが求められた。

一九四四年三月、沖縄に第三十二軍が創設されると、女学生たちも陣地構築や飛行場建設などの軍作業に駆り出されていった。第三十二軍は、女学生も看護要員として軍に動員する計画を立て、沖縄県庁にも協力を求めた。十二月、軍と県庁の協議の結果、沖縄が戦場になった場合、女学生を看護要員として軍の病院に動員することが決定され、そのために看護教育を行うことも決められた。一九四五年の年明けより、各学校では看護教育が始められ、三月中旬には病院へ配属される学校もあった。三月二十三日の上陸前空襲により本格的に動員が始まり、学校ごとに各病院へと配属された。

看護要員として配属　沖縄本島中南部には、沖縄陸軍病院、第二十四師団野戦病院、第六十二師団野戦病院が設置された。

●—女子学徒隊一覧

	学校所在地	学徒隊（通称）	配属場所	動員数（教師含む）	戦死者数
沖縄師範学校女子部	那覇市安里	ひめゆり学徒隊	南風原，他→糸満	240名	136名
県立第一高等女学校					
県立第二高等女学校	那覇市松山	白梅学徒隊	東風平，八重瀬	46名	17名
県立第三高等女学校	名護市	なごらん学徒隊	本部町	10名	1名
県立首里高等女学校	那覇市首里	瑞泉学徒隊	南風原，他→糸満	61名	33名
私立沖縄積徳高等女学校	那覇市久茂地	積徳学徒隊	豊見城→糸満	25名	3名
私立昭和高等女学校	那覇市泊	梯梧学徒隊	南風原，識名→糸満	17名	9名
県立宮古高等女学校	宮古島市平良	宮古高女学徒隊	鏡原	48名	1名
県立八重山高等女学校	石垣市登野城	八重山高女学徒隊	開南，バンナ岳	約60名	1名
県立八重山農学校(女子)	石垣市大川	八重山農（女子）学徒隊		16名	0名

＊『沖縄県史 各論編 沖縄戦』掲載の一覧表から筆者作成

沖縄陸軍病院には、沖縄師範学校女子部、県立第一高等女学校が配属された。第二十四師団野戦病院には、県立第二高等女学校と、沖縄積徳高等女学校が、第六十二師団野戦病院には、県立首里高等女学校と、昭和高等女学校が配属された。五月下旬の軍の南部撤退により、彼女らが配属されていた各病院も南部へ撤退した。六月に入ると、米軍が迫ってきたことにより、病院は閉鎖、学徒隊は解散となった。解散後、学徒らはそれぞれの判断で行動せよ、との命令で壕から出された。いきなり戦場に放り出された彼女たちは、混乱のなか必死で戦場を逃げ惑った。

沖縄本島北部には、沖縄陸軍病院名護分院が設置され、県立第三高等女学校が配属された。北部の山岳地帯で看護活動を続けていたが、四月中旬頃に撤退した山奥で食糧が底をついたため、解散命令が出され、学徒らは家族の元へ帰ることになった。

宮古島には、第二十八師団第一、第四野戦病院、宮古島陸軍病院が設置され、県立宮古高等女学校が配属された。石垣島には、第二十八師団第三野戦病院と海軍病院が設置され、県立八重山高等女学校と県立八重山農学校（女子）が配属された。配属された病院により多少異なるが、三校とも九月頃まで勤務を続け、その後家族の元へ帰されている。

ひめゆり学徒隊　ひめゆり学徒隊とは、沖縄陸軍病院に動員された沖縄師範学校女子部と県立第一高等女学校の教職員、生徒らのことで、計二四〇名が動員された。一九四五年二月、南風原《はえばる》国民学校にあった沖縄陸軍病院に通う形で看護教育がすすめられた。三月二十三日には動員命令が下り、第一高等女学校の校長住宅の前に集められ、沖縄陸軍病院に動員された。空襲のため陸軍病院は国民学校から黄金森《くがにむい》に掘られた壕へと移動し、学徒らは外科、内科、伝染病科に分かれて配属された。四月中旬になると負傷兵が激増したため、外科は第一外科に、内科は第二外科に、伝染病科は第三外科に編成替えをし、一日橋分室、津嘉山《つかざん》経理部、識名《しきな》分室、糸数《いとかず》分室も増設された。負傷兵は増えるいっぽう、看護側は人手不足で、学徒らは昼夜を問わず看護活動に追われていた。壕内では包帯やガーゼの交換、蛆《うじ》取り、手術時の補助、食事や排せつの世話のほか、食糧を運ぶ飯上げや水汲み、死体埋葬や汚物処理など、壕外に出る危険な任務も担わされた。五月二十五日、軍の南部撤退により、軍病院も南部へと撤退した。その際、南風原陸軍病院壕では、重傷患者に毒薬を混ぜたミルクが配られており、学徒がその光景を目撃している。

南部では、六つの病院壕にわかれて入ったが、患者の収容スペースも医薬品も足りない状況で治療はほぼ出来ず、伝令や水汲み以外は壕内に留まる日々が続いた。六月十八日、沖縄陸軍病院より解散命令が出た。学徒らは戦場に放り出されることになり、それぞれでグループを組み壕から出て行った。

島袋淑子さんの証言によると、「解散と聞いた時には、自分の耳を疑いたくなるほど驚きました。目を負傷した知念芳さんは『皆どこへ行くの。ねぇお願い、行かないで』と言っていました。負傷した学友たちをそのまま放っては行けないし、かといって壕に残ることも許されないのです。私たちは結局、この友達を壕に残したまま、脱出したのです。私たちのその後の体験も地獄でしたが、敵前解散で壕に置き去りにされ、傷ついて動くことも出来ない学友たちはもっと残酷だったのです」。

伊原《いはら》第三外科壕では、六月十八日夜、解散命令が出され壕を出て行くことになったが、出る直前に爆弾が投げ込まれ、学徒隊の教職員、学徒四六名が犠牲となった。解散命令後、壕を出た学徒らは、どこが安全なのかも分からないまま戦場をさまよった。ひめゆり学徒隊では動員された二四〇名のうち、一三六名が戦死した。動員から解散命令までの犠牲者一九名に対し、解散命令後数日で一〇〇名余が戦死している。

白梅学徒隊　県立第二高等女学校では最上級生の四年生が学徒隊へ動員された。白梅学徒隊である。十・十空襲の後、学校は休校状態であったが、一九四五年二月、学校より四年生に、看護教育のため三月六日国場《こくば》駅に集合という指示が出た。当日国場駅に集まった五六名は東風平《こちんだ》国民学校へと向かい、そこで軍隊式の厳しい生活を送りながら看護教育を受けた。三月二十三日の上陸前空襲により看護教育は打ち切られた。体調不良などの理由で一〇名が除隊措置を受けたため、四六名が第二十四師団第一野戦病院へ配属された。

東風平（八重瀬町）にある第一野戦病院本部壕、手術場壕に分かれて配属されていたが負傷兵が増えたことで、新城《あらぐすく》分院（ヌヌマチガマ）、東風平分院も開設され、それぞれ五名の学徒が配属された。看護の他、飯上げや水汲み、食事や排せつの世話、治療後の汚物処理などの任務にあたった。手術場壕勤務の学徒は手術時の補助やローソク持ちもしていた。

六月三日、新城分院と東風平分院は閉鎖となり、配属されていた一〇名の学徒は本部壕へと戻った。新城分院では病院閉鎖時に、約五〇〇名の重傷患者が毒薬やピストルで虐殺されており、学徒らはその様子を目撃している。仲地政子さんの証言によると、「やがて、一人ずつ薬を飲ませ、飲めぬ者には注射を打ったのでした。『上野駅から九段まで…』小さかった声がだんだん高くなり、とうとういたたまれず外へ飛び出した私は声をあげて泣いてしまいました」。

翌四日、米軍が迫ってきたとの理由で第二十四師団野戦病院は閉鎖を決定し、学徒らには解散命令が言い渡された。学徒らは友達同士でグループを組み、戦場の中をさまよった。

解散命令後、国吉の病院壕（現糸満市）に病院関係者や負傷兵が集まり、看護活動が再開されるようになると、付近にいた学徒ら一六名も合流した。六月九日、壕入口付近で仮眠を取っていた学徒一名が直撃弾を受け戦死した。六月二十二日には馬乗り攻撃を受け、学徒九名が戦死した。白梅学徒隊では、動員された四六名のうち、解散命令までは一人も犠牲者は出ていないが、解散命令後、一七名が戦死した。

各学徒隊で解散命令が出されているが、犠牲者数の違いには周りの大人の判断も影響したと言える。例えば積徳学徒隊では、六月二十六日に解散命令が出されたが、その際、隊長が「必ず親元へ帰りなさい。決して死んではいけない」と学徒らに伝えている。また、衛生兵が、行動する際の注意点など、細かく指示を出しており、犠牲者は出ているが、四人にとどまっている。女学生を戦場に動員したことも、米軍が迫りくるなか戦場に放り出した軍の解散命令も問題だが、その軍隊のなかにおいても、学徒らの命を守る、という観点で発言、行動できた人物がいたかどうかが犠牲者数には関わってくるとも言える。

（大田　光）

〔参考文献〕『ひめゆり平和祈念資料館ガイドブック』（ひめゆり平和祈念資料館、二〇〇四年）、『白梅　沖縄県立第二高等女学校看護隊の記録』（白梅同窓会、二〇〇〇年）、『沖縄戦の全学徒隊』（ひめゆり平和祈念資料館、二〇〇八年）

コラム⑮

女子学徒隊員の証言
――中山きくさん（県立第二高等女学校四年生・当時一六歳）

一九二八年、佐敷村《さしき》（現南城市）で生まれた。中山きくさんは、薬剤師になるのが夢で、一九四一年、県立第二高等女学校に入学した。長引く戦争の影響で物資がなく、全国統一のへちま襟の制服で、生地も劣悪で残念だった。一九四五年二月、学校から国場駅《こくば》に集まるよう連絡がきた。三月六日、反対する母を振りきり国場駅へ向かい、同級生らと東風平《こちんだ》国民学校で看護教育を受けた。上陸前空襲により看護教育は打ち切られ、病院壕では手術場勤務となった。食事や排せつの世話以外に手術時のローソク持ちもした。切断手術が主であったが麻酔も少なく、泣き叫ぶ兵士に軍医は「それでも軍人か！」と怒鳴った。最初はまともに見られず、顔を背けては灯りがずれて、軍医によく足を蹴られた。次第に慣れ、泣き叫ぶ兵士を励ますほどになった。

六月四日、解散命令を言い渡された。親友の千代ちゃんとガマを出たが、どこに行けばいいのかわからずにいると、南へと歩く避難民の列を見つけた。後ろについて行き、摩《ま》文仁《ぶに》海岸に着いた。そこでは激しい砲爆撃にさらされ、周りではたくさんの人が亡くなり、自決する人もいた。あまりの恐ろしさに、「自決しよう！」と言った。すると千代ちゃんが「絶対いや！　絶対死にたくない！」と言ったので思いとどまり、摩文仁から与那原《よなばる》へ移動した。与那原で出会った日本兵に、佐敷は収容所になっていると聞いた。私達の出身地域だと伝えると、「君たちは非戦闘員だから自決することはない。夜は危ないから昼、佐敷まで歩いていきなさい」と言われた。言われた通り行くと、すぐ米兵に見つかり収容所に入った。しばらくは何もする気が起きなかったが、近所の子供たちの面倒を見ているうちに、次第に元気を取り戻した。

戦後五〇年間、戦争の話は出来なかったが、広島と長崎に行って被曝体験者と話すうちに、伝えなければ、と思った。その後、同級生たちと白梅《しらうめ》学徒隊の記録をまとめた。「命《ぬち》どぅ宝」、命が一番大事だが、その大事な命を奪う最たるものが戦争。何万、何十万という人の命を奪う。私のような戦争のある人生を歩んでほしくない。

＊本人への聞き取り

（大田　光）

32　戦時下の教員たち

【もっと知りたい沖縄戦】
●場所　ひめゆり平和祈念資料館（糸満市）、一中学徒隊資料展示室（那覇市）、美里小学校奉安殿（沖縄市）、登野城小学校奉安殿（石垣市）
●人物　仲宗根政善、野田貞雄、西岡一義、藤野憲夫、安里延、山城篤男、上江洲トシ、中村文子

一九三〇年代初頭、アメリカに端を発した世界大恐慌などの影響により、日本社会は混乱状況に陥った。政府は天皇制国家主義を推し進めることで事態を打開しようとし、強力な思想統制に乗り出す。その旗振り役を担わされたのが教員たちであった。

皇国思想を受け入れていった教員たち　一九一〇年代から二〇年代にかけて、日本ではこれまでの藩閥政治から民主的な政党政治へと変わり、自由主義や民主主義、社会主義の考えが社会に広がった「大正デモクラシーの時代」となった。ところが一九三〇年代初頭になると、世界大恐慌の影響や農作物の大凶作によって日本経済は破綻する。失業者が激増し、労働者のストライキや農村での小作人の争議が多発し、社会は不安定化した。こうしたなかで、自由主義や民主主義、社会主義などを否定し、強力な天皇制中心の国家を作ることで危機を打開しようとする動きが、政府や軍部などを中心に広がっていった。そのために、政府が推し進めたのが思想統制であった。

思想統制のために、政府は共産党員や社会主義思想の影響を受けた教員などを検挙し弾圧するとともに、天皇に尽くす国民を育てる「皇国思想」を確立していく。三二年に設置された国民精神文化研究所はそのための組織で、全国から指導的な教員を集めて教育し、「皇国思想」を吹き込んでいった。沖縄からも沖縄女子師範学校の仲宗根政善などが派遣されている。

思想統制の動きは、一九三五年の天皇を絶対化・神格化する国体明徴運動、一九三七年の国民精神総動員運動と続き、同年の四月には一九三〇年代の思想統制の集大成ともいうべき『国体の本義』が文部省によって発行された。教員はそうした思想を教え込む者として教育され、青少年を戦争に動員

●—宮城遙拝（皇居に向かって最敬礼する「宮城遙拝」は天皇崇拝の重要な儀式であった。ひめゆり平和祈念資料館）

していくうえで重要な役割を果たすことになるのである。

この時期に沖縄師範学校女子部・沖縄県立第一高等女学校（以下女師・一高女と略す）に赴任した横井鹿之助によると、「（国家式典に参加した川平朝令校長は）現人神《あらひとがみ》天皇への崇敬の念を強くし、御《み》民《たみ》われ生けるしるしありの感慨を深くして帰って来た。この歴史専攻の校長にとっては、もはや神国日本は信念であり、天照大神を祭り礼拝することは神国の民の美わしい風習であるべきであった」という。

学校の急速な軍事化の担い手に　一九四一年四月、「国民学校令」が出されて小学校は国民学校となり、小学校教育の目的が「皇国の道に則って、基礎的練成（心身を鍛える）を行うこと」とされた。以後、学校が急速に軍事化されていく。

当時国民学校の教員だった上江洲《うえず》トシは、「教科書も、修身、国語、国史、音楽等は『忠君愛国』に色濃く彩られ、君のために死ねというような教材が中心だった。……私もそのような〝伝統〟を無批判に受け継ぎ、そして折からの高まる軍国主義に煽られ、時代に押し流され、子供たちに吹き込んで行ったのである。肉弾三勇士や武勲をあげた軍人たちの写真、そして戦時中は戦果の記事を教室の後ろの掲示板に張り出したりして、子供たちを鼓舞していた」と、軍国教師だった当時の自分を振り返っている。

また同じく国民学校の教員だった古堅《ふるげん》ユキも、「朝礼の時、校長は『遠い満洲で事変がおきているが、遠く離れているし日本の兵隊さんは強いから必ず勝つに決まっている』などと訓示し、……私たち教員も、男子に向かっては『大きくなったら強い兵隊さんになるのですよ』と教えこみ、『兵隊さんよ有り難う』の歌をうたわせ、朝礼の時は、東京の方向に最敬礼をするような毎日であった」と、生徒たちの戦場動員の旗振り役になったことを告白している。

このような状況は、師範学校や中等学校でも同じであった。先述の横井によると、同年四月に女師・一高女に赴任した西岡一義校長は、生徒も教員も「締め付け」ておかないといけないという考えの持ち主であった。常に教員や生徒に対し監視の目を光らせ、威圧的な態度で振舞い、自由主義の温床だとして職員会議を廃止したのである。そのような生徒・教員への「締め付け」は、西岡校長の個性にも影響されていたが、当時全国的に行われていた時代の潮流でもあった。

同年の十二月八日にアジア太平洋戦争が勃発すると、学校の軍事化がさらに進んでいった。街でも学校でも「撃ちてしやまん」と戦意高揚が叫ばれ、「鬼畜米英」と敵愾心《てきがいしん》が煽られた。女師・一高女では、十二月二十七日という年の瀬も押し詰まった日に、実弾射撃訓練を行っている。開戦後、教師たちは、「大東亜戦争」（アジア太平洋戦争の当時の呼称）はアジア民族を欧米列強の搾取から解放する聖戦であり、大東亜共栄圏の新秩序建設を妨害する米英には鉄鎚《てっつい》を下さなければならない、と生徒たちに教えた。

そして、沖縄戦一年二ヵ月前の一九四四年一月、現在の県教育長にあたる県視学が新聞紙上で「皇国護持のために死ねる皇国民の錬成にその根本義があることを我等実際家は肝に銘ずべきである」と発言した。教育者がついに、天皇や国体護持のために、青少年たちに死ぬことを要求するに至ったのである。

そのような時代にあっても、当時の社会状況へのさめた目を持っていた教師がわずかながらいた。彼らは、授業の中で当時の戦争政策への疑問を生徒たちに投げかけていた。例えば女師・一高女では、「島袋盛輝先生が黒板に精神、物量と書いて、私たちにどちらを選ぶかと聞いた。全員が精神と答えると、違う物量だ、大和魂があっても物量には勝てないとおっしゃった」（当時師範女子部生徒・宮良ルリ）という。そのような教師たちの多くは、二〇〜三〇代の若い教師たちだった。彼らはその言動から、学生時代に自由主義や社会主義などの影響を受けていたことが推察される。しかし、さめた目を持っていた教師たちの発言は、生徒たちの心に一定の波紋を投げかけることはあっても、考えを大きく変えるものにはならなかった。生徒たちは、当時の「聖戦」、「尽忠報国」、「鬼畜米英」というスローガンの下での戦争動員の大きなうねりの中に飲み込まれていたからである。

学徒の戦場動員を推進　学校生活が劇的に変わるのは、アメリカ軍の侵攻に備え日本軍の飛行場づくりや陣地づくりが始まった一九四四年以降であった。兵士だけでなく一般の住民や生徒たちまで勤労動員作業に駆り出されるようになり、授業時間が大幅に削られ学校行事も取り止めになったのである。同年十月十日、米軍による大空襲が沖縄を襲い、那覇市は九〇％以上が焼失するなど大きな被害を受けた。この空襲以後、各中等学校や師範学校女子部では生徒の疎開願いが続出する。勤労動員の重要な労働力であった生徒たちの疎開については、学校当局は消極的あるいは否定的であった。疎開を願い出る生徒に対し「非国民」呼ばわりをしたり、転校手続きをしないなど妨害したのである。しかし、教員の中には密かに生徒に疎開を進める者もいた。

一九四五年三月末、米軍による沖縄上陸作戦が始まると、師範学校や中等学校の生徒たちは、軍の補助要員として各部隊や軍病院に動員されることになった。中には学徒の動員について反対の意見を持つ教員もいたようだが、多くの教員はそれを当然のことと受け止め、軍の命令にしたがっていった。教員の中には防衛召集される者、家族と避難する者、学徒隊を引率する者など、その状況は様々だった。

学徒隊の引率教員たちの役割は、軍との調整役となり生徒たちを管理することであった。彼ら自身が体験記録をほとんど残していないため、その状況はよくわかっていないが、断片的な記録から見えてくるのは、戦場で生徒を思いやる姿であり、生徒の死に悲嘆する姿である。「生きて虜囚《りょしゅう》の辱めを受けず」と教えた教員たちであったが、教員が自決したという証言は、米軍に追い詰められたパニックの中で、生徒たちとともに自決した例が一件あるだけである（六月二十一日、糸満市の荒崎海岸で、一高女の平良松四郎教頭が生徒ら九名とともに手榴弾自決した）。九〇日間の激しい戦闘の中で、多くの生徒が死傷し、また教員たちの多くも死傷していった。

戦後、「民主主義教師」へ　戦後、焦土と化した沖縄で、人々はゼロからのスタートを始めなければならなかった。ほとんどの学校が焼失し、戦死によって多くの人材を失った教育界もまた、ゼロからのスタートを余儀なくされた。

米軍により教育に民主主義が導入され、多くの教員たちは躊躇なくそれを受け入れ、「軍国教師」から「民主主義教師」へと変身していった。生徒の中にはそのような変身ぶりに反発を覚える者もいたが、誰もが生きることに精いっぱいという時代の中では、大きな波紋とはならなかった。戦後、教員の中には政界や経済界に転出し活躍する者も少なくなかった。多くの教員たちは、戦前の自らの軍国教師としての在り様を反省することもなく、戦後社会のリーダーとなっていったのである。

（普天間朝佳）

〔参考文献〕上江洲トシ『久米島女教師』（繭の会、一九九五年）、林博史『沖縄戦と民衆』（大月書店、二〇〇二年）、沖縄県教育庁文化財課史料編集班『沖縄県史　各論編　沖縄戦』（二〇一七年）

コラム⑯

仲宗根政善の戦中戦後
――ひめゆり学徒隊の引率教師

仲宗根は、一九〇七年今帰仁《なきじん》村に生まれ、東京帝国大学卒業後沖縄に戻り県立第三中学校教諭をへて、沖縄師範学校女子部・沖縄県立第一高等女学校の教授となった。沖縄戦時には三八歳で、師範女子部付属大道《だいどう》小学校の主事となっていた。野田貞夫師範学校校長の要請を受け、ひめゆり学徒隊引率教師一八名のうちの一人となる。過酷な沖縄戦で多くの教え子を失い、自らも頸動脈すれすれに被弾し負傷した。

学徒隊解散の後、仲宗根は生徒一一人とともに喜屋武《きやん》海岸まで追い詰められる。米軍に捕まることを極度に恐れた生徒たちが、手りゅう弾で自決を決行しようとした時、仲宗根は「待て、栓をぬくんじゃない」と制止する。下級生の「お母さんに会ってから死にたい」という一言が自決を思いとどまらせたという。

収容所にいる時、仲宗根は、戦場に置き去りにし米軍に収容された教え子渡嘉敷良子さんを見舞いに行く。衰弱してベッドに伏している教え子を前に、「あの場合はしかたなかったと、いくらいいわけをしてみても、それはいいわけにはならない。自分を社会からひき離し、戦争からひき離して考えたときのいいわけで、許されるべきことではない。日本国家全体が犯した罪が、具体的には自分を通じてあらわれたのである」と強い自責の念にかられるのである。

一九五一年、仲宗根は自らの戦争体験と教え子たちの手記をまとめた『ひめゆりの塔をめぐる人々の手記』を発刊する。その本を参考に一九五三年、映画「ひめゆりの塔」が公開されると、全国で大きな反響を呼んだ。戦後、仲宗根は、沖縄戦の体験を後世に伝えることに尽力し、また「一フィート運動」を始め様々な平和運動にも取り組んだ。ほとんどの教員たちが「軍国教師」としての戦争責任を語らない中で、仲宗根は自らの戦争責任と誠実に向き合い書き表した、数少ない教師の一人であった。

（普天間朝佳）

〔参考文献〕仲宗根政善『ひめゆりの塔をめぐる人々の手記』（角川書店、一九八〇年）

コラム⑰

戦火の御真影奉護隊

御真影《ごしんえい》とは、戦前の日本で天皇・皇后の写真を敬って呼んだ名称である。教育勅語（天皇が国の教育理念を述べた言葉）とともに奉安殿《ほうあんでん》で保管され、国民に天皇や皇室へ崇敬の念を持たせるための重要な道具として利用された。四大節などの戦前の重要な祝日には、学校で御真影がうやうやしく掲げられ、校長が教育勅語を朗読するという式典が行われた。それを通して国民は、天皇への忠誠心を植え付けられていったのである。

一八八七年、他府県に先駆けて沖縄に御真影が下賜《かし》された。「異国・琉球王国の民」であった沖縄の民衆に、日本帝国・天皇の民となるための皇民化教育を急ぐ必要があったからである。御真影を、火事などによる焼失・破損から守る義務を負わされたのは、校長および教員であった。一九一〇年、佐敷《さしき》尋常高等小学校が火事になり、御真影と教育勅語が焼失したため、その責任をとって校長と宿直教員が懲戒処分となっている。御真影は、命を懸けて守るべきものと位置付けられていた。一九三〇～一九四〇年代、天皇は現人神《あらひとがみ》として神格化・絶対化されていき、御真影は国民の戦争動員の象徴的な存在となっていった。

一九四四年十月十日、米軍による大規模な空襲が沖縄を襲うと、県当局は御真影の存続に危機感を持った。そのため校長や教員らに「御真影奉護隊」を結成させ、沖縄島および周辺離島の御真影を沖縄島北部の名護市源河《げんか》に、宮古島および周辺離島は宮古島野原岳《のばるだけ》に、八重山諸島は石垣島の名蔵《なぐら》・白水《しらみず》山中に集め奉護するよう命じた。

沖縄戦が始まると、名護市源河の御真影は、昼間は壕に入れられ夜間は県有林事務所に戻された。四月十日ごろ、米軍が近くに侵攻してきたため、奉護隊は御真影を担ぎながら八〇日もの間、山中をさまよい、谷一つ隔てて作った三つの避難小屋を行き来した。六月三十日になると、沖縄戦の組織的戦闘が終了していることが奉護隊にも伝わり、協議の結果、ついに御真影は焼却されることになったのである。

（普天間朝佳）

〔参考文献〕川満彰「やんばるへやってきた御真影」名護市役所『名護市史本編3』（二〇一六年）

33　障がい者

凄惨《せいさん》な経験をしていることもあり、健常者と比較するとあまり語られていない障がい者の戦争体験。障がい者やお年寄りは沖縄戦の中をいかにしてくぐり抜けたのだろうか。

視聴覚障がい者の体験　障がい者は戦場で命を落とすことが多かった。その避難は抱える障がいによって特徴が異なり、視覚障がい者は家族や親戚に手を引かれるなかで「音」や「におい」で状況を読み取った。首里久場川《くばがわ》の男性は、戦場で巻き込まれることを避けるため、隣組《となりぐみ》の指示で三月から今帰仁村に疎開した。空襲のために昼は防空壕で過ごし、米軍上陸の知らせで山に逃げ込んだが、時々米兵が山に上がってきた。「私は逃げ切れないので親兄弟の考えで防空ずきんにモンペという、老女のかっこうで寝ていた。米兵が来たときは、何をいっているかわからんし、怖くて震えていましたよ」。パラパラという発砲音を耳にしたものの戦闘に巻き込まれることはなく、音とにおいで戦争を感じさせられた。「僕らが歩いていると、たくさんのオーベー（はえ）が急に飛び立ち、同時に妙なにおいがした。それは、人が死んで腐ったにおい。そんなことによく出合った」。

いっぽう、聴覚障がい者は「音」が聴き取れないために周囲との意思疎通や置かれている環境での瞬時の状況判断が困難であるため、戦況は視覚や体に伝わる振動などを通して知った。大宜味《おおぎみ》村謝名城《じゃなぐすく》出身の女性は、両親と兄、弟の五名で正月から山中に避難し、自宅には祖母と親戚一家が残っていた。地域周辺の人たちの避難する防空壕へと向かうなかで「海では空爆によって何隻もの日本船が沈められ、陸では身体障がい者を毒殺する光景を目の当たりにした」（筆者聴き取り）。防空壕では戦況の悪化から日本兵による暴行や食糧の強奪が相次ぎ、なかには泣いて逃げ出したお年寄りが外の戦闘に巻き込まれて負傷する事態も度々起きた。

【もっと知りたい沖縄戦】
●場所　恩納岳（恩納村）

そして六月、避難していた防空壕にも米兵がやってきた。女性たちは「ここから逃げるんじゃなくて、降参して出ていった方が助かる」との防空壕の中にいたリーダーの言葉を聞き入れて降参の意志を示し、パンや缶詰、お菓子等をもらって無事に保護されたが、自宅では日本兵を探しにきた米兵の銃撃を受けて祖母と親戚一家が血まみれの状態で殺されており、変わり果てた姿に女性は恐怖で怯えていた。

肢体不自由者の体験　視覚や聴覚に障がいは無くても、歩行自体が困難であるために逃げ回ることができない肢体不自由者は、周囲から迷惑がられ、戦場に放置されて亡くなることもあった。三代続いた畳屋の三男で、五歳の時の事故が原因で足が不自由となった那覇市泉崎《いずみさき》出身の男性は、十・十空襲を契機に家族一一名で恩納《おんな》岳へ避難したが、家族には視覚障がいの姉と高齢の祖母もいた。二名の障がい者と高齢者を抱えることで、地域の人たちからは「一緒に行動しないで」、「遅れてついてきてほしい」などと言われた。視覚障がいの姉も「自分たちを置いて早く逃げなさい」と言ったが、父親は「生きるのも死ぬのも皆一緒だから心配するな」と最後まで姉の手を引き、その男性を背負い続けたのである。必死に逃げ惑う日々のなかで男性は、鍼灸《しんきゅう》の資格をもつ視覚障がいの姉に治療を受けながら父親に背負われて死体の転がる山道を恩納岳へと移動し、そこで米軍の捕虜となった。ただ、高齢の祖母が途中ではぐれてそのまま行方不明になった。

スパイ視された精神障がい者　戦況の理解や意思疎通が困難な精神障がい者は、日本軍から「スパイ容疑」をかけられた。今帰仁《なきじん》村では、聴覚と精神に障がいを抱える五〇代の女性が、日本兵の質問に答えられなかったためにスパイとみなされ、半死半生で小屋に監禁されて死亡した。

戦場では家族らの手助けによって逃げ切れた障がい者がいる一方で、このように殺された事例も少なくない。

（上間祥之介）

〔参考文献〕「障害者の沖縄戦」六『沖縄タイムス』（一九九三年六月二三日）、上間祥之介「沖縄戦時における障がい者の実態」（二〇一七年度沖縄国際大学総合文化学部社会文化学科卒業論文）、林博史『沖縄戦が問うもの』（大月書店、二〇一〇年）、『沖縄県史 各論編 沖縄戦』（二〇一七年）

34 ハンセン病者

【もっと知りたい沖縄戦】
●場所　沖縄愛楽園（名護市）、宮古南静園（宮古島市）

一九四四年、沖縄に駐屯した日本軍は武力をもってハンセン病患者の強制収容を断行した。空襲で療養所の機能を失った国頭愛楽園（現在の沖縄愛楽園。以下愛楽園）や宮古南静園（以下南静園）では、多くの死者を出した。

日本軍による強制収容　ハンセン病とは、癩《らい》菌によって末梢神経と皮膚が侵される病気で、発病すると運動麻痺や知覚麻痺を起こし、重い障害を残すことがある。近代日本はハンセン病患者を「国辱」と捉え、患者を隔離する方針をとり、一九〇七年の法律「らい予防に関する件」に始まり、一九三一年にはそれを「癩予防法」と改めて、すべての患者を死ぬまで療養所に隔離する政策を推進した。

一九四四年三月、沖縄に第三十二軍が創設されると約一〇万人の将兵が沖縄に入り、軍民雑居生活が始まった。当時の沖縄はハンセン病患者数が多く、療養所に入れない患者は各家庭の裏座や家畜小屋の屋根裏などで暮らしていた。軍は、民間人との接触が増えた将兵に病気がうつるのを恐れていたという。

「一番先にぶつかった敵は、米軍ではなくて、沖縄のレプラ患者だった」（レプラ＝ハンセン病のこと）と戦後回想されたように、日本軍はハンセン病患者を危険視していた。読谷村では患者の家に赤い布で印を付け将兵の立ち入りを禁止したり、宮古島では、第二十八師団が上陸前に島の衛生状況を調査し、六〇〇名以上の患者がいると認識していた。隊内で作成した地図に、患者の自宅を明示した部隊もある。

日本軍は、県衛生課や警察部、保健婦までも動員して患者の強制隔離に臨んだ。一九四四年五月の読谷村を皮切りに同年七月に伊江島でも行われ、もっとも大規模な収容は同年九月のものだった。入所者からは「軍収容」などと呼ばれ、「逃げたら撃つ」と武力で脅されて収容された。与那国島では日

●—沖縄愛楽園内に残る「早田壕」（沖縄愛楽園自治会撮影）

本軍が患者を台湾のハンセン病療養所楽生院に連行している。

戦時下の療養所　愛楽園の二代目園長・早田皓《ひろし》は、軍の患者収容に協力するいっぽう、園内の戦時体制強化をはかった。「働かざる者食うべからず」と号令をかけ、入所者を労働にかり出した。愛楽園入所者の知花重雄さんは「僕の手は戦争によっての後遺症さ。戦中戦後、壕掘りや食糧増産といって作業を無理にしているから。（中略）指先が麻痺しているから、傷の治りも悪いさな。あの時分は（指を）落とせば治りは早いからね」と証言する。末梢神経が麻痺した彼らにとって壕掘りは過酷な作業だった。また、日本軍の強制収容によって定員の倍以上に膨れ上がった愛楽園・南静園は、慢性的な食糧難に陥り、入所者は過酷な生活をたどらされることとなる。

一九四四年十月以降、二つの園も空襲を受け、壊滅的な被害を受けた。一九四五年四月二十一日、米軍が屋我地島に侵攻し愛楽園は終戦を迎えた。被弾死は一人に留まったものの、不衛生な壕生活が続く中で本病を悪化させ死亡する者、衰弱死、食糧不足からくる餓死や中毒死、アメーバ赤痢が蔓延した。愛楽園で二八九名、南静園では一一〇名が死亡している。

台湾からの引揚　台湾の楽生院にも沖縄出身のハンセン病患者が収容されていた。その数は判然としないが、約三〇名いたと思われる（筆者調査）。しかし、この病気ゆえに引揚船に他の人々と乗せることはできないとされ、引揚げの目処が立たなかった。最終的には、戦争終結から一年五ヵ月後の一九四六年十二月二十日、基隆《キールン》港を出港した病院船「橘丸」に乗船し、一八名のハンセン病者が沖縄本島に引揚げた。

（中村春菜）

〔参考文献〕沖縄県ハンセン病証言集編集総務局編『沖縄県ハンセン病証言集　資料編』（沖縄愛楽園自治会・宮古南静園入園者自治会、二〇〇六年）、同編『沖縄県ハンセン病証言集　沖縄愛楽園編』（沖縄愛楽園自治会、二〇〇七年）、同編『沖縄県ハンセン病証言集　宮古南静園編』（宮古南静園入所者自治会、二〇〇七年）

35 沖縄戦下の新聞人

【もっと知りたい沖縄戦】
●場所　戦没新聞人の碑（那覇市）
●人物　豊平良顕、大田昌秀、牧港篤三、大舛松市

那覇市若狭《わかさ》の慰霊塔「戦没新聞人の碑」には、沖縄戦で死亡した記者一四人の名が刻まれている。記者たちが戦争で命を落としたのは、「報道の自由」が戦時体制で奪われた末の出来事だった。

戦時体制下の新聞　沖縄戦に至るまでに「報道の自由」は、法律によって縛られていった。一八九九年の軍機保護法、その一〇年後の一九〇九年の新聞紙法では、政府によって記事掲載禁止や新聞差し押さえ、発売禁止が可能となり、反政府的言論を封殺する手段が整えられていった。

一九三七年、沖縄で、日本軍兵士による女性強かん事件を記事にした沖縄朝日新聞の記者が憲兵に監禁された上に、会社近くで軍が夜間演習するなど嫌がらせが続き、最終的に「誤報」だとせざるを得なくなった出来事が起きている。

一九三八年に制定された国家総動員法では、新聞発行停止すら可能になった。資材確保の困難という理由で、政府主導によって一県に新聞一紙とする新聞統合が全国各地で始まった。沖縄県では一九四〇年に沖縄朝日新聞、沖縄日報、琉球新報の三紙が『沖縄新報』（発行部数一万二〇〇〇部）に統合された。

警察による検閲によって日々の言論も監視された。皇后の頬にインクの汚れがついていたことが「不敬」とされ、港を「石炭と水の補給地」と描写すると「利敵行為」であると指摘された。「指導」「削除」「差し止め」の処分が行われた。宮古島で新聞検閲を経験した元記者は「（住民が）積極的に軍に協力する記事を書くように言われた。食料配給の中止や遺族の話などは一切報道するなと迫られた」という。

ペンの自由を奪われた新聞社は戦意高揚の役割を積極的に果たしていく。一九四三年、ソロモン諸島ガダルカナルで戦死した、与那国島出身の大舛松市《おおますまついち》中尉が「感状」を受けると、

沖縄県内で「大舛精神顕彰運動」が取り組まれる。沖縄県庁、教育界とともに、新聞も小説を掲載し運動の一翼を担った。

沖縄戦時下の新聞　一九四四年の十・十空襲で、沖縄新報社屋は焼失するが、壕に避難させていた活版印刷機で号外を発行した。被害を軽微に伝え、「冷戦沈着にこの一大試練に勝て」と呼び掛けた。那覇市の九割が破壊された眼前の光景と、記事が伝えたものは異なっていた。

地上戦開始後も、沖縄新報は第三十二軍司令部壕近くの留《りゅう》魂《こん》壕で発刊を続けた。軍報道要員となった記者の牧港篤三《まきみなととくぞう》は疑問を抱きながらも、戦果を喧伝《けんでん》する記事を書いたが、戦後、「その行動自体が誤りであった」と回顧している。壕で発行された新聞を、沖縄県立師範学校の鉄血勤皇隊千早隊《ちはやたい》が、砲弾をかいくぐり配布した。当時、学徒だった大田昌秀は、「激戦の中、空々しい戦果が掲載された新聞を命懸けで配るが、誰も見向きもしない」と振り返っている。

●―戦没新聞人の碑（那覇市若狭）沖縄戦で死亡した14人の名が刻まれている。

偽りを伝え、戦意を鼓舞し続けた沖縄新報はもはや報道の役割を果たしていなかった。地上戦開始から約二ヵ月後の五月二十五日、沖縄新報は解散、沖縄島唯一の新聞は消滅した。

米軍占領下の新聞　一九四五年七月、米軍は、軍機関紙『ウルマ新報』（現琉球新報）を創刊。一九四八年には、社会再建に民間の力を活用しようと『沖縄タイムス』『沖縄毎日新聞』の発行を許可した。しかし、米軍の検閲は続き、米軍を批判することはできなかった。

一九五〇年代、基地建設のため米軍が人々の住宅や農地を強制接収すると、世論を背景に新聞は米軍と対決姿勢を取り始める。現在に至る「沖縄報道」の原点はこの時に誕生した。沖縄タイムス元顧問、豊平良顕《とよひらりょうけん》は「一方に政治、経済、軍事に及ぶ全権力を手中にした異民族の統治者がいる。その一方には民主制の下ならだれにも保障されるはずの基本的権利を一切奪われている被統治者がいる。この極端な不均衡のなかで、両者の言い分を平等に取り上げることが果たして客観的、中立、公平を言えるのか」と言葉を残す。（謝花直美）

〔参考資料〕沖縄タイムス社編『鉄の暴風　沖縄戦記』（沖縄タイムス社、一九七二年）、高嶺朝光『新聞五十年』（沖縄タイムス社、一九七三年）

36　命を救った人たち

【もっと知りたい沖縄戦】
●場所　シムクガマ（読谷村）、潮平権現洞（糸満市）
●人物　比嘉平治、比嘉平三、比嘉太郎

四人に一人が犠牲になったといわれる沖縄戦だが、残りの三人はどのように生き延びたのだろうか。それぞれの「生きる」という選択を促した、多くの存在があったことは重要である。

移民経験者や日系二世による投降呼びかけ　米軍が沖縄本島に上陸した四月一日、読谷村波平《なみひら》のシムクガマにやってきた米兵が、避難している人々に外へ出るよう呼びかけたところ、警防団の少年らが竹槍を持って突撃しようとした。そこでハワイ帰りの比嘉平治さんとそのおじの平三さんが、少年らに竹槍を捨てさせ自ら外に出て米兵と交渉し、殺さないことを確認してからガマの人たちに投降するよう呼びかけた。その結果、約一〇〇〇人の避難民が投降して無事助かった。平治さんは、日本軍将兵が沖縄駐屯当初から勝手で横暴なふるまいを繰り返すことに断固として抗議していたという。

移民経験者の中でも、とりわけハワイ、アメリカ本土、南米などからの移民帰りは、アメリカ人と個人的に接触した経験があった上、大国の力を肌で知っていた。日本軍にとっては不都合な発言を繰り返すため、「非国民」呼ばわりやスパイ視されることが多かったが（24の項目参照）、そんな彼らが多くの命を救ったのであった。北谷町上勢頭《かみせど》や宜野湾市新《あら》城《ぐすく》などの壕でも、同様のケースがあった。

日系二世が県民を助けた例もある。比嘉太郎さんは、ハワイの日系人のみで編成された米軍部隊の一員としてヨーロッパ戦線に派遣されたが、その後、沖縄への従軍を希望した。四月三日、幼少期に過ごした旧中城村島袋《しまぶくろ》で通訳として米軍と住民との間に入り、住民全員を救うことに成功している。

価値観の崩壊、自分の頭で考える　お年寄りが投降の先頭に立った例は少なくない。「ご先祖様に守っていただくのだから、こんな物（手榴弾）はすぐに遠くへ捨ててきなさい」と命の尊さを説き、叱りつけ、死に急ぐことを防いだ。子どもの存在も大きい。糸満市米須《こめす》で、自決をしようとした父親が五歳の次男に「いや、死なないほうがいいよ、おとう」と言われ「我にかえって」、振り上げようとした鍬《くわ》を投げ捨てたという証言がある。

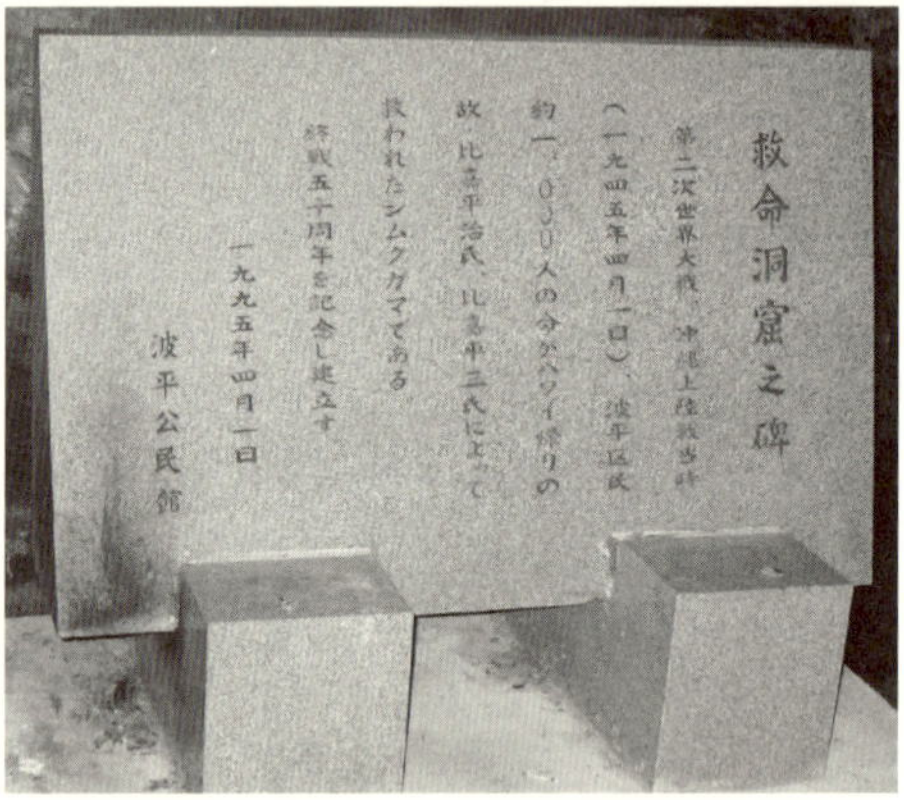

●―救命洞窟之碑（シムクガマ入口）

皇民化教育の影響を受けなかった人の、本質的で時に無邪気な問い掛けが人々を救ったのである。

元軍人が自身の経験を踏まえて行動した例もある。糸満市の潮平権現壕《しおひらごんげんごう》には字潮平の住民ほぼ全員が避難していたが、五月初旬に日本軍に追い出されてしまった。日本軍はすぐに他に移ったため住民らが戻ってきたところ、六月に入り米軍がやってくる。中国大陸での軍隊経験を持つ金城栄昌さんが「住民は殺さないはずだ」と言ったことから投降が決まり、六月十四日、長老の二人を先頭に五〇〇名を超える避難民が壕を出た。日本軍がそばにいなかったり、すぐにいなくなったりした地域では、米軍にすみやかに占領され住民は集団で投降しており、犠牲者が少なかったケースが多いといえる。

しかし沖縄戦終盤には、日本兵が、住民に対して死なずに投降するよう勧めた事例がある。「アメリカ兵は民間人を殺すことはない」と日本兵から投降を促された住民証言はいくつも残っている。日本軍は軍人にも民間人にも米軍に捕まることを認めず死を強制したが、日本軍の組織が解体したことによって将兵が人間性を取り戻し、自身の頭で考え判断し行動できるようになったからだと考えられる。

民衆の中には、最後の最後で「どうせ死ぬなら、みんな一緒に、明るいところで」と、死を前提としながらも万に一つの望みをかけその場を離れた人々がいた。「ひと思いに殺してもらおう」とガマを出た人もいて、必ずしも「生きる」決断をしたのではないことも多い。しかしその先に「生」があった。植えつけられてきた価値観や意識が最悪の戦場経験のなかで崩壊した者も少なくないだろう。国家の言うことを批判的にとらえ、自ら考えることの大切さを示している。

いっぽうで、生きようとしてもそれが叶わなかった膨大な死があることも、忘れてはならない。

（吉川由紀）

〔参考文献〕林博史『沖縄戦と民衆』（二〇〇一年、大月書店）

37 「沖縄のガンジー」阿波根昌鴻

「沖縄のガンジー」と呼ばれ、沖縄戦体験を背景に、土地闘争という米軍の土地接収への抵抗で知られた阿波根《あはごん》昌鴻《しょうこう》の人生をたどる。

移民体験と農業への思い　昌鴻は、一九〇一年に沖縄島北部の上本部《かみもとぶ》村（現本部町）の農業を営む士族の家庭に生まれた。生まれつき体が弱かったため、県立嘉手納農林学校に入学するも、病気のために休学し大分のホーリネス教会にて療養。その後、キリスト教の洗礼を受ける。二五年には海外興業事業第一〇次キューバ移民に応募し、同地へ渡った。渡航前には、伊江島出身の喜代と結婚、渡航後息子昌健が誕生した。

最初の移民先では、さとうきび耕作地の清掃や製糖所での機械整備を、その後移ったペルーでは理髪店に勤めた。ここで、共同生活を重視する西田天香《にしだてんこう》の著書に影響を受け、帰国後は京都山科の一燈園《いっとうえん》を来訪。西田から沖縄での農業実践を勧められた。昌鴻は、静岡の興農学園に進学しデンマーク式農業と社会科学を学び、卒業後、妻の故郷伊江島に移り住んだ。そこでは、農民学校の設立をめざして雑貨商を営むかたわら、宗教・学習運動を実践した。

沖縄戦で息子を失う　一九四三年に始まった伊江島での飛行場建設には、昌鴻もかり出された。中南米帰りで英語も理解できるとし、日本軍からスパイの疑いをかけられることもあった。四五年四月の地上戦において、昌鴻と喜代の二人は真謝《まじゃ》海岸のガマに身を隠し生きのびたが、息子昌健の行方はわからなかった。

十・十空襲後に出征し、第六十二師団に衛生兵として配属されていた昌健は、浦添周辺で戦死したとされるが、はっきりしたことはわからなかった。昌鴻は「(息子は)ほぼわたしの理想に近い青年になっておりましたが、とうとう帰らぬ人となってしまいました。……思い出すだけで気絶してしま

【もっと知りたい沖縄戦】
●場所　ヌチドゥタカラの家（伊江村）
●人物　阿波根昌鴻、西田天香

●—資料館にかかげられた言葉（わびあいの里提供）

うほどの苦しみでありました」（『米軍と農民』）とふり返る。

土地闘争と「乞食行進」の敢行

昌鴻ら伊江島の住民は、慶良間諸島に強制移住させられた後、各地を転々としながらも、一九四七年三月に伊江島へ戻ってきた。当初、住民は、飢饉にみまわれながらも、それぞれの畑を耕し、次第に安心できる生活を取り戻しつつあった。しかし、いっぽうで、帰島時には、米軍の滑走路三本が完成し、島の六割以上が軍用地となっていた。

五三年以降、米軍はさらなる基地建設のため、強制的な土地接収を本格化させた。伊江島の農民らは琉球政府や米軍に土地の取り上げを止めるよう求めたが、聞く耳をもたなかった。そのため昌鴻らは、「陳情規定」という徹底した非暴力の取り決めをつくり米軍と直接対峙した。また、五五年七月、土地を奪われた伊江島真謝区の住民は「区民が生きるには乞食になるしかない」と決意。窮状を訴えるためにむしろ旗を掲げて各地を回った。プラカードには「乞食をするのは恥ずかしい。しかし、われわれの土地を取り上げ、われわれを乞食させる米軍はもっと恥ずかしい」と書いた。これは後に「乞食行進」と呼ばれる。伊江島での粘り強い土地闘争は、宜野湾村伊佐浜《いさはま》などでの闘争ともつながり、沖縄が一丸となる島ぐるみ闘争へと拡大していった。

そのなか、昌鴻は、当時珍しかったカメラを購入して闘いの様子や基地被害を記録し、占領の「証拠品」として米軍の落とした原爆の模擬爆弾や薬きょうを収集した。

七二年五月、沖縄は日本に復帰した。だが、米軍基地を残したままの復帰は、昌鴻にとって、戦争を身近に置き続けることを意味した。戦争と暴力を生み出す仕組みを学ぶことの必要性を痛感した彼は、資料館建設に動き出し、八四年に「ヌチドゥタカラの家」を開館させた。同館には、昌鴻の集めた生々しい「証拠品」や手書きの説明が無数にならび、今も多くの人が訪れている。そこに掲げられる「無関心」をいましめる言葉は、彼の思想と実践を体現している（写真）。昌鴻らの非暴力の抵抗は、現在、辺野古や高江での基地建設反対運動に引き継がれている。

（秋山道宏）

〔参考文献〕阿波根昌鴻『米軍と農民：沖縄県伊江島』（岩波新書、一九七三年）、阿波根昌鴻『命こそ宝：沖縄反戦の心』（岩波新書、一九九二年）

38 戦争孤児の戦後

沖縄戦は、たくさんの家族を容赦なくばらばらにした。戦闘や砲爆撃による負傷だけでなく、長期間に渡る避難生活もまた飢えと栄養失調と病気を招き、一人一人の命を奪っていった。そうして「孤児」と呼ばれる子どもたちが生まれた。

家族を失った子どもたち　那覇市に住んでいた神谷洋子さん（当時八歳）は母と弟と共に南部に逃げていたが、隠れていた壕が砲撃を受けた。気づいた時には母と弟の姿は無く、母の着物の切れ端が見つかっただけだった。壕を出た洋子さんに頼る人はなく、手を差しのべる人もいなかった。一人戦場をさまよい続けた洋子さんは米軍に収容され、コザ（現沖縄市）の孤児院に運ばれた。

読谷山村《ゆんたんざ》（現読谷村）から家族と共に国頭村《くにがみ》に避難していた大湾近常さん（当時六歳）は、山中の生活で父を失い、母と二番目の兄、妹も衰弱のために金武《きん》の収容所で失った。近常さんは収容所を抜け出したところを米軍に収容され、田井《たい》等《ら》（現名護市）の孤児院へ送られた。

【もっと知りたい沖縄戦】
●場所　コザの孤児院跡（沖縄市）、田井等の孤児院跡（名護市）
●人物　神谷洋子、大湾近常、座覇律子、稲福マサ、宮里孝子

孤児院での生活　米軍は各地の民間人収容所に孤児院を設置した。その数は県内で一〇ヵ所、収容された子どもたちは一〇〇〇名におよんだと言われるが、詳しい数ははっきりしない。

孤児院はどのような場所だったのか。本部町の座覇《ざは》律子さん（当時一三歳）は、母が病院に収容されたために妹と共に田井等の孤児院へ送られた。孤児院には六～七〇名の子どもたちがいて、世話のために院長先生と一〇名ほどの女性がいた。孤児院には「赤ちゃんや小さい子、痩せている子、重体で連れて来られた子、自分の名前も分からない子どもたち」が沢山いたという。衰弱して亡くなる子もおり、世話役の女性によって埋葬された。世話役としてコザの孤児院にいた稲福マサさんも「特に幼児たちは栄養失調で痩せ細り、お腹が

膨れほとんどの子は下痢で顔色も悪い」子どもたちの様子を話す。

とはいえ、頼れる家族のない子どもたちにとってはかけがえのない居場所になっていたのも確かであろう。大湾さんは孤児院では「三度の食事があり、青空教室だったが授業もあった」と話す。座覇さんは孤児院でできた友達と芝居に行く楽しみがあった。稲福さんは歌や遊戯などをしながら子どもたちと共に過ごし、「子どもたちは明るく、孤独な寂しさは余り感じない」と語っている。

●—遊戯をする子どもたち（コザの収容所）

子どもたちの戦後　孤児院の子どもたちは次々と近親者などに引き取られ、それぞれの戦後を迎えた。ところが、孤児として生き残ったがために戦後ずっと苦悩し続ける者もいる。

那覇市の宮里孝子さんは「自分が誰なのか」を探し続ける。物心ついた頃から「孤児院から連れて来られたそうだ」と噂されるのを聞き、育ての親にも「お前は俺を本当の親と思っているのか」と言われ続けた。学校の運動会でも弁当を作ってもらえず、本土への集団就職のために必要なパスポートを作ろうとすると戸籍が無かった。本当の親を探すために貯めようとした給料も親の酒代に消え、自殺も試みた。

三〇歳を過ぎて会うことができたかつての孤児院の先生によれば、生まれたばかりの孝子さんを二人の米兵が壕から連れて来たが、親の消息は分からないという。当時孤児の世話をしていた女性が育ての母である。分かったのはそこまでで、結局自分の本当の名前や本当の親は分からない。

孝子さんのように、「自分が誰なのか」を求め続ける者もいる。彼らは家族や親だけでなく、一人の人間の存在を証明する「名前」すらも失ったままなのである。（伊佐真一朗）

〔参考文献〕謝花直美『戦場の童　沖縄戦の孤児たち』（沖縄タイムス社、二〇〇五年）、浅井春夫『沖縄戦と孤児院　戦場の子どもたち』（吉川弘文館、二〇一六年）

39　奪われた故郷

「基地の島」と形容される沖縄。その基地の中には戦前、多くの集落が存在し、人々が生活していた。それらの集落は、なぜ基地に消えたのだろうか。そして、基地に故郷を奪われた人々は、どのように戦後を生き抜いたのだろうか。

集落の接収　米軍の沖縄進攻には、日本本土進攻のための軍事基地を建設する目的があり、上陸した米軍は住民を収容所へ送り、日本軍が建設した飛行場に加え、家屋・田畑・水源・拝所・墓地を含む土地を接収し、基地を建設していった。

一九四五年十月下旬には、収容所から元の居住地への移動が許可されはじめた。しかし、終戦後も多くの基地が残されたままであり、そのような地域の人々は、基地の外に残された土地や、他地域に割り当てられた土地に集落ごと移動したが、移動先の地主との間に問題が生じることもあった。

基地に消えた集落　基地に消えた集落として、本島中部の宜野湾村（現在の宜野湾市）の事例をみていく。戦前の宜野湾村は、人口約一万三六〇〇人の農業を基盤とした地域であった。しかし、米軍は普天間飛行場、キャンプ瑞慶覧《ずけらん》、キャンプマーシーなどの基地を建設し、一九四九年までに、戦前の二二字《あざ》中一五字（安仁屋《あにや》、普天間《ふてんま》、新城《あらぐすく》、中原《なかはら》、神山《かみやま》、宜野湾《ぎのわん》、我如古《がねこ》、志真志《しまし》、佐真下《さました》、真栄原《まえはら》、伊佐《いさ》、大山《おおやま》、真志喜《ましき》、大謝名《おおじゃな》、宇地泊《うちどまり》）の人々が元の居住地に戻れずにいた。その後、土地の開放が進み我如古や大謝名などは元の居住地へと戻ることができたが、安仁屋や普天間など、現在も元の居住地に戻れない人々がいる。

宜野湾村の中心地であった字宜野湾では、「故郷は見る影もなく破壊されつくされていた」と表現されるように、役場や学校を含め集落の大部分が飛行場用地として接収されたため、残された土地に住居や農地を割り当て、新たに水源を確保し、集落を再建した。

【もっと知りたい沖縄戦】
●場所　宜野湾市立博物館（宜野湾市）、道の駅かでな（嘉手納町）

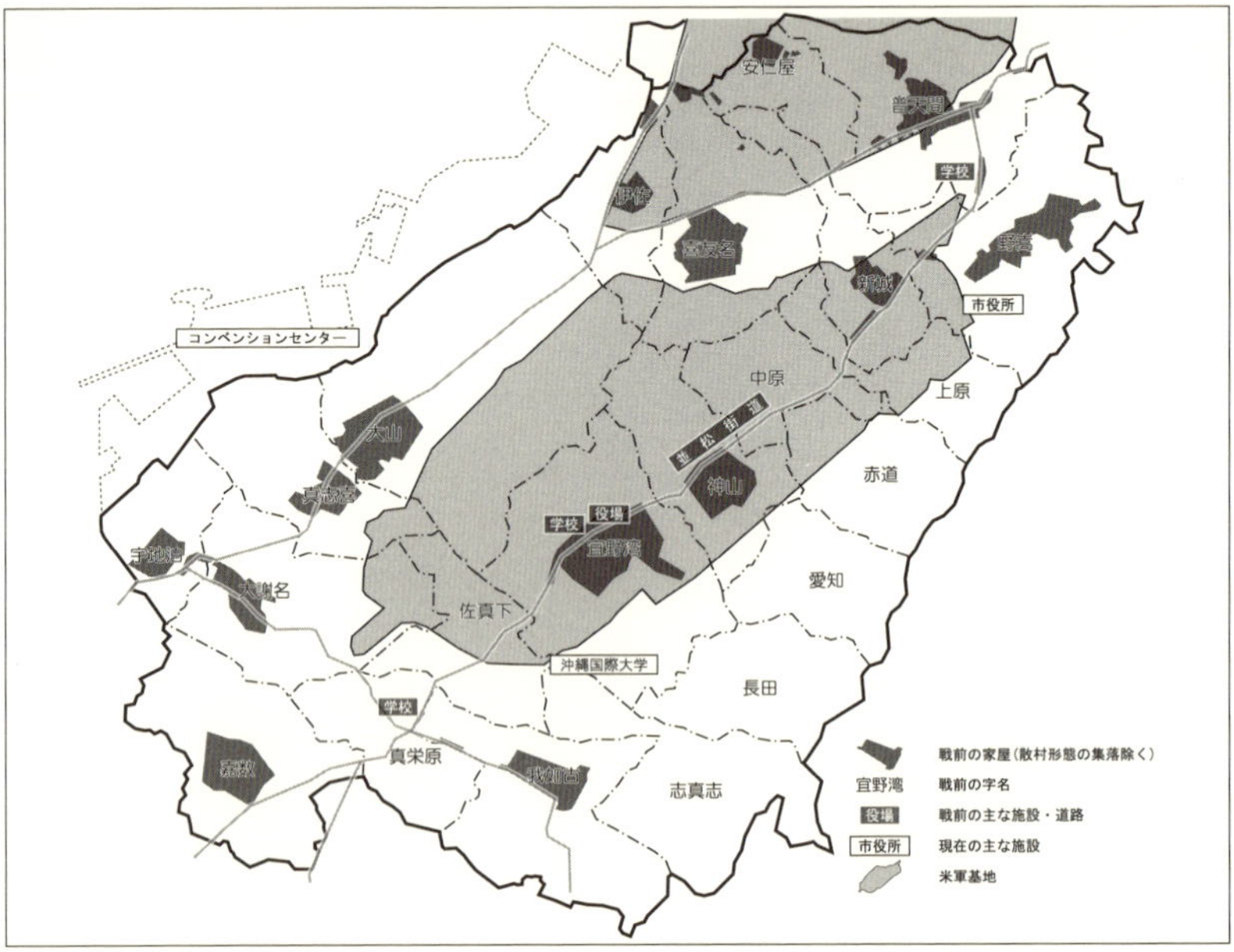

●—1945年頃の宜野湾村集落地図（米軍上陸前の宜野湾村の地図に現在の米軍基地範囲を重ねて作成）

また、普天間や新城、神山、伊佐などでは、住居だけでなく、精神的な拠り所である集落の拝所の多くが接収されたため、拝所を基地内から移住先へと移転させている。

安仁屋や中原など住居・農地を含め全てが基地となった地域では、他地域に土地を借り集落を移動したり、農地を失った人々が職を求め、離散することもあった。当時、宜野湾村と同様のことが、沖縄各地で起きていた。

現在でも伊江村、金武町、うるま市、沖縄市、読谷村、嘉手納町、北谷町、北中城村、宜野湾市、浦添市、那覇市などの自治体では、現在でも開放されていない集落があり、いまだに故郷へ帰れない人々がいる。

故郷への想い　故郷から切り離され不便な生活を余儀なくされた人々は、同郷人の相互扶助組織である郷友会を結成した。生活が安定した後も、故郷への想いは強く、郷友会活動を通し親睦をはかり、拝所の管理や祭祀行事、伝統芸能の継承活動を続けている。しかし、かつての故郷を知らない世代が増えていく中、故郷の姿を次世代に継承するため、模索している。

（金城良三）

〔参考文献〕沖縄県宜野湾市教育委員会文化課『宜野湾市史第八巻資料編七戦後資料編Ⅰ戦後初期の宜野湾（資料編）』（二〇〇八年）、字宜野湾誌編集委員会『ぎのわん字宜野湾郷友会誌』（字宜野湾郷友会、一九八八年）

40 戦没者の追悼と援護法

戦後、収容所などから人々が郷里に帰ることが許されるようになったのは、一九四五年末から一九四六年にかけての時期であった。人々は、生活再建にあたって、まず散乱する遺骨を拾い、納骨施設を建設していった。

戦後の出発と遺骨収集　一九四六年二月、摩文仁《まぶに》村（現糸満市）字米須《こめす》に建立された魂魄《こんぱく》の塔は、その最初のものと言える。米須の米軍キャンプに収容されていた真和志《まわし》村（現那覇市）の人々は、米軍から許可を得て、同年五月末に移動するまでの期間に約三万五〇〇〇体にのぼる遺骨を収集し、この塔に納めた。その他の都道府県出身者の慰霊塔は、後に沖縄県各地に建立されることとなるが、沖縄県の塔は存在せず、この塔がその役割を果たしている。

二〇一二年度に実施された沖縄県の調査によると、沖縄県内の慰霊塔（碑）は四四〇基あり、その内の八割以上にあたる三七三基が本島内にあり、約半数（二〇八基）が本島南部地域にある。一九四〇年代後半～一九六〇年にかけて建立された慰霊塔（碑）の多くは、各地域（村・自治会など）によって建立されたもので、一九五〇年代～一九六〇年代にかけて建立された慰霊塔（碑）が、全慰霊塔（碑）の半数以上（二四八基）を占めている。

一九五二年四月時点において、小規模なものを含め、本島およびその周辺地域で建立された慰霊塔（碑）は一九二基に達し、その内の一八九基は納骨施設を兼ねたものであった。各地域にとって、同時期に建立された慰霊塔（碑）は、単なる記念碑としてではなく、戦没者の遺骨が収容された場として存在していた。

慰霊塔（碑）の変容と日本政府の影　一九六〇年代に入ると、本土からの南部戦跡巡拝団が急増する中で、各都道府県は次々と慰霊塔（碑）の建立を進め、一九七二年の「復帰」時

【もっと知りたい沖縄戦】
●場所　魂魄の塔、国立沖縄戦没者墓苑、南北の塔、岐阜の塔（糸満市）、京都の塔（宜野湾市）、チビチリガマ、恨之碑（読谷村）、アリランの碑（宮古島市）、八重山戦争マラリア犠牲者慰霊之碑（石垣市）

●—魂魄の塔（1963年，沖縄県公文書館所蔵）

点において、新潟県を除く四五都道府県の慰霊塔（碑）が建立された。これら各都道府県の慰霊塔（碑）は、沖縄の人々の被害に言及することなく、「沖縄をはじめ遠く南方諸地域の激戦」に「散華」した「英霊」の「勲功」を称えた「岐阜県の塔」に示されるように、戦争を美化するようなものがほとんどであった。その一方で「京都の塔」は、「再び戦争の悲しみが繰りかえされることのないよう」にといった「沖縄住民」への「哀惜」の念を表した数少ないものと言えよう。そもそも、各都道府県が建立した慰霊塔（碑）の追悼の対象は、「岐阜県の塔」のように、沖縄戦だけではなく、南方諸地域の戦死者を含むもの、さらに、それ以外の戦死者をも含むものが多く、沖縄戦の戦死者のみを対象としたものは、京都府・兵庫県・島根県・大分県・鹿児島県などに限られていた。

　そのいっぽうで、この時期、各地域の慰霊塔（碑）も、日本政府の資金援助で推進された「霊域整備事業」により、大きな影響を受けることとなる。この「霊域整備事業」は、「霊域の尊厳保持」のため、慰霊塔（碑）の改修や新設を行うと共に、「管理の行きとどかない小規模の納骨所」を「撤去」し、「遺骨は焼骨のうえ中央納骨所に移す」というものであった。また、一九五六年度より米軍の許可を得て、日本政府委託の遺骨収集が開始され、一九七一年度までに約三万体の遺骨が収集された。これらの遺骨と共に戦没者遺骨の一元的管理を目的とする「霊域整備計画」によって集められた遺骨は、一九五七年七月に識名《しきな》霊園の一角に建設された戦没者中央納骨所へと納骨された。一九五二年時点までに建立された慰霊塔

（碑）は、ほとんどが納骨施設をともなうものであったが、この「霊域整備事業」の結果、一九七二年度までに八〇ヵ所の納骨所（六万三二九八体）から戦没者中央納骨所へ転骨され、各地域の慰霊塔（碑）の多くは、納骨施設をともなわないものへと変容していった。その後、戦没者中央納骨所に納骨されていた遺骨は、一九七九年、摩文仁に新設された国立沖縄戦没者墓苑にふたたび転骨され、今日に至っている。

このような中で、「霊域整備事業」による戦没者中央納骨所への転骨を拒んだ慰霊塔の一つが、真壁《まかべ》村字真栄平《まえひら》（現糸満市）にある「南北の塔」である。沖縄戦によって、九九六名のうち五五三名を亡くした真栄平区では、戦後、散乱する遺骨を収集し、真栄平納骨所を建てた。この真栄平納骨所に対しても、遺骨を戦没者中央納骨所へ移すよう働きかけが行われていたものの、同区の常会は、多くの肉親の遺骨が含まれ、遺骨が二度焼かれることを許すものであるとの理由などから、移葬への反対を決議した。

この決議にもとづき、真栄平区は、地域住民や遺族会などからの寄付金により、一九六六年、永久的な慰霊塔を建設した。この寄付金の一部には、戦争中、第二十四師団に所属し、真栄平の地域住民との交流があり、戦後もアイヌ民芸使節団の一員として沖縄を訪問した弟子豊治《てしとよじ》さんからのものが含まれている。この塔は、北海道から沖縄までの全兵士、そして、沖縄の住民を祀りたいという思いから「南北の塔」と命名され、北側面には「キムンウタリ」（山に住む同胞という意味）、南側面には「真栄平区民」と刻まれており、真栄平とアイヌの人々の平和への願いが込められている。

一九八〇年代以降になると、沖縄戦に対する認識の変化にともない、個々の戦争被害の実態に寄り添った慰霊塔（碑）の建立が増加する。これらの慰霊塔（碑）は、読谷村波平《なみひら》の「チビチリガマから世界へ平和の祈りを」（一九九五年建立）など「集団自決」に関係するもの、読谷村瀬名波《せなは》の恨之碑《ハンのひ》（二〇〇六年建立）や宮古島のアリランの碑（二〇〇八年建立）など朝鮮半島出身者に関係するもの、石垣島の「八重山戦争マラリア犠牲者慰霊之碑」（一九九七年建立）など戦争マラリアに関係するものなど、これまであまり省みられなかった戦争犠牲者に着目するもので、戦争責任についてしっかりと言及し、世界平和への願いを碑文に盛り込んでいるところに特徴がある。

援護法の適用とその問題点　沖縄戦の戦没者遺族にとって、慰霊（追悼）に関する問題と並び、もう一つの大きな問題が、米軍の占領下にあった沖縄にも適用された戦傷病者戦没者遺族等援護法（一九五二年制定）にある。沖縄戦は、多数の一般住民を巻き込んだ戦闘であったことから、一般住民の戦没者の多くが、「戦闘参加者」として援護法の適用を受け、それと同時に靖国神社に合祀された。援護法の適用を受ける「戦闘参加者」は、「国と雇用関係」にある軍人・軍属とは異なり、国と「雇用類似の関係」にある「準軍属」に含まれている。

しかし、旧国家総動員法による被徴用者やその協力者など戦前の諸法令などにもとづくその他の「準軍属」とは異なり、「戦闘参加者」は「法令上の根拠なし」とされており、同じ準軍属とはいえ、異なる性格を有していた。そのため、「戦闘参加者」は、「弾薬・食糧の運搬、炊事、避難壕の提供など」、「日本軍の戦闘を有利に導くため」の具体的な「軍事行動」を明確にする必要があった。しかも、その認定にあたって、「陸軍または海軍の現地部隊等の要請に基づいて」、「戦闘に参加させられた者または戦闘幇助に携わった者」で、「アメリカ軍の攻撃を受け死亡したり障害の状態にあった場合」に限られていた。

さらに、一九八一年以降、六歳未満の者も、援護法の対象に加えられるようになるが、基本的に、「保護者が戦闘参加者である場合」に限られ、その「保護者が幼児と共に行動することについてやむをえない事情があったかどうか」が厳しく問われることになっていた。つまり、「保護者」の「戦闘参加の実態」が、「戦闘参加者」として援護法の適用を受ける六歳未満の者の根拠となっていた。

日本政府は、この法律によって、国家が行った誤った戦争による被害を補償するのではなく、沖縄戦を「祖国防衛戦」と位置づけ、戦争への貢献に応じたかたちで援護を行った。このようなかたちでの「戦闘参加者（準軍属）」の認定においては、日本軍によって家族が殺されたとの申し出は拒否されるため、事実を歪め、日本軍にいかに積極的に協力したかを明確にすることが求められていた。そのため、沖縄戦で家族を亡くしたり、負傷したりするなどの被害に対して損害賠償と謝罪を求める訴訟や、靖国神社に「英霊」として合祀することを取り消すことを求める訴訟が提起された。日本政府の対応を問う声は今なお少なくない。

（佐治暁人）

〔参考文献〕安仁屋政昭『沖縄戦のはなし』（沖縄文化社、一九九七年）、北村毅『死者たちの戦後誌—沖縄戦跡をめぐる人々の記憶』（御茶の水書房、二〇〇九年）、林博史『沖縄戦が問うもの』（大月書店、二〇一〇年）

コラム⑱

すべての戦没者を追悼する平和の礎

「平和《へいわ》の礎《いしじ》」とは、沖縄戦終結五〇周年の一九九五年、沖縄県が「世界の恒久平和を願い」つつ、糸満市摩文仁《まぶに》の平和祈念公園内に設置した「沖縄戦などで亡くなられたすべての人々の氏名を刻んだ記念碑」を指す。日本軍人のみを英霊として称え、日本が行った戦争を美化する靖国神社とは異なり、「平和の礎」は、敵・味方や軍人・民間人、加害者・被害者、人種、国籍を区別することなく、すべての戦没者を追悼する画期的な記念碑だと言える。

しかし、沖縄県出身者については、満洲事変（一九三一年九月）以降、日中戦争やアジア太平洋戦争において、フィリピンや南洋諸島などでの死没者、引揚《ひきあげ》船や疎開船の遭難などでの死没者、戦争マラリアなどによる死没者、戦争が原因で敗戦後おおむね一年以内での死没者、死亡時期に関係なく原爆による死没者も刻銘されている。「平和の礎」の刻銘者は、二〇一八年六月現在、沖縄県出身者一四万九五〇二名、本土出身者七万七四三六名、米軍人一万四〇〇九名、英軍人八二名に加え、台湾人三四名や朝鮮半島出身者（朝鮮民主主義人民共和国八二名、大韓民国三八〇名）、合計二四万一五二五名となっている。だが朝鮮半島出身者の場合、ほとんどが創氏改名によって強制された日本人名しか確認できないため、遺族の了解が得られたもののみ実名に戻して刻銘している。

さらに、沖縄戦を指揮した牛島満軍司令官や沖縄県民を虐殺した日本軍将兵と、沖縄県民や強制連行された朝鮮人を同列に扱うことは、戦争責任をあいまいにするとの批判もある。「平和の礎」は、刻銘対象者や刻銘方法をめぐり、多くの課題を抱えているが、沖縄県民の平和への願いを具体的なかたちで示したものとして、高く評価して良いであろう。

（佐治暁人）

〔参考文献〕新崎盛暉『沖縄同時代史第六巻 基地のない世界を 戦後五〇年と日米安保』（凱風社、一九九六年）、新城俊昭『戦後六〇年 戦争を知らない世代のための平和学習書 沖縄戦から何を学ぶか』（沖縄時事出版、一九九九年）

41 生き残ったひめゆり学徒の戦後

【もっと知りたい沖縄戦】
●場所　ひめゆりの塔、ひめゆり平和祈念資料館（糸満市）

「ひめゆり」の物語は、戦後すぐに全国に知られるようになったが、ひめゆり学徒隊の生存者の多くが、生き残った自分を責め、戦争体験を語れずにいた。資料館開館後に戦争体験を伝えるようになり、生き残ったことの意味は変化していった。

「ひめゆり」の物語の広がり　一九四六年四月、三和《みわ》村米《こめ》須《す》（現糸満市）に「ひめゆりの塔」が建立された。まもなく、捕虜収容所内で元兵士によってひめゆりの塔をめぐる話が書かれ、朗読会で好評を博した。「愛国心の一途に燃える」女学生が、過酷な戦場で純真にかいがいしく働き、命を落とした話で、「生きて虜囚《りょしゅう》の辱《はずかし》めを受けず」（戦陣訓）をまっとうすることのなかった収容所の人々の心を揺さぶった。ここに端を発する「ひめゆり」の物語は、小説や演劇などさまざまな表現の題材になり、映画の大ヒットによって、一九五〇年代には、全国的に知られるようになっていた。

生き残って申し訳ない　「ひめゆり」という名が広がるいっぽうで、ひめゆり学徒の生存者の多くは、長い間、戦争体験を語ることはなかった。彼女たちは、沖縄戦を生きのびたことに自責の念を募らせていた。まずもって、「捕虜」となり生きて収容所にいることは、戸惑いと不安の経験であった。家族に再会し、無事を喜ばれてようやく生きて良かったと思えたいっぽう、学友たちの死と、自分が生きた事を、どう捉えたらよいのか、わからなかった。

戦場で怪我をした人を置いて行ったことは、多くの生存者にとって重い体験となった。その時の状況を詳細にするほど、やむを得なかったことが明らかになり、しかし同時に、それは置いて行ったことの言い訳をしているように思え、語ることを難しくした。動けずに置き去りにされた学友の不安や恐怖を思うと、申し訳なさでいっぱいだが、当の学友は死んでしまって直接謝ることもできない。親御さんたちに、何とひどいことをしたのだと強く責められてもおかしくないことをしたと、自分を責めた。

多くの学徒にとって、慰霊祭には参加しても、戦争体験を思い出したり、書いたりすることも、簡単ではなく、語ることができなかった長い時間があった。

生存者にとってのひめゆり平和祈念資料館　新聞社が主催した展示会の成功をきっかけに一九八二年にひめゆり同窓会が資料館の建設を決めると、生存者たちは、壕で遺骨や遺品を集め、証言を録音し、文字起こしをするなどして、展示づくりを行った。戦争体験に向き合う辛い作業であったが、同時に、戦争に疑問を持たなかった当時の自分たちを捉え返す機会にもなった。資料館は、当時の教育の恐ろしさを訴えるものとなり、殉国美談《じゅんこく》とは一線を画すものとなった。

一九八九年、資料館が開館すると、プロデューサーの提案で、生存者は館内説明を行うことになった。戦争体験を伝えたいと思いながらも、体験を直接語ることは想定外であった。当初、言葉に詰まり、涙が出て、語ることは簡単ではなかった。しかし、熱心に耳を傾ける人の姿に励まされ、沖縄戦の実相を知らない人が多いことを知り、次第に伝えることの意義を強く感じていった。彼女たちは、活動を重ねるなかで、語ることのできない学友に代わって、体験を伝えることが生き残された意味ではないか、と、考えるようになった。多くの生存者にとって、睨んでいるように感じられた展示室の学友の遺影は、今日もたくさんの人に伝えるよ、無事に伝えられるように助けてね、と呼びかける存在に変化している。

彼女たちにとって、資料館で戦争体験を伝えることは、戦争のない平和な世の中をつくるためのものであり、それは、亡くなった学友や恩師への鎮魂の行為でもある。戦争をよく知らず、戦争に疑問を持たなかった自分たちと同じようにならないように、戦場をよく知ってほしいと考えて体験を伝えてきた。本来ならば、退職後、ゆっくりと過ごすはずの長い時間を、資料館の活動に当てることになった彼女たちも、九〇歳を超えた。彼女たちの活動は、二〇一八年に戦後生まれの館長を誕生させ、ひとつの節目を迎えている。彼女たちがのこした戦争体験と、戦争体験を伝える場としての資料館を、どのように継承していくのかが問われている。（仲田晃子）

〔参考文献〕『生き残ったひめゆり学徒たち―収容所から帰郷へ―　ひめゆり平和祈念資料館　資料集五』（二〇一二年）、『沖縄県史　各論編八　女性史』（二〇一六年）、『ひめゆり学徒の戦後　平成一五年度ひめゆり平和祈念資料館企画展』（二〇〇四年）

42 戦争遺跡

戦争遺跡とは、「近代以降の日本の国内・対外戦争とその遂行過程で形成された遺跡」というものが日本で一般的に普及している定義である。沖縄県内には数多くの戦争遺跡が残されており、保存・活用は平和学習の観点からも重要であると言える。ここでは、県内のおもな戦争遺跡を紹介するとともに、その保存・活用、課題や問題について取り上げる。

沖縄のおもな戦争遺跡　沖縄県教育委員会が一九九八～二〇〇五年度、二〇一〇年～二〇一四年に戦争遺跡を考古学的に調査したが、その中で確認された戦争遺跡は一〇七六件にのぼる。沖縄戦に関係する司令部壕や住民避難壕のほか、明治時代に構築された沖縄戦以前の戦争遺跡も残存している。

(1) 第三十二軍司令部壕跡（**那覇市**）

現在の首里城公園の地下を中心に構築されている。戦時下の指揮統制機関としての軍施設という性格が強く、他府県に現存する司令部庁舎跡のような「平時の行政機関としての軍施設」とは大きく異なる。当時は長勇参謀長により「天巌戸《あまのいわと》戦闘指揮所」と命名されており、第三十二軍が一九四五年五月二十七日に南部撤退するまで第三十二軍の中枢として機能した。

【もっと知りたい沖縄戦】

●場所　第三十二軍司令部壕（那覇市）、沖縄陸軍病院南風原壕（南風原町）、轟の壕（糸満市）、旧海軍司令部壕（豊見城市）、御真影奉護壕跡（名護市）、座喜味の掩体壕跡（読谷村）、海軍給水タンク跡（南城市）

●—第三十二軍司令部壕関連の構築物（那覇市）

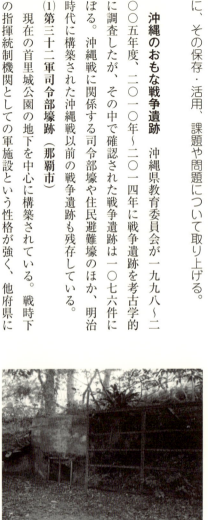

現在は坑道の一部のみ確認でき、泥岩層に構築されている関係から壁面の剥落や劣化が激しく崩落の危険があり内部は鉄骨などで補強されている。沖縄戦を語る上でかなり重要な戦争遺跡ではあるが地質の関係上内部に入ることはできない。龍潭《りゅうたん》池近くには関連するコンクリート施設の遺構が残存する。

(2) 沖縄陸軍病院南風原壕群（南風原町）

●—沖縄陸軍病院南風原壕群第二〇号壕(内部)

第三十二軍直属の陸軍病院として構築された人工壕群で、黄金森《こがねもり》という丘陵に第一・二外科壕群、現在の役場周辺に第三外科壕群があった。壕の構築は一九四四年九月から第二野戦築城隊によって開始され、一九四五年三月、それまで陸軍病院として使用していた南風原《はえばる》国民学校が焼失すると本格的に陸軍病院壕として利用された。軍医をはじめとする三四二名の勤務者のほか沖縄師範学校女子部・県立第一高等女学校生徒をはじめとする二四〇名のひめゆり学徒隊が動員され五月の撤退命令まで壕を運用した。また、撤退時には重傷患者への毒物による「処置」があった事が証言に残されている。

一九九〇年には全国で初めて戦争遺跡の文化財指定がなされ、考古学調査をへて、二〇〇七年から二〇号壕が一般公開されており、隣接する南風原文化センターとともに平和学習の場として利用されている。

(3) 旧海軍司令部壕跡（豊見城市）

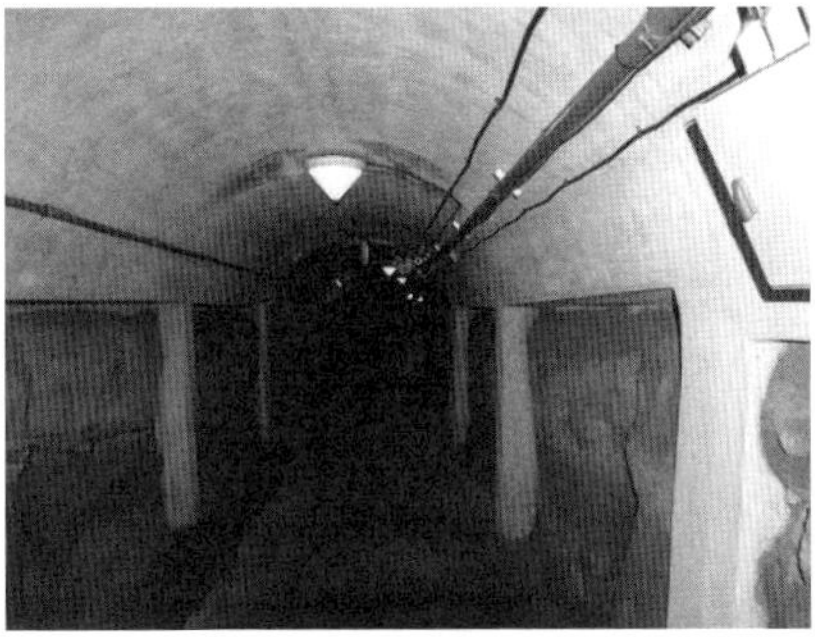

●—旧海軍司令部壕跡（豊見城市）

小禄半島を見渡せる火番森《ひばんむい》という丘陵に所在し、砂岩の岩盤を掘り込んで構築されている。壕内は網目状に入り組んだかなり複雑な形状で壕内の高低差もかなりあり、総延長は四五〇《メートル》程であったとされる。天井部の一部はアーチ状でコンクリートや板材で補強されている部分もある。一九四五年六月六日に「沖縄県民かく戦えり」の電文を発した部屋や、十三日に大田實少将が自決した部屋が残されている。

現在、周辺は海軍壕公園として整備されており、壕内は一部が改修・補強されて一般公開されている。

(4)轟の壕／カーブヤーガマ（糸満市）

伊敷《いしき》集落南西に所在する石灰岩に形成されたドリーネ状の開口部をもつ大きな自然洞穴であり、沖縄戦時は主に住民の避難壕として利用されていた。前線が南部に迫った六月には県知事を含む沖縄県庁・警察部職員のほか、同時期に一〇数名の日本兵も入ってきた。軍民混在の壕であり、日本兵による食糧強奪・住民虐殺などの証言も残っている。六月末に米軍の呼び掛けに応じ住民は壕を脱出した。

●―轟の壕（糸満市）

壕内は急な斜面やぬかるんでいるところも多いが、現在は階段などが整備されており、平和学習に利用されている。

(5)大湿帯の御真影奉護壕跡（名護市）

名護市の東側の山中、大湿帯《おおしったい》と呼ばれる地域に所在し、斜面を約四〇《メートル》の「コ」の字型に掘りぬいて構築されている。この壕は住民避難や軍の陣地壕ではなく、「各学校の奉安殿《ほうあんでん》

●―大湿帯の御真影奉護壕跡（名護市）

（奉安室）に安置されている御真影（天皇や皇后の写真）を戦禍で失われることを避けるために安全な場所で保管する」という、かなり特殊な目的で構築された。御真影は教員や中学生が護衛したが、御真影は六月三十日に奉焼された。現在はコウモリの住処となっており入口は施錠されている。

(6)沖縄北飛行場（読谷飛行場）の掩体壕跡（読谷村）

●―座喜味の掩体壕跡（読谷村）

読谷村役場北側に所在するコンクリート製構築物であり、饅頭《まんじゅう》を半分に切ったような外観をしている。この場所はかつて沖縄北飛行場（読谷飛行場）の敷地内であった。

飛行場は一九四三年七月から造成がはじまり、軍の専門部隊や民間業者のほかに各地から集められた住民も工事に参加させられた。一九四四年四月二十五日から第十九航空地区司令部が設置され、掩体の設営は六月ごろに開始されたと考えられる。証言によれば掩体壕《えいたいごう》は、積み上げたドラム缶に土を乗せてコンクリートを流し、硬化後に土やドラム缶を取り除いて構築されたという。

現存する掩体壕一基は、二〇〇九年に読谷村の史跡として文化財指定された。遺構保護のために内部に入れないが外部の見学は可能である。

(7)海軍給水タンク跡（南城市）

●―海軍給水タンク跡（南城市）

一八九六年、海軍省は日清戦争後の戦略に備え海軍艦船の補給基地に供するために佐敷間切《さしきまぎり》（現在の南城市佐敷）の五

○○○坪余りの土地を取得し中城《なかぐすく》湾需品支庫を建設し、兵舎や石炭庫、煉瓦造りの水溜などが設置された。少なくとも一九一二年には尋常高等小学校として利用されているため、軍の兵站《へいたん》基地として利用された時期は短く沖縄戦時には使用されていないと考えられる。

遺構は特に保護されてはいないが、住宅地に囲まれた山林の中に所在する。給水タンクは枡のような天井の開いた四角型で、一辺約一・九《メートル》、高さは二・五《メートル》程である。材質は外部が煉瓦造、内部はモルタルが塗られており、床面には砂利が敷かれている。壁面には取水口や給水口と思われる穴がある他、銃弾が着弾した痕跡も見受けられる。近隣に湧水があるため、需品支庫があった当時は湧水の水をタンクに溜め停泊した艦艇に補給したと考えられる。

保存・活用の取り組み　戦争遺跡の中には地域の文化財として保存され、平和学習の場として活用されているものがある。全国的にも先駆的な例である沖縄陸軍病院南風原壕群を例に紹介する。

(1)保存・壕の文化財指定まで

一九七三～八七年、陸軍病院壕群が所在した南風原町の黄金森では、当時の厚生省による遺骨収集作業が大規模に行われた。作業では壕の推定位置を重機で掘り下げて遺骨や遺品を収集して埋め戻すことが行われたが、測量調査などの記録作業は行われず壕内に残されていた様々な情報は失われてしまう現状があった。

そこで南風原町文化財保護委員会は、陸軍病院に関する聞き取り調査や文献資料調査を実施し、壕群の所在地である黄金森を将来的には戦跡公園として保全・活用する方針を表明した。

当時の文化財保護法の指定基準では戦争遺跡を指定することはできなかった。南風原町は一九八八年に町文化財保護条例の指定基準を改正し、「沖縄戦に関する遺跡」を加え、一九九〇年には黄金森丘陵内の未確認の壕を含めた沖縄陸軍病院第一・第二外科壕群を条例に基づき史跡として文化財に指定した。文化財保護法が改訂され、戦争遺跡の文化財指定が可能になったのは五年後の一九九五年になってからである。

(2)活用・壕の公開まで

文化財指定後の南風原町では壕群の活用に向けた取り組みが本格的に実施された。まず、一九九三年から各地の戦争遺跡の現地調査や関係者の聞取り調査を実施、一九九四年からは黄金森での考古学的調査が開始され、地形測量や第一・第二外科壕群の各壕の試掘確認調査が行なわれた。一九九七年からは壕の保存整備と公開の具体的な策定に取りかかった。

二〇〇三年に沖縄陸軍病院第二外科壕群、第二〇号壕の保存修復と安全対策工事を施した後、平和学習施設として公開することが決定され、二〇〇六年に一般公開に向けた全面調査・整備工事が行われた。整備にあたっては、壕内の残存する部分は最大限残し、崩落の恐れがある部分は鉄骨などで補強。旧状が失われている部分はコンクリートで再現された。壕は二〇〇七年六月に二〇号壕の一般公開が開始され、南風原町民のみならず県内外の見学者の平和学習の場として活用されている。

戦争遺跡を巡る課題・問題

(1) 調査上の課題

開発等で記録調査が行われずに失われた戦争遺跡も多い。少なくとも県が調査した一〇七六件の戦争遺跡の内一三件は消失したと考えられている。また、悉皆《しっかい》調査に限界があり県が把握している以上の戦争遺跡が県内に分布していると予想される。さらに遺骨収集については文化財保護法に基づいた考古学的調査では無い場合が多く、遺構・遺物を歴史資料として取り扱い、記録・検証・保護が徹底されているとは限らないため、後世において当該戦争遺跡を遺跡として評価することが難しくなる側面もある。

(2) 平和学習上の問題

沖縄戦の語り部たちが減りつつある現在、いくつかの戦争遺跡は平和を学ぶ場として学校教育や社会教育の面から利用されているが、一部では関連性の無い兵器の掲示がされている戦争遺跡や、誤った解説がされている戦争遺跡がある。

また、一部の戦争遺跡では近年心霊スポットとして捉えられており平和教育の場として正しく認識されていない側面がある。二〇一七年九月、読谷村のチビチリガマに設置されている看板や像の一部、供えられた千羽鶴、壕内の遺骨や遺物などが数名の少年によって損壊される事件が発生している。他に、あまり人気《ひとけ》のない場所に所在している壕などは廃棄物が投棄されている場合があるなど、解決すべき課題は少なくない。

（仲程勝哉）

〔参考文献〕十菱駿武、菊池実『しらべる戦争遺跡の辞典』（柏書房、二〇〇二年）、『沖縄の戦争遺跡—平成二一〜二六年度戦争遺跡詳細確認調査報告書—』（沖縄県立埋蔵文化財センター、二〇一五年）、吉浜忍『沖縄の戦争遺跡 〈記憶〉を未来につなげる』（吉川弘文館、二〇一七年）

コラム⑲

不発弾処理にあと七〇年

沖縄では現在も不発弾が発見され、その処理にともない道路や施設の閉鎖、近隣住民の避難が行われている。

「鉄の暴風」と形容される沖縄戦では、米英合わせて約二〇万トンの砲弾が撃ち込まれ、約一万トンの不発弾が発生した。戦後初期、現在の宜野湾市での「不発弾は畑から相当な数が出て、畑を耕しながら怪我をする人もいた。手榴弾は本当に危険であった」という証言が示すように、農耕中に農具が地中の不発弾に触れたり、落ちていた不発弾で子供が遊び死傷する等の事故が頻発した。

危険なのは不発弾だけではなかった。米軍の未使用弾が回収されずいたるところに残っていたため、現在の糸満市や八重瀬《やえせ》町等では住民の帰還を遅らせる要因となっていた。未使用弾の処理にともなう事故も各地で発生し、伊江島では一九四八年に住民一〇二名が死亡する爆発事故が起きている。このように、沖縄では終戦後も、いつ爆発するともしれない不発弾・未使用弾が住民の身近に多数存在し、常に危険と隣り合わせの生活を送っていた。

一九五〇年代にはスクラップブームが到来し、放置されていた兵器の残骸等とともに不発弾も収集された。それにともない爆発事故も相次いだが、戦争により生活基盤が徹底的に破壊された当時の沖縄では、生きるために危険を承知で不発弾の収集が行われていた。

不発弾は現在も宅地建設や公共工事などにともない発見されており、二〇一六年の処理件数は六一二件にのぼる。処理状況について、復帰までに住民等により約三〇〇〇トン、米軍により約二五〇〇トンが処理されたと推計されている。復帰後は自衛隊により不発弾処理が行われるようになり、これまで約二〇〇〇トンが処理されたが、永久不発弾約五〇〇トンを除いた約二〇〇〇トンが今も地中に残り、すべての不発弾を処理するには今後七〇年かかるとみられている。沖縄戦の生み出した「不発弾」という傷跡は、今も消えずに残っている。

（金城良三）

〔参考文献〕伊江村教育委員会『証言・資料集成　伊江島の戦中・戦後体験記録—イーハッチャー魂で苦難を越えて—』（一九九九年）

43 文学と沖縄戦

沖縄戦による廃墟の中から始まった戦後沖縄において、「沖縄戦」は文学において最も主要なテーマの一つである。「沖縄戦を、一九四五年に終結したあの悲惨で異常な一時の事件としてのみ捉えるのではなく、持続性をもった日常として沖縄戦を捉え返すような作業を積み重ねてきたのが、戦後の沖縄文学であった」（新城郁夫、二〇〇〇年）との指摘もあるように、歴史の一場面としてのテーマではなく、米軍占領下における沖縄の現実と結びつき、繰り返し問い直されてきた。

戦後沖縄文学と沖縄戦　沖縄戦直後、収容所における文芸として「ひめゆり」に関する短歌や小説が編まれ（宮永次雄『沖縄俘虜記』雄鶏社、一九四九年）、一九四〇年代後半においては、沖縄戦を体験した他府県出身軍人の回想記・小説が出版された（古川成美『沖縄の最後』中央社、一九四七年等）。沖縄戦記の嚆矢《こうし》ともいわれているが、この時期の回想記や小説については「沖縄戦における一人の超国家主義者の手記」（仲原善忠、一九四九年）等と評され、沖縄人自身の手による記録編さんが要望された。

五〇年代前半にかけては、住民の動きを中心とした沖縄戦記録が著された。『月刊タイムス』第一一号（一九五〇年十二月）にて「時間場所を問わず自分の経験した生々しい記録」を題材とした「沖縄戦記録文学懸賞募集」が告知され、同誌第一四号（一九五〇年三月号特大号）「特集・沖縄戦記録文学」において波川友広「敗戦を聞く」等五編の入選作品が発表された。『鉄の暴風　現地人による沖縄戦記』（朝日新聞社、一九五〇年）、仲宗根政善《なかそねせいぜん》『沖縄の悲劇　姫百合の塔をめぐる人々の手記』（一九五一年）、大田昌秀《おおたまさひで》／外間守善《ほかましゅぜん》『沖縄健児隊』（日本出版協同、一九五三年）、金城和彦編『みんなみの巌のはてに　沖縄の遺書』（光文社、一九五九年）等が出版された。また、沖縄県外在住の作家たちによって、沖縄戦をモチーフ

【もっと知りたい沖縄戦】

●人物　仲宗根政善、大田昌秀、外間守善、金城和彦、石野径一郎、霜多正次、新井晄、大城立裕、船越義彰、牧港篤三、岡本恵徳、目取真俊、又吉栄喜、嶋津与志、下嶋哲朗、比嘉湧

とした批評文や作品も生み出されていく。那覇市出身の作家、石野径一郎は、一九四九年、東京で発行されていた雑誌『令女界』に「ひめゆりの塔」を連載、一九五〇年には山雅房から単行本化され、評判を呼び映画化された。同じく東京で活躍していた今帰仁村出身の霜多正次《しもたせいじ》は「虜囚の哭」（『文学界』一九六一年八月号、原題「虜囚の歌」）を発表している。

　この時期、沖縄在住の作家による「沖縄戦」をテーマとした文学作品はあまり発表されておらず、それに対する批判も出された。新井晄（新川明）「船越義彰試論―その私小説的態度と性格について―」、川瀬信（川満信一）「『塵境』論」（いずれも『琉大文学』第六号五四年七月）が発表され、船越義《ふなこしぎ》彰《しょう》と山里永吉という郷土の先輩作家たちの作品を批判的に読む戦後沖縄文学における批評活動の嚆矢となったが、その主張は「終戦時の沖縄の姿がこれだと言うならば、驚くより外ない。一体作者は戦争中カッパの国に眠っていたのか？　と問いたくなる」（「『塵境』論」）、「吾々は多かれ少なかれ戦争という冷厳な経験を経てきている以上、すぎて来た自己に対してより厳格な批判と反省をなし、強じんな吾々の文学を創らねばいけないだろう。あの過酷な経験を経、そして今経つつある吾々の生活の中からは、たとえばあの火野葦平などに代表される腐敗した戦争文学者の戦争文学とはおよそ異質の戦争文学が生まれるべきであり、吾々の真実に本格的な創作がなされるべきだ」（新川明「戦後沖縄文学批判ノート―新世代の希むもの―」『琉大文学』第七号）等、沖縄戦経験と文学の関係性に対するものが中心であった。その後、スパイ視や壕追い出しを描いた大城立裕《おおしろたつひろ》「棒兵隊」（『新潮』一九五八年十二月）が発表され、これらが沖縄在住の作家によるもっとも早い時期に発表された沖縄戦小説である。

　しかしながら実際に沖縄戦を体験した作家達は、沖縄戦をモチーフとする作品を、まだ発表できる状況ではなかった。例えば沖縄戦を防衛隊の一員として過ごし、終戦後、愛した女性を戦争による過労で亡くした船越義彰にとって、客観的に沖縄戦を捉え、創作活動に反映させることは困難であった。船越は「戦争が敗れ、民族的な信念とか、又は道徳とか、全てのものが根本的に転換しなければならなかった頃、私達は、或る一定の時間を殆んど呆然自失の態で過ごした」（船越義彰「戦後沖縄文学の反省と課題」『琉大文学』第七号）と述べており、その喪失感を『船越義彰詩集』（一九五九年）において表現しているが、沖縄戦をモチーフとした作品は、一九六〇年代半ばから七〇年代になってからようやく発表されることとなる。

「日本復帰」とともに浮かび上がる沖縄戦の記憶　一九六

〇年代半ばから七〇年代にかけて、沖縄出身者による沖縄戦文学作品が数多く発表されるようになる。その背景として第一に、「復帰」運動の高揚とともに、日本と沖縄の関係性が改めて見直される中で沖縄戦の記憶がふたたびよみがえってきたことが挙げられる。一九六九年十一月、佐藤・ニクソン会談によって、米軍基地機能が維持されたまま七二年「沖縄施政権返還」が決定され、沖縄側が求めた「反戦復帰」「平和憲法下への復帰」とのねじれが表面化、「復帰」に対する閉塞感と不安感が色濃く人々の心に影を落としていた。そのような中で、沖縄戦の記憶も改めて問い返され、沖縄戦を語らねばならないという意識が高揚した。沖縄戦をマスコミ人として経験し、戦争責任を深く自省した牧港篤三《まきみなととくぞう》『無償の時代・牧港篤三全詩集』（共同印刷出版社、一九七一年）の作品群はその代表として挙げられるだろう。また、「集団自決」を題材とした大城立裕「神島」（一九六八年）、曾野綾子《そのあやこ》『ある神話の背景　沖縄・渡嘉敷島の集団自決』（文藝春秋、一九七三年）、岡本恵徳《おかもとけいとく》「水平軸の発想—沖縄の『共同体意識』—」（『叢書わが沖縄　第六巻　沖縄の思想』木耳社、一九七〇年）等の作品も発表された。岡本は「誤解をおそれずあえていえば、『渡嘉敷島の集団自決事件』と『復帰運動』は、ある意味では、ひとつのもののふたつのあらわれであったといえよう」と述べている。単に沖縄が日本へ「復帰」することに反対したのではなく、沖縄内部の「同化主義」「事大主義」を批判し、深く沖縄の歴史・運動・状況を見つめ直すことによって、日本国家を相対化する視点を提示した「沖縄自立の思想」の出現であるが、その思想が練られていく過程で、沖縄戦への問い直しが浮上してきた証左であった。

　第二に沖縄戦終結から一定の期間が経過し、ようやく「沖縄戦」について語ることができるようになったことがあげられる。一九六〇年代半ばからの『沖縄県史』や市町村市史の進展により沖縄戦証言記録の掘り起こしも進み、文学においてもさまざまなかたちで沖縄戦を題材とするものが多く生み出されていった。例えば現役兵として沖縄戦を体験し、その後米軍の捕虜となり、ハワイの捕虜収容所で一年余りを過ごした嘉陽安男《かようやすお》は「捕虜」「砂島捕虜収容所」「虜愁」（『新沖縄文学』一～三号、一九六六年）等を発表した。大城立裕「亀甲墓」（一九六六年、『新沖縄文学』第二号）では、戦火から逃れるため「亀甲墓」にて暮らす家族の姿を通して、沖縄戦によって人命だけではなく、共同体も喪失されて行く様子が描かれている。

　沖縄戦の三三回忌（ウワイスーコー）を迎えた頃、船越義彰が「カボチャと山鳩」（『新沖縄文学』第三九号、一九七八年）

を発表する。米兵が「人間か動物」の死体を養分として大きくなったお化けカボチャを発見する場面から始まる同小説は、沖縄戦終結から一年後のある農村の風景が描かれている。防衛召集された夫・松喜の生死が分からないまま、子どもたちを育てているトミは米軍配給のカボチャを家族で食べているが、その時、鳩の鳴き声を聞いたような気がする。実は松喜は一年前に自分の屋敷で米兵に射殺され、その時も鳩が鳴いていた。懸命に生きるトミだが、すでに自分達の家屋敷も「アメリカのブル」につぶされ、夫の骨すら行方不明になっている。「それにしても、松喜よう、おまえさん、生きているのか、死んでいるのか」とつぶやくトミの苦悩は、沖縄戦から三〇年余が過ぎてなお、大切な人と理不尽に引き裂かれた想いを抱える多くの沖縄人の想いでもあった。

沖縄戦の継承と現代的課題　復帰後の沖縄では、沖縄戦継承の課題と、基地問題を始めとする現代的な課題が結びついた作品も多い。例えば目取真俊《めどるましゅん》「平和通りと名付けられた街を歩いて」（『新沖縄文学』七〇号、一九八六年）、『風音』（一九八五年）、『水滴』（一九九七年）『魂込め』（一九九九年）『群蝶の木』（二〇〇一年）『虹の鳥』（二〇〇六年）等はその代表的な作品であろう。また、小説のみならず、映画、絵本、漫画も多く世に出されている。知念正真《ちねんせいしん》「人類館」（『新沖縄文学』第三三号、一九七六年）では、沖縄近現代史の中の沖縄戦について、又吉栄喜《またよしえいき》「ギンネム屋敷」（『すばる』一九八〇年）では、朝鮮人差別と沖縄戦の問題が取り上げられている。嶋《しま》津与志《つよし》「洞窟」（パモス青芸館〈池袋・パモス青芸館〉、一九八〇年）は、映画「GAMA　月桃の花」の原作である。絵本では下嶋哲朗《しもじまてつろう》『ヨーンの道』（理論社、一九七九年）、マンガでは比《ひ》嘉《が》慂《すすむ》『砂の剣』（小学館、一九九五年）『カジムヌガタイ』（講談社、二〇〇三年）が刊行されている。

沖縄戦から七〇余年が経過した現在でも、毎年毎年、多くの沖縄戦に関する作品が出版されている。今後もそのような動きは続いていくことと考えられる。

（納富香織）

〔参考文献〕仲程昌徳『沖縄の戦記』（朝日新聞社、一九八二年）、岡本恵徳「沖縄戦戦記について—その初期作品を中心に」（『琉球大学法文学部紀要　国文学論集第二三号』琉球大学法文学部、一九七九年）、のちに『沖縄文学の地平』（三一書房、一九八一年）、新城郁夫『沖縄文学という企て　葛藤する言語・身体・記憶』（インパクト出版会、二〇〇三年）、大城貞俊『「沖縄文学」への招待』（琉球大学、二〇一五年）

44 戦後教育における沖縄戦

【もっと知りたい沖縄戦】
●場所　糸数アブチラガマ（南城市）、沖縄県平和祈念資料館（糸満市）

今日、沖縄県の多くの公立学校では、毎年「慰霊の日」の前に、「特設授業」として平和教育が行われる。このような取り組みはいつから始まり、戦後教育の中で沖縄戦はどのように教えられてきたのだろうか。

教材となった沖縄戦　一九六〇年代から沖縄県の各学校では教職員組合によって、年間五回の「特設授業」と呼ばれる平和学習が推奨され、その中の一つとして、六月二十三日の「慰霊の日」に合わせた取り組みが行われた。しかし「本土復帰に向けた取り組み」や米軍基地撤去・自衛隊の沖縄配備などが主要なテーマであり、沖縄戦のことが取り上げられるようになるのは復帰後の一九七〇年代後半からだった。

一九七八年の教職員組合の研究会で沖縄戦学習に関する議題が初めて取り上げられ、体験者の証言を教材化し、沖縄戦の住民被害を伝える指導案が紹介された。本土復帰後も残る米軍基地や自衛隊が新たに配備される状況に直面し、沖縄戦の「軍隊は住民を守らない」という教訓を子ども達へ伝える想いと、戦後三三年が経過し戦争体験の風化が、教師を沖縄戦の教育に向かわせる動機となっていた。

特設授業の展開と見えてきた課題　一九八〇年代になると、沖縄戦を教える特設授業がさまざまな展開をみせた。高等学校では生徒自ら沖縄戦について調べ壁新聞を作成したり、学校図書館での資料展示、関連するビデオの上映、討論会の実施など、慰霊の日の直前に各学校で多様な取り組みが実施された。小学校でも、教師が沖縄戦の悲劇や米軍の実弾訓練を題材とした紙芝居を作成し読み聞かせを行うなど、子ども達の発達段階にあわせた授業が試みられた。

特設授業の中では、各地域にある慰霊塔の碑文を教師が調べ教材にしたり、南部戦跡のガマを訪ね、生徒が沖縄戦の追体験をするなど、地域の教材を活用する授業も実践された。

いっぽう、このような取り組みは学校や教師により独自で行われるため、その実践の内容にはばらつきがあり、資料を配布し読み上げるだけの特設授業に対しては生徒が不満を口にする事例もあった。

教科書問題と沖縄戦教育　一九八二年には実教出版高校教科書『日本史』の中の「日本軍による住民虐殺」の記述が文部省の検定によって削除されたことが報道され、沖縄県内では大きな反発が起こった。沖縄県議会が全会一致で検定に抗議する決議をあげ、後の教科書では日本軍による住民虐殺が記述されるようになった。この問題は、歴史教科書のなかで沖縄戦が十分に扱われていないことを教師自身に再認識させ、県教育長が各学校長に対し、住民の戦争体験を教材化するよう助言がなされた。

●—教科書検定意見撤回を求める県民大会（2007年，沖縄タイムス社提供）

しかし二〇〇七年の高校教科書検定で、歴史教科書七冊に対し、沖縄住民の「集団自決」を軍が強制した旨の記述が削除された。沖縄の県議会と県内すべての市町村で教科書検定の撤回を求める意見書が採択された。この問題をうけ県教育委員会は高等学校向けに、「集団自決」が起きた背景やその実相を具体的に伝える指導案を作成し各校に配布した。

近年の平和教育　近年も県内の多くの学校で、担当の教師が中心となって「総合的学習の時間」や「特設授業」として沖縄戦の学習を行っている。今日では学校の教師が沖縄戦に関する教材研究を行い、子ども達に直接教える形から、地域の平和ガイドや戦争体験者、市町村の専門職員を学校に招き、協力を得ながら授業を行う事例が増えてきた。これは、戦争体験者の高齢化により、体験者の語りを聞くことが困難になってきた事もあるが、沖縄戦の体験から子どもに何を学び取って欲しいか、しっかりと考え、指導の計画を立てる余裕が、教師や学校に無いことも理由の一つだと考えられる。

学校教育の中で「教師が沖縄戦とどの様に向き合うか」という課題は、その時代の学校と社会の現状を映す鏡である。

（稲嶺　航）

〔参考文献〕沖縄県高等学校障害児学校教職員組合編『教研中央集会「国民教育・平和教育」分科会の変遷』（一九九〇年）、沖縄県教育文化資料センター平和教育研究委員会編『平和教育の実践集 一二』（一九八三年）

45　日本本土の人々は沖縄とどう向き合ってきたか

【もっと知りたい沖縄戦】
●場所　祖国復帰闘争碑（国頭村）、道の駅かでな（嘉手納町）、嘉数高台公園、宜野湾市立博物館（宜野湾市）
●人物　佐藤栄作

ポツダム宣言の受諾によって無条件降伏した日本は、一九五二年に発効したサンフランシスコ講和条約によって独立を回復したいっぽう、米国統治下に留め置かれた沖縄が日本に復帰したのは、一九七二年五月のことであった。戦後日本社会において沖縄、そして沖縄戦はどのようにとらえられてきたのだろうか。

敗戦〜一九五〇年代　戦後日本社会における沖縄問題に対する関心の基盤には、戦争をともに体験した沖縄への共感や甚大な被害を被ったことへの同情、沖縄を米軍統治下に長く留め置いてしまったことへの「負い目」などがあった。とりわけ一九五〇年代の日本社会には戦争の記憶が色濃く残っており、恒久的な基地建設のための強制的な土地接収への反発が強まっていた沖縄から代表団が上京したのを契機に、一九五六年夏には沖縄の軍用地問題が大きな注目を集めた。

「戦時中、〝ひめゆりの乙女〟〝沖縄健児〟たちは最後まで戦い、沖縄人民の血や涙は沖縄の大地にしみこんでいる。主権を奪われ、土地を奪われようとしているいま、政府はどうして立ち上らないのか。（略）私は政党的立場を離れ、諸君と最後まで闘う」とのあいさつに、こみ上げるオエツをぐっと抑え、ハンカチで目頭を抑える婦人も見受けられた（『神戸新聞』一九五六年七月六日）。

これは、「沖縄土地取上反対兵庫県民総決起大会」における兵庫県知事の来賓挨拶と会場の反応であるが、戦争をともに戦った沖縄の人々に対する強い共感意識がみてとれる。一九五〇年代半ばには、日本でも米軍基地拡張のための強制的な土地接収が各地で行われ、それへの反発が高まっていたことも、沖縄の軍用地問題に対して同情や共感が寄せられる背景となった。

しかし、日本社会における米軍基地に対する反発の高まり

●―土地接収に反対する人々（1955年7月宜野湾市伊佐浜，沖縄県公文書館所蔵）

を受けた米国政府が、本土にあった米軍基地の撤去や縮小を進めたことや、各地の基地反対運動が一定の成果をえて収束していったことなどにより、日本社会における米軍基地に対する関心は希薄になり、沖縄の軍用地問題に対する関心も低調になっていった。

一九六〇年代～沖縄の施政権返還　高度経済成長の真っただ中、平和憲法のもとで戦争の影を身近に感じることなく豊かな生活を築いていった日本社会において、沖縄問題がふたたび焦点となるのは、佐藤栄作首相が沖縄の施政権返還交渉に着手し、またベトナム反戦運動が盛り上がりをみせる一九六〇年代後半である。米軍機の墜落事故や原子力潜水艦の寄港問題など、米軍基地の存在があらためてクローズアップされていた日本社会において、ベトナムに出撃する爆撃機が飛び立ち、核兵器すら配備されていた在沖米軍基地の状況や、そうした基地と隣り合わせの生活を強いられるなかで日本復帰を求める沖縄の人々の声が、大きく取り上げられるようになった。とりわけ沖縄返還交渉をめぐって懸念されたのは、沖縄返還によって沖縄の米軍基地はどうなるのか、核の配備を含め、米軍が自由に使用できる在沖米軍基地が、日本の平和と繁栄を脅かすのではないかという点であった。

　こうして高まった沖縄や米軍基地への関心は、しかし、一九五〇年代半ばのそれと似たようなかたちで収束していった。米軍基地に対する日本社会の反発を和らげるため、米国政府は、首都圏を中心に在日米軍基地の再編縮小を行い、また、日本政府が、在沖米軍基地に配備された核兵器を撤去したかたちで沖縄返還がなされる旨を言明したことで、米軍基地や沖縄返還をめぐる日本社会の関心も収束に向かった。

沖縄の施政権返還～一九八〇年代　しかし、沖縄では、日本復帰に際して期待された米軍基地の撤去縮小はほとんど進まず、広大な米軍基地は残ったままとなった。そのことに対する日本社会の反応はどのようなものだったのだろうか。沖縄の日本復帰から一〇年後の一九八二年、沖縄を訪れたある教師は次のような感想を残している。

「米軍基地は、もうすでになくなっているものと思っていたのに、まだ残っているんですねェ」と話された同僚の言葉が印象的だった。基地は、返還によってへるどころか、返還前は日本の米軍基地の四八％だったのに、現在は五三％に増えている。おまけに、自衛隊まで入ってきているのだ。僕も初めて沖縄の土を踏むまでは、米軍基地はすべて撤去されているものと思い込んでいた。」（『教育評論』第四二二号、一九八二年八月）

施政権返還によって、沖縄の米軍基地問題があたかも「解決」したかのような錯覚が存在していたことがうかがえる。

他方では、戦争体験の風化が懸念され、その継承や平和教育が課題となると、沖縄戦の体験や米軍基地問題を学ぼうとする動きが生じ、例えば平和学習を目的とした沖縄への修学旅行が増加していく。沖縄では、ベトナム戦争の激化や、復帰にともなう自衛隊の配備を契機に沖縄戦の体験が想起され、反戦や平和の拠り所としてとらえなおされていったが、そうした沖縄戦認識の深化は、戦争体験記録運動や平和学習などを通じて本土にも還流していった。日本本土のために沖縄が捨て石にされたこと、兵士を上回る住民の死者の多さ、日本軍による沖縄住民殺害などの残虐行為といった沖縄戦の特徴が、本土でも知られるようになったが、それに対して日本軍を弁護しようとする逆の動きも顕在化し、「集団自決」をめぐる教科書検定問題などが起こった（19の項目参照）。

一九九〇年代〜現在　施政権返還後の沖縄に対して、日本政府は、アジア太平洋戦争で二〇万人もの人々が犠牲になったほか、長く米国統治下に置かれたことで本土との間に大きな格差が生じたこと、国土面積の〇・六％の沖縄に在日米軍専用施設・区域の七割が集中していることで生活にさまざまな影響をおよぼしているといった沖縄の「特殊事情」を考慮し、沖縄振興策を進めてきた。基地そのものを縮減させる施策はとられなかったものの、政府の責任において沖縄の社会資本の整備や産業振興などに取り組んできたのである。

この時期、日本社会では、沖縄の食文化や音楽が広く知られるようになり、沖縄出身の歌手やタレントが全国的な人気を博すようになった。住民を巻き込んだ地上戦となって甚大な被害を出したところ、米軍統治下に長く置かれていた人々といった、それまでどこか特殊な存在としてあった沖縄は、日本を構成する四七都道府県の単なる一県とみなされるようになった。他方で、米軍基地が極端に集中する沖縄の困難な状況は何ら変わらなかったが、これに対する日本社会でよくみられた反応は、沖縄経済の基地への依存度の高さを指摘しつつ「沖縄は基地がないと食べていけないから」というものだった。

しかし、沖縄において基地関連収入が県民総所得に占める割合は、復帰直後の一五・五%から二〇一五年度では五・三%へと大幅に低下しており、今後さらに基地の返還が進展すれば、効果的な跡地利用による経済発展によって基地経済への依存度はさらに低下すると考えられている。例えば、那覇新都心は一九八七年に全面返還された米軍牧港住宅地区の跡地を利用したものである。沖縄社会にとって米軍基地の過重な負担は、もはや受忍すべきものではなく、発展の阻害要因とみなされるようになっているのである。にもかかわらず、日本政府は基地負担を減じるための施策をとる気配がないばかりか、名護市辺野古への新基地建設を強行している。沖縄では、こうした政府の姿勢に反発が強まり、二〇一四年に引き続き、二〇一八年九月の沖縄県知事選挙でも、辺野古への新基地建設に反対する候補者が大差で勝利した。さらに、二〇一九年二月の辺野古への新基地建設のための埋め立ての賛否を問う県民投票においても、埋め立てに「反対」が投票総数の七割を超えた。

日本社会が米軍基地問題にどう向き合うか　アジア太平洋戦争の終結から七〇年以上、沖縄の日本復帰から四五年以上が経過した今日、戦後日本社会における沖縄問題に対する関心の基盤となってきた、沖縄戦における甚大な被害への同情、沖縄を米軍統治下に長く留め置いてしまったことへの「負い目」といった意識は希薄化しつつある。日本政府の沖縄政策においても、沖縄の「特殊事情」を生じさせたことへの「贖《しょく》罪《ざい》」意識をもつ戦中派の政治家や官僚が少なくなり、沖縄振興策は新基地の受け入れと引き換えに与えられるといわんばかりの姿勢が目立つようになった。

この「金を受け取るなら相応の負担も引き受けろ」という論理は、二〇一〇年代に入った日本社会の一部にも広がっている。沖縄振興策を「ぜいたく」、「特別扱い」とみなし、新基地建設に反対する沖縄の声を「わがまま」、さらには「反日」と糾弾する動きが一部でみられるようになった。しかし、今後も日本に米軍基地を置き続けることを選択するのであれば、その負担をいかに引き受けていくのかという問題は、沖縄県のみのものではない。過重な基地負担を引き受け続けることについて、沖縄が明確に拒否している現在、この問題に日本社会がどのように向き合うかが問われている。

（小野百合子）

〔参考文献〕古関彰一、豊下楢彦『沖縄　憲法なき戦後』（みすず書房、二〇一八年）、NHK取材班『基地はなぜ沖縄に集中しているのか』（NHK出版、二〇一一年）

46 沖縄戦体験の継承活動

沖縄戦体験の「風化」とそれへの危機感は、戦後の節目において繰り返し語られてきた。戦後七〇年以上が経過するなか、戦争体験者は亡くなり続け、体験を直接語ることのできる人がゼロになる日も近づいている。ここでは、戦争体験の継承活動について、語り（証言）の蓄積の意義と、現在にいたる多様な活動をみていく。

戦後の沖縄戦像とはどのようなものだったのか　沖縄県平和祈念資料館を訪れたことがある人は、学徒や住民が語る沖縄戦のすさまじい実相に驚き、圧倒されるだろう。それらの展示は、長年にわたる語りの蓄積を基礎としたものだが、記録映像や活字としてわたしたちに迫ってくる。

しかし、戦場に投げ出された学徒や住民の目線から沖縄戦を捉える視点は、簡単に獲得されたものではなかった。戦後から一九六〇年代までの時期は、沖縄戦を語ることのできる人や表現方法も限られていた。この時期に書かれた沖縄戦関連書の多くは、元日本軍関係者などによるもので、主に戦闘記録や軍記であった。その典型は、日本軍の作戦を記述した『沖縄方面陸軍作戦』（防衛庁戦史室、六八年）に見出せる。

いっぽう、住民が語ることも無かったわけではないが、その語りは、戦傷病者戦没者遺族等援護法（40の項目参照）の適用を背景に「日本軍への協力」として読みかえられたり、また、米国占領を脱するために日本復帰を求めたことから沖縄戦を「祖国防衛」の戦争とみなし、日本本土との一体感が強調されることもあった。

沖縄戦像をぬりかえる語り（証言）の意義　このような、いわば「軍隊の側からの沖縄戦像」をぬりかえ、住民の語りを中心とした沖縄戦像への転換は、一九七一年に発刊された『沖縄県史』（沖縄戦記録（一）、七四年に沖縄戦記録（二）発刊）に向けた動きが一つの契機となった。沖縄戦編を含めた県史

【もっと知りたい沖縄戦】
●場所　沖縄県平和祈念資料館（糸満市）、南風原町立南風原文化センター（南風原町）

●—沖縄県平和祈念資料館と平和の礎（筆者撮影）

編さんは、六三年二月から始まっていたが、翌年八月の編集審議会では従来の戦記中心の沖縄戦記述から一線を画し、住民の体験を重視する意見が出された。そのなか、六五年には、より明確に「住民側の記録を主にすべき」という方向性が提示され、翌年、オーラル・ヒストリー（聞き取り）にもとづいた住民の個人体験記と座談会記録により、県史を構成する編集方針が定まった。

　この転換には、次の二つの背景があった。それは、第一に、復帰が具体化し日本との関係性が問われるなか、沖縄戦での日本軍の犯罪行為を検証する動きが出てきたこと。もう一つ、ここで重視したいのは、沖縄の住民が、戦後も米軍基地と隣り合わせで暮らすなか、沖縄戦体験の記憶を呼び起こされ、戦争への拒否感をつのらせていた、という背景である。六〇年代に入り、米軍機の墜落や演習事故により多くの住民に死傷者が出ていた。たとえば、六二年十二月に嘉手納基地周辺で起こったKB50型給油機墜落事故では、現場を目撃した役場職員が「機体の破片がひ散八人が重軽傷を負い二人の死体が黒こげて現場より運び出され、銃を持った米兵がけいかいする中を軍民消防車が消火活動をする様は第二次世界大戦を思わせるような風景」としていた（『基地被害と経過』、六八年三月、沖縄県公文書館所蔵）。また、この時期は、沖縄の米軍基地がベトナム戦争と密接に結びつけられ、やがてB52の出撃基地になった時期と重なっている。六五年六月の「慰霊の日に思う」という地元紙社説は、ベトナム戦争と沖縄戦を重ねて捉えていた。「住民の気持ちの中には戦争の傷痕が完全に消え去ったとはいえないのに、新たな戦争への不安は二重の影となってわたくしたちの念頭を離れない」（『沖縄タイムス』六五年六月二十三日）。このなか、六七年から座談会収録作業が始まり、七一年に県史は公刊にこぎつけるのである。

沖縄県平和祈念資料館の開館と展示のあり方への問い　沖縄は一九七二年五月に日本に復帰した。だが、復帰は、人びとの求めた米軍基地の縮小・撤去には結びつかなかった。いっぽうで、沖縄と日本本土との結びつきを強める「本土化」が進められ、その一環で、七〇年代半ばに復帰記念事業が行われた。

その事業の一つが、平和祈念資料館の建設であり、復帰記念として国家・行政主導によって推進された。七四年六月には資料館設置条例が沖縄県議会の全会一致で可決され、管理・運営については、運営委員会の開催や展示に携わる専門員の配置もなく、靖国神社と関わりのある沖縄戦没者慰霊奉賛会へ委託された。このような運営方式だったため、住民の語りを重視する視点はなく、軍隊関係の遺物など物資料を中心とした展示となり（展示品の約三割が銃砲器や刀剣）、七五年六月の開館後、批判にさらされた。

それらの批判は、旧日本軍を顕彰するという展示の性格に向けられると同時に、住民の戦争体験を物語る展示の不在、すなわち住民の視点の不在を鋭くついていた。研究者や市民により設立された「沖縄戦を考える会」などによる展示改善の要請を受け、学識経験者の意見聴取を行った県は、運営協議会の設置を決め、運営方針や設立理念の成文化、展示改善の具体化を進めた。この作業に携わった中山良彦は、住民の戦争体験を物語る物資料が限られるなか、語りを展示することについてこう述べた。「きわめて展示の常道を外れたやり方だが、住民の生の『証言』を第一次資料にし、現物資料は始めから『証言』に対する補完的資料あるいは補助説明資料としてそえるという方針で努力しようと考えている。沖縄戦体験は住民証言がすべてだからである」。七七年から翌年にかけ、展示改善の議論と工事が行われ、七八年十月に資料館は再オープンした。戦争体験を記録する営みは、記録活動の枠を超え、広がりをみせていった。

語り（証言）の蓄積と地域・担い手の広がり　戦争体験の語りの積み重ねは、一九七〇年代から八〇年代にかけて、地域的な広がりを生み出し、それに伴い担い手や継承活動の幅も広がった。

那覇市史編集室のように、市民に戦時体験記を公募するという新たな取り組みもあったが（七四年市史発刊）、それに留まらず、沖縄戦の実態を、地域にそくして明らかにする動きも出てくる。それは、当初、「沖縄戦を考える会」のメンバーにより行われたが、従来の行政・研究者中心ではなく、市民も携わる活動として展開された。同会は、七七年に糸満市国吉《くによし》の予備調査を行い、それを引き継いだ沖縄国際大学石原昌家ゼミナールの学生らは、翌年、同集落全体の調査を実施し、調査結果は地元紙で報じられるなど注目を集めた。その後、集落全体の戦災状況を対象とした悉皆《しっかい》調査は、石原ゼミの学生を主体としつつ浦添市でも行われ、「浦添方式」と呼ばれるようになる。この方式で重要な点は、沖縄戦の実相を集落まるごと把握しようとしたことに加え、「シマ語れー会（集落を語り合う会）」という地域の戦争体験者が集い、話ができる場を設け、学生を聞き手としたことにあった。学生たちは、体験者の生の声に圧倒されながらも、一人一人により添いつつ、証言を残していくことの意義を自覚していった。この調査活動は、西原町、南風原《はえばる》町、北中城《きたなかぐすく》村といった地域に広がっただけでなく、南風原町では各集落出身の若い世代を巻き込むことで、地域の歴史の掘りおこしや戦跡保存・活用の取り組みにもつながった。また、七〇年代以降は、証言にもとづいた平和ガイド活動も展開された。

継承活動の多様な広がりと現在　二〇〇〇年代から現在にかけては、従来の取り組みをふまえ、多様な継承活動が展開されている。戦災調査の活動は、地域の沖縄戦を伝える場所づくりの基礎となり、南風原町立南風原文化センター（八九年開館）などが常設展を設け、加害の歴史も含めて継承活動を行っている。この地域では、戦災調査の段階から、沖縄戦を語ることのできる体験者の減少を意識し、同センターの建設ともあわせ、戦跡保存を進めていった。そのなかで、九〇年には、戦時中に病院壕が構築された黄金森《こがねもり》と呼ばれる丘一帯を調査し、町の文化財に指定した。この当時、沖縄戦の戦跡は、国や県の規定では文化財に指定できなかったが、町として独自の取り決めを設けて文化財指定を行った点は画期的であった。その後、南風原は、二回にわたり戦争遺跡保存全国シンポジウムを受け入れ（九八年と二〇一〇年）、「ヒト」（体験者）から「モノ」（戦跡）へという流れを後押しする拠点となった。

「モノ」からふたたび「ヒト」へ　戦後沖縄において、継承とは、どのような営みであったのだろうか。それは、戦争体験者が語ることなしにはあり得ず、継承しようとする側がその声に耳を傾け、聞き取っていく共同作業の積み重ねであった。現在、戦跡保存など多様な取り組みが展開されているが、「モノ」を保存するだけでは、戦争体験を物語ることはできない。継承には、非体験者を含めた「ヒト」が必要であり、体験者との共同作業が可能な最後の世代としての取り組みが求められる。

（秋山道宏）

〔参考文献〕石原昌家他著『争点・沖縄戦の記憶』（社会評論社、二〇〇二年）、屋嘉比収『沖縄戦、米軍占領史を学びなおす』（世織書房、二〇〇九年）、吉浜忍他著『沖縄陸軍病院南風原壕』（高文研、二〇一〇年）

47 歌で継ぐ沖縄戦

【もっと知りたい沖縄戦】

●場所　さとうきび畑の歌碑、艦砲ぬ喰ぇ残さーの歌碑（読谷村）

●人物　寺島尚彦、比嘉恒敏、島袋艶子、宮沢和史、金城綾乃、玉城千春、仲宗根泉

沖縄戦終結後の収容所では、敗戦の悲哀や新生活への希望が込められた歌が歌われていた。「なちかさや沖縄　戦場になやい　世間御万人《うまんちゅ》の　袖ゆ濡ち」との歌詞で始まる「屋嘉節」、沖縄戦の理不尽さや戦後沖縄の新建設に立ち上がる姿を表現した「敗戦数え唄」、「敗戦数え唄」のメロディーを元にし、学徒隊の悲劇を題材とした「姫百合《ひめゆり》の唄」等である。沖縄戦という苛酷な体験と続く収容所生活の中で、歌は人々の心を慰め、支えた。

戦後から「さとうきび畑」まで　その後、「沖縄戦」を題材とした歌はそれほど多く生み出されていない。それは多くの体験者が沖縄戦を証言できるようになるまで時間がかかったこととも重なっているように思うが、復帰前後に「さとうきび畑」（一九六七年）「艦砲《かんぽう》ぬ喰ぇー残《ぬ》さー」（一九七五年）が生まれた。「さとうきび畑」は作曲家・寺島尚彦《てらしまなおひこ》が、一九六四年に初めて沖縄を訪れた際、戦跡案内の一環で摩文仁《まぶに》のさとうきび畑を歩いた時にインスピレーションを得て作られた。「あなたの歩いている土の下に、まだたくさんの戦没者が埋まったままになっています」という言葉に、「轟然《ごうぜん》と吹きぬける風の音だけが耳を圧倒し、その中に戦没者たちの怒号と嗚咽《おえつ》を私は確かに聞いた」と寺島は回想する。

その後、沖縄戦で父を亡くした子どもの視点からなる「さとうきび畑」が誕生、「ざわわ　ざわわ　ざわわ」というさとうきびが風にゆれるフレーズが繰り返し押し寄せる同曲は、多くの歌手によって歌われ、大ヒットした。二〇一二年四月一日には、米軍上陸地である読谷村高志保《たかしほ》に歌碑が建てられた。

比嘉恒敏が沖縄民謡に込めた思い　いっぽう、沖縄民謡「艦砲ぬ喰ぇー残さー」の作詞作曲者・比嘉恒敏《ひがこうびん》は、近現代沖縄の歴史を凝縮したような人生の中でこの曲を生み出した。戦

●─艦砲ぬ喰ぇー残さーの歌碑

前、大阪へ出稼ぎに行った比嘉は、呼び寄せた両親と長男を「対馬丸《つしままる》」で、妻と次男を大阪大空襲で亡くした。戦後は生まれ故郷の読谷村楚辺《そべ》で新しい家庭を築く。三線《さんしん》に長けていた比嘉は子どもたちに教え、四姉妹が「でいご娘」として芸能活動を開始。比嘉は七一年「艦砲ぬ喰ぇー残さー」を作る。

「艦砲ぬ喰ぇー残さー〈艦砲の喰い残し〉」という言葉は、広く沖縄で使われていた。「鉄の暴風」が吹き荒れた中を生き延びた人々が、戦没者に申し訳なさを覚え、半《なか》ば自嘲的に使う言葉であった。

同曲は五番の歌詞からなり、一〜四番では沖縄戦を生き延び、米軍支配下で苦しい生活を送る中で幸せな家庭を築くいっぽう、子らの成長にともない平和がこのまま続くのか、不安に思う心境が語られる。最後の五番はこのように結ばれている。「我親喰ゎたる　あぬ戦　我島喰ゎたる　あの艦砲　生まり変わてぃん　忘らりゆみ　誰があぬじゃま　しー出ちゃら　恨でぃん悔やでぃん飽きじゃらん　子孫末代　遺言さな　うんじゅん　我んにん　いゃーん　我んにん　艦砲ぬ喰ぇー残さー」〈わが親喰らったあの戦　わが島喰らったあの艦砲　生れ変わったとて忘るものか　誰があのざまを始めた　恨んで悔んで　まだ足りない　子孫末代遺言しよう　あなたも　わたしも　おまえも　おれも　艦砲の喰いちらかし〈訳詞　朝比呂志　沖縄県読谷村楚辺公民館HPより〉〉。自分の親も、生まれ故郷もすべて奪った沖縄戦への強い遺恨と、これらの歴史を末代まで「遺言」するという強い意志が感じられる歌詞である。

比嘉は戦前・戦後の体験を一切子どもたちには話さなかったというが、四女・島袋艶子は「ある意味幸せの絶頂」であったこの時期、比嘉が「この平和、再び戦争で壊さないで」という思いで作ったのではないかと語っている。しかし一九七三年、比嘉と妻シゲが、飲酒運転の米兵による交通事故で死去する。失意の中、父の曲を語り継ぎたいと決意した「でいご娘」が、一九七五年同曲でレコードデビュー。「あなたもわたしも　おまえも俺も　艦砲の喰い残し」。比嘉の沖縄戦継承と平和を希求する思いが、多くの沖縄人の心を揺り動かし大ヒットした。二〇一三年六月二十三日、比嘉の故郷である読谷村に歌碑が建立された。

「島唄」の大ヒットから〇〇年代へ　一九九〇年代に入ると、J-POPの中でも沖縄戦を題材とした曲が生み出された。その代表作が「島唄」（一九九二年）である。THE BOOMのボーカル・宮沢和史《みやざわかずふみ》が、あるひめゆり学徒の体験を聞いた衝撃から生まれた。「ウージ（さとうきび）の森で　あなたと出会い　ウージの下で　千代にさよなら」とのフレーズは、さとうきび畑の下に広がる「ガマ」での犠牲者を表現している。同曲は日本だけでなく南米等、国外でもヒット、「海よ　宇宙よ　神よ　命よ　このまま永遠に夕凪《ゆうなぎ》を」と歌う宮沢は同曲リリース後も沖縄に関わる活動を続け、最近では三線の棹となる黒木を毎年植樹し、一〇〇年かけて育てる「くるちの杜一〇〇年プロジェクトin読谷」や、沖縄民謡の保存に関わっている。

沖縄戦体験者が年々減少していく中で、「おばぁー」「おじいー」の体験を「僕らが伝えなきゃ」と歌うHY「時をこえ」（二〇一〇年）のように、沖縄戦を体験していない世代による継承をテーマとした曲も生まれている。Kiroroの金《きん》城《じょう》綾《あや》乃《の》・玉城《たましろ》千《ち》春《はる》、HYの仲《なか》宗《そ》根《ね》泉《いずみ》からなるユニット「さんご」が歌う、NHK沖縄放送局戦後七〇年テーマソング「いのちのリレー」（二〇一五年）は、「赤い海　黒い空の色をどれだけの人が知っていますか…?」と沖縄戦体験の風化を、「巡り巡って　出会った命よ　あなたは私の全て　あなたの為に歌うよ　わたしが語り継ぐ　いのちのリレー　あの日をもう二度と　繰り返さないように」と命の大切さをストレートに表現、多くの世代で受け入れられ、県内の小学校等でも親しまれている。

（納富香織）

〔参考文献〕仲宗根幸一『琉球列島 島うた紀行 第一集』『同第三集』（琉球新報社、一九九七年、一九九九年）、寺島尚彦（詩・文）大塚勝久（写真・文）『さとうきび畑　ざわわ、通りぬける風』（小学館、二〇〇二年）、島袋艶子「『艦砲ぬ喰ぇー残さー』父の遺志」（『沖縄を語る一　時代への伝言』沖縄タイムス社、二〇一六年）、仲松昌次『「艦砲ぬ喰ぇー残さー」物語』（ボーダーインク、二〇一五年）、小浜司『島唄を歩く』（琉球新報社、二〇一四年）

コラム⑳

ウルトラマンと金城哲夫

沖縄県南風原《はえばる》町に縁を持つ脚本家、故金城哲夫《きんじょうてつお》（一九三八～七六年）。円谷プロにて「ウルトラマン」創造者の一人となり、帰郷後は番組司会、芝居脚本家など多方面に活躍した。彼は、沖縄戦から連なる激動の故郷をどう見つめたのか。

哲夫には六歳の時の沖縄戦で、母が片足を失くし、祖父母と激戦地を逃げ惑った戦争体験がある。一九六〇年代初頭、哲夫は習作脚本「港とハル」で、父を朝鮮戦争で失くした少女、弾薬拾いで母を失った沖縄青年など、戦争に向き合う人びとを描いた。劇中の「戦争はいや」という台詞からも、戦争行為の拒否という心情が読み取れる。

他の脚本では、さまざまな絆の形が描かれた。人間と怪獣、異質な者とのつながりを描く作品に、哲夫流の世界市民主義（コスモポリタニズム）を感じ取れる。哲夫は脚本に、国家や民族を越えた友愛の世界への理想を込めたのかもしれない。その世界には沖縄と日本本土の姿もあったのだろう。筆者は、哲夫の「沖縄と日本の架け橋になりたい」の言葉から、彼が沖縄人（うちなーんちゅ）に「歴史的な問題を乗り越え、日本と手を取り合うこと」、本土人には「沖縄の歴史と文化を理解し、偏見や差別なく認め合うこと」を望んだと考える。

哲夫は、帰郷後に司会を務めた番組で、本土復帰を迎える沖縄への自衛隊配備を容認する発言をして、猛抗議を受けた。自衛隊に沖縄戦における日本兵の面影を見て、強い拒否感を持つ沖縄人も多く、理想と現実のギャップに哲夫は苦悩した。

金城哲夫＝「ウルトラマン」という認識だけでは、彼を理解できない。哲夫の生きた沖縄戦、戦後の米軍統治、本土復帰という時代を繙《ひもと》きながら彼を知れば、学び取れることは少なくないはずだ。

（嘉数　聡）

〔参考文献〕玉城優子「沖縄を愛したウルトラマン 金城哲夫の生涯」（沖縄タイムス紙上連載、一九九三年）、上原正三『金城哲夫　ウルトラマン島唄』（一九九九年）、金城哲夫研究委員会『金城哲夫研究Vol.3 No.1』（二〇一二年）

おわりに

沖縄戦とは何だったのか、沖縄戦から何を学ぶのか

沖縄戦では米軍の砲爆撃によりたくさんの命が失われただけでなく、自国の兵士による住民への食糧強奪、壕追い出し、スパイ容疑による虐殺など、戦うことが何より優先された軍隊の論理の下で様々な悲劇が起こりました。また兵士の命も虫けらのように消耗され、住民の中にも生き残るために他の住民や自分の家族を犠牲にして、自らの人間性を失う体験をした者もいたのです。

これらの体験を通して得た「沖縄戦認識」と「沖縄戦の教訓」は、「戦争とはいかに悲惨であるか」であり、「戦争によっていかにかけがえのない命が失われたか」であり、「戦争では軍事が最優先され軍隊がいかに住民（国民）を守らないか」であり、「戦争がいかに人間を人間でなくすのか」ということでした。また、「沖縄戦は沖縄を守るための戦いではなく国体（天皇制）護持のための戦いであったこと、そのために米軍を足止めする持久作戦がとられ多くの命が失われたこと」も重要な「沖縄戦認識」と「沖縄戦の教訓」となりました。

しかし、そのような沖縄戦認識は戦後すぐの時期からあったわけではありません。もちろん戦争が悲惨でありたくさんの尊い命が失われること、あるいは友軍と呼ばれた日本軍が恐ろしい存在であったことは身を以って体験したことでした。しかし、なぜ沖縄が戦場になり、あのような事態が起きたのか、そもそも沖縄戦とはいったい何だったのかについて沖縄の人々が意識的に向き合うということは、戦後しばらくの間ありませんでした。

きっかけとなった沖縄県立平和祈念資料館の開館

沖縄の人々が沖縄戦と向き合うようになった大きなきっかけは、一九七五年の沖縄県立平和祈念資料館の開館でした。同資料館は沖縄県立と銘打ちながら、開館してみると、まるで「陸軍記念館」のような内容になっており、沖縄県民の戦争体験を伝えていないということで、県民の間で批判が巻き起こりました。

その批判を受けて時の屋良《やら》朝苗《ちょうびょう》知事は資料館の改修を決断、同年に開催された沖縄国際海洋博覧会の沖縄館をプロデュースした中山良彦氏に改修を委託しました。中山氏は大学の研究者ら有識者をブレーンにして改修に着手、一九七八年に「住民の視点から沖縄戦を伝える資料館」へと生まれ変わらせました。この資料館の改修問題がきっかけとなって、一九七七年には研究者や市民をメンバーとした「沖縄戦を考える会」が発足しました。

このような資料館改修のプロセスや「沖縄戦を考える会」などの活動を通して、沖縄戦についての調査や研究が進み、沖縄戦とは何だったのかという「沖縄戦認識」や沖縄戦から何を学ぶのかという「沖縄戦の教訓」が深められ、多くの県民に広く共有されることになったのです。その基底には、一九七一、七四年発刊の『沖縄県史　沖縄戦記録』に結実した戦争体験の聞き取りや沖縄と日本国家の関係を見つめなおすことを余儀なくさせた一九七二年の「日本復帰」がありました。

沖縄戦から沖縄戦後へと続く軍事最優先主義

一九四五年六月末には沖縄戦の組織的戦闘が終結し、その年の十月には多くの住民が収容所から故郷へ帰ることが許されました。しかし中には、米軍基地がつくられたため自分の故郷に戻ることができなかった人々もいます。米ソ冷戦、中国での共産党政権の誕生、朝鮮戦争という東アジア情勢の下で、米軍は戦後も沖縄を占領し続け、沖縄に広大な軍事基地を建設していったのです。

米軍は沖縄に軍国主義を廃し民主主義をもたらしたと宣伝しましたが、戦後の米軍の沖縄政策に貫かれていたのは、軍事最優先主義でした。〝銃剣とブルドーザー〟で住民から土地を奪い軍事基地を拡張し、抵抗する者を弾圧していきました。米軍政下の沖縄では、米軍による事件や事故が多発し、沖縄の人々の人権が蹂躙され続けました。戦闘機が小学校に墜落し多くの児童を殺傷したり、六歳の女の子をレイプし殺害しゴミ捨て場に捨てるという事件も発生したのです。

そのような事件や事故が起きても、米軍は軍事最優先主義の範囲内で対応し、あるいはそれを揺るがすような沖縄の人々の動きには弾圧を加えました。その姿勢は一九七二年の復帰後も続き、二〇一九年の現在は、沖縄の人々の強い反対の声を押し切って進められている辺野古新基地建設に象徴されるように、日米両政府が軍事最優先主義を沖縄に押しつけているのです。

戦争から〝さらに〟遠くなった世代

私は沖縄戦の最後の激戦地となった沖縄本島南部にある、ひめゆり平和祈念資料館で働いています。沖縄戦に動員された「ひめゆり学徒隊」を中心に、女子学徒隊の戦争体験を伝える資料館です。資料館には毎日たくさんの来館者の方々が訪れます。その多くは県外の方々で、その半数以上は中学校や高等学校の修学旅行生たちです。

来館する人たちは、関心を持って熱心に展示を見ている人、展示室での説明に耳を傾けている人、興味なさげに足早に通り抜けていく人など様々ですが、共通しているのは、開館のころに比べて、「戦争から〝さらに〟遠くなった世代」になっているということです。

資料館が開館したのは一九八九年六月、沖縄戦からすでに四五年近く経っていましたが、来館者の親や祖父母のほとんどは戦争を体験しており、親戚や近所など周りにも戦争体験者がたくさんいました。そのころの来館者は、たとえ戦争体験の詳細は知らなくても、体験者世代の悲しみや怒りを目にしたり感じたりしながら育ってきた方々でした。ところが、現在、資料館にはそのような背景を持たない世代がおおぜいやって来るのです。

資料館だけでなく、学校や戦跡など様々な場で沖縄戦を伝えようとする者は、今後そのような世代に向けて、伝わるような、届くような工夫が必要になってくるのではないかと思います。以前は当たり前のように使っていた言葉を噛み砕いて説明したり、出来事を伝えるだけではなくその意味や背景や関連を説明したりすることが必要になってきていると思うのです。何より重要なのは、そのような世代の方々に、戦争を〝自分ごと〟として考えてもらうことだと思います。

戦争を〝自分ごと〟として考える

戦争を〝自分ごと〟として考えることは、「人々はなぜ戦争を支持し戦争に駆り立てられていったのか」を考えることにつながり、「要因さえそろえば今でも戦争への道を歩む可能性があり、自分自身も戦争に巻き込まれる可能性がある」ことを想像することにつながると思います。また「政治は自分たちのためにあり、自分たちがつくっていくものである」という主権者意識の自覚にもつながるのではないでしょうか。

戦前の日本では主権は天皇にあり、国民はその臣下であるとされました。天皇の意を受けた政府や軍部の命令は天皇の命令と同じであり、国民は絶対的に従わなければならないとされました。戦争は天皇と天皇が統治する国家のために行われる聖戦であり、国民はすべてを投げ打って協力しなければならないとされました。いざという時には自分の命を捧げる覚悟も要求されました。

沖縄戦・アジア太平洋戦争の悲劇は、戦争という行為だけでなく、そのような戦前の日本社会の在り様によってもたらされたものであったのです。戦後、その反省のもとに生み出されたのが、日本国憲法であり、「国民主権」「平和主義」「基本的人権の尊重」の三本柱でした。したがって、沖縄戦・アジア太平洋戦争と向き合うことは、日本国憲法下の戦後と向き合うことであり、現在、さらには未来と向き合うことでもあるのです。

今、「ネット」では、これまでの調査研究によって積み上げられてきた「沖縄戦認識」や「沖縄戦後史認識」を根拠もなく否定し、「反日的である」「左翼的である」と誹謗する言説がばらまかれています。そこには史実に対する真摯な姿勢がないばかりでなく、沖縄戦で理不尽に、虫けらのように殺されていった人々のことを〝自分ごと〟として考える想像力もないように思います。

今の若い人は本や新聞だけでなくテレビさえも見ず、情報源は「ネット」だけという人が多くなっているといいます。そのような中で根拠のない「沖縄戦認識」や「沖縄戦後史認識」を信じ込むとしたら、とても問題です。実際、沖縄の大学でもそのような「ネット」言説を根拠に教員に対して反論してくる学生も出ていると言います。沖縄戦を伝える者は、そのような若い人たちに対しても、しっかりした根拠を持って丁寧に応答することが必要になっていると思います。

今後私たちが戦争の道を歩まないためには、何よりもまず、多くの人々の心に反戦の思いを刻むことが必要であると思います。反戦の思いを心に刻むためには、沖縄戦の教訓をしっかりと学び、〝自分ごと〟として考えることが大切です。二十代から四十代の若い人たちが中心になって沖縄戦を〝自分ごと〟として書いた本書がその一助になれば幸いに思います。

（普天間朝佳）

読書ガイド

本書の各項目に参考文献をあげている。それらと一部重複するが、ここでは沖縄戦をさらに深く学習していくうえでの参考文献を、現在でも入手しやすいものを中心に紹介したい。

沖縄戦全般

『沖縄県史各論編六沖縄戦』（沖縄県教育委員会、二〇一七年）と**『沖縄県史資料編二三沖縄戦日本軍史料』**（二〇一二年）が基本的な文献と史料集であり、本書全編に共通する参考文献である。市販されている概説書としては、**大城将保『改訂版沖縄戦』**（高文研、一九八八年）、**藤原彰編『沖縄戦—国土が戦場になったとき』**（青木書店、新装版二〇〇一年）、**林博史『沖縄戦が問うもの』**（大月書店、二〇一〇年）、もう少しくわしいものとしては**林博史『沖縄戦と民衆』**（大月書店、二〇〇一年）がある。ほかに比較的に読みやすく、沖縄戦の概要もわかるものとして、**安里要江・大城将保『沖縄戦—ある母の記録』**（高文研、一九九五年）、**石原昌家『沖縄の旅・アブチラガマと轟の壕』**（集英社新書、二〇〇〇年）、**行田稔彦編著『生と死・いのちの証言　沖縄戦』**（新日本出版社、二〇〇八年）、**琉球新報社『沖縄戦新聞』**（琉球新報社、二〇〇五年）などがある。**林博史編『地域のなかの軍隊六 九州・沖縄　大陸・南方膨張の拠点』**（吉川弘文館、二〇一五年）も参考になる。体験者が描いた絵を収録した**NHK沖縄放送局『沖縄戦の絵』**（NHK出版、二〇〇六年）やテレビ放送を基にしたNHKスペシャル取材班**『沖縄戦全記録』**（新日本出版社、二〇一六年）などもある。

学　徒　隊

男子学徒隊については、**大田昌秀『沖縄のこころ—沖縄戦と私』**（岩波新書、一九七二年）、県立一中についての詳細な記録である**兼城一『沖縄一中鉄血勤皇隊の記録』**上下（高文研、二〇〇〇年・二〇〇五年）がある。女子学徒隊については、仲宗根政善『ひめゆりの塔をめぐる人々の手記』（角川ソフィア文庫、一九九五年）以来多くの体験記が刊行されており、宮城喜久子『ひめゆりの少女』（高文研、一九九五年）、陸軍病院の医師や看護婦の記録として、長田紀春・具志八重『閃光の中で―沖縄陸軍病院の証言』（ニライ社、一九九二年）がある。この陸軍病院についてくわしくは、吉浜忍ほか『沖縄陸軍病院南風原壕』（高文研、二〇一〇年）がよい。ひめゆり平和祈念資料館から刊行されているガイドブック類がたいへん参考になるが、特に『沖縄戦の全学徒隊』（二〇〇八年）が学徒隊全体を把握するうえで貴重である。

NHKスペシャル取材班『僕は少年ゲリラ兵だった―陸軍中野学校が作った沖縄秘密部隊』（新潮社、二〇一六年）、川満彰『陸軍中野学校と沖縄戦―知られざる少年兵「護郷隊」』（吉川弘文館、二〇一八年）では秘密戦に動員された学徒ら少年たちのことが明らかにされている。

沖縄戦のなかでのさまざまな人々の体験

ハンセン病者の沖縄戦体験については、沖縄県ハンセン病証言集編集総務局『沖縄県ハンセン病証言集　沖縄愛楽園』と『沖縄県ハンセン病証言集　宮古南静園』（二〇〇七年）がくわしい。孤児については、謝花直美『戦場の童―沖縄戦の孤児たち』（沖縄タイムス社、二〇〇五年）、浅井春夫『沖縄戦と孤児院』（吉川弘文館、二〇一六年）がある。

「心の傷」の研究も近年進んでおり、蟻塚亮二『沖縄戦と心の傷　トラウマ診療の現場から』（大月書店、二〇一四年）、吉川麻衣子『沖縄戦を生きぬいた人びと』（創元社、二〇一七年）、沖縄戦・精神保健研究会編『沖縄からの提言―戦争とこころ』（沖縄タイムス社、二〇一七年）が挙げられる。

戦後の追悼・慰霊や援護法に関しては、北村毅『死者たちの戦後誌』（お茶の水書房、二〇〇九年）、石原昌家『援護法で知る沖縄戦認識』（凱風社、二〇一六年）をあげておきたい。

「集団自決」については、林博史『沖縄戦　強制された「集団自決」』（吉川弘文館、二〇〇九年）、宮城晴美『新版　母の遺したもの―沖縄・座間味島「集団自決」の新しい事実』（高文研、二〇〇八年）、下嶋哲朗『非業の生者たち―集団自決　サイパンから満洲へ』（岩波書店　二〇一二年）、大城将保『沖縄戦の真実と歪曲』（高文研、二〇〇七年）、謝花直美『証言沖縄「集団自決」―慶良間諸島で何が起きたか』（岩波新書、二〇〇八年）、さらに体験者の貴重な証言である金城重明『「集団自決」を心に刻んで』（高文研、一九九五年）を挙げておきたい。

この問題にも関わるが、家永教科書訴訟に関しては、安仁屋政昭『裁かれた沖縄戦』（晩聲社、一九八九年）、二〇〇七年の「集団自決」をめぐる検定問題については、石山久男『教科書検定―沖縄戦「集団自決」問題から考える』（岩波ブックレット、二〇〇八年）、沖縄タイムス社編『挑まれる沖縄戦―「集団自決」・教科書検定問題　報道総集』（沖縄タイムス社、二〇〇八年）がある。

沖縄での日本軍「慰安婦」については、川田文子『赤瓦の家―朝鮮から来た従軍慰安婦』（ちくま文庫、一九九四年）に加えて、古賀徳子「沖縄戦における日本軍『慰安婦』制度の展開」一―四（『季刊戦争責任研究』六〇―六三号、二〇〇八―二〇〇九年）、日韓共同「日本軍慰安所」宮古島調査団『戦場の宮古島と「慰安所」』（なんよう文庫、二〇〇九年）、アクティブ・ミュージアム「女たちの戦争と平和資料館」編『軍隊は女性を守らない―沖縄の日本軍慰安所と米軍の性暴力』（二〇一二年）がある。

朝鮮人軍夫たちについては、金元栄『朝鮮人軍夫の沖縄日記』（三一書房、一九九二年）、海野福寿・権丙卓『恨　朝鮮人軍夫の沖縄戦』（河出書房新社、一九八七年）がある。

八重山については、宮良作『日本軍と戦争マラリア』（新日本出版社、二〇〇四年）、石原ゼミナール・戦争体験記録研究会、石原昌家『もう一つの沖縄戦―マラリア地獄の波照間島』（ひるぎ社、一九八三年）、大田静男『八重山の戦争』（南山舎、一九九六年）がある。

日本軍兵士の戦争体験については、外間守善『私の沖縄戦記』（角川ソフィア文庫、二〇一二年）、國森康弘『証言　沖縄戦の日本兵』（岩波書店、二〇〇八年）など、中国での戦争と沖縄戦のつながりを理解するうえで、内海愛子ほか『ある日本兵の二つの戦場』（社会評論社、二〇〇五年）を薦めたい。

米軍から見た沖縄戦については、アメリカ陸軍省戦史局編（喜納健勇訳）『沖縄戦―第二次世界大戦最後の戦い』（出版舎

Mugen、二〇一一年)、ジョージ・ファイファー『天王山　沖縄戦と原子爆弾』(早川書房、一九九五年)、**吉田健正**『**沖縄戦　米兵は何を見たか**』(彩流社、一九九六年)、ジェームス・H・ハラス『**沖縄シュガーローフの戦い**』(光人社NF文庫、二〇一〇年)、**デール・マハリッジ**『**日本兵を殺した父―ピュリツァー賞作家が見た沖縄戦と元兵士たち**』(原書房、二〇一三年)などがある。

沖縄戦のなかで建設された米軍基地に関しては、**林博史**『**沖縄からの本土爆撃―米軍出撃基地の誕生**』(吉川弘文館、二〇一八年)、**林博史**『**暴力と差別としての米軍基地　沖縄と植民地―基地形成史の共通性**』(かもがわ出版、二〇一四年)、その後の米軍基地問題については、**前田哲男・林博史・我部政明編**『**〈沖縄〉基地問題を知る事典**』(吉川弘文館、二〇一三年)が参考になる。

県史・市町村史

県や市町村からも優れた文献が多数出ている。冒頭に紹介した新沖縄県史のほかに一九七〇年代に刊行された『**沖縄県史**』「**第九巻　沖縄戦記録一**」と「**第一〇巻　沖縄戦記録二**」も機会があればぜひ読んでほしい。

市町村史の沖縄戦編(戦争編)も多数刊行されており、すべての名前を挙げられないが、那覇、糸満、南風原、浦添、宜野湾、西原、北谷、読谷、宜野座、伊江島、渡嘉敷、座間味、石垣、竹富など優れたものが多い。最近では**名護市史**の『**名護・やんばるの沖縄戦**』(二〇一六年)により本島北部の沖縄戦の実相が各段に明らかにされた。字が刊行した字誌のなかで沖縄戦についても触れているもの多く、中でも読谷村の『**楚辺誌　戦争編**』(一九九二年)は非常に優れている。

ほかに、沖縄県平和祈念資料館、対馬丸記念館などで刊行されている資料館のガイドブック類もわかりやすい。

戦跡に関しては、『**観光コースでない沖縄**』(高文研、第四版、二〇〇八年)、**吉浜忍**『**沖縄の戦争遺跡―〈記憶〉を未来につなげる**』(吉川弘文館、二〇一七年)が参考になる。

本ではないが、沖縄タイムス社などが作成したウェブサイト「**沖縄戦デジタルアーカイブ〜戦世からぬ伝言**」がある(http://app.okinawatimes.co.jp/sengo70/index.html)。**読谷村史第五巻資料編四**『**戦時記録**』上下、は読谷村のウェブサイトで読むことができる（http://www.yomitan.jp/sonsi/index.htm）。

以上、比較的入手しやすいと思われるものを中心に紹介した。すぐれた文献であっても刊行が古いものや自費出版など書店からの注文が難しいものはほとんど省略したのでご容赦いただきたい。自治体史や自費出版など通常の流通ルートに乗らない文献の多くは、那覇市の旭橋駅そばの県立図書館（特に郷土資料コーナー）で読むことができるので、立ち寄って読んでいただきたい。ほかに沖縄県公文書館や沖縄県平和祈念資料館でもこうした文献を閲覧することができる。東京の沖縄戦関係資料閲覧室（千代田区永田町）でも関連する資料や本を閲覧することができる。

（林　博史）

博物館・祈念館ガイド

博物館へ行く経験、博物館での学び

沖縄戦を展示する各博物館は、展示内容と深く関わりのある場所に立っている。その場所はどんな場所だろうか。沖縄戦当時はどんな様子だっただろう。その地に体を運び、身を置いて知ること、感じることがあるだろう。

実物資料を実際に見ることができるのは、博物館の大きな特徴だ。しかしそれのみではない。博物館は、その館が伝えたいことがよりよく伝わるように、展示や空間づくりがなされている。訪れた自分は、展示物や展示空間にどのように反応しているだろうか。博物館に足を運び、見学している、自分自身の心や身体の反応も観察してみよう。なぜ、自分はそのように感じているのだろうか。他の見学者の様子はどうだろうか。

もし、機会に恵まれたら、館のガイドから説明を受けたり、質問をしたりすることもよいだろう。展示を見ることとは違った、新たな気付きを得ることができるだろう。

沖縄戦を住民の視点でたどる―沖縄県平和祈念資料館

沖縄県平和祈念資料館は、糸満市摩文仁《まぶに》の平和祈念公園内にある。摩文仁一帯は、沖縄戦の最後の激戦地と呼ばれている。司令部の撤退によって、軍と避難住民が混在となり、米軍に追い詰められて多くの人々が右往左往し、猛攻撃で死んでいった場所だ。園内には平和の礎《いしじ》と各県・団体等の慰霊碑、平和祈念堂のある、慰霊の場だが、資料館は慰霊・追悼の対象となる人々が体験した沖縄戦の姿を伝える場として存在する。

同館は、「軍人よりも一般住民の戦死者がはるかに上まわっている」点を沖縄戦の最大の特徴とし、「県民個々の戦争体験を結集し」て、沖縄戦の諸相を描き出すことを設立理念として謳っている。それが最もよく表れているのが、「証言」の展示だ。大型の本の形になった「証言」は、厳しい体験を伝えるだけでなく、簡単には全てを把握できないような、無数の人々の体験があることを感じさせる。

同館は、日米間の戦闘や、米軍の攻撃による被害にとどまらず、「集団自決」や、日本軍による住民虐殺、壕追い出し、疎開、飢え、マラリア罹患など、住民の視点で戦場の諸相を伝えている。

また、沖縄の戦後も大きく扱い、基地をめぐる沖縄社会を沖縄戦から地続きの歴史として示している。軍事基地と密接に関わる市民生活や、反戦、平和、人権をめぐる人々の動きを取り上げている。

石垣市にある分館、**八重山平和祈念館**では、八重山諸島の人々が経験した、マラリア有病地域への避難強制による「戦争マラリア」の歴史を伝えている。

地域博物館の戦争展示

各市町村の博物館でも沖縄戦の展示が試みられている。各館の展示には、その地域の住民の戦争体験だけでなく、戦争中にその地域で起きたことが特徴的に示されている。

南風原《はえばる》文化センターは、沖縄陸軍病院があった黄金森《こがねもり》という小さな丘の一角にある。その展示は、沖縄陸軍病院の壕内を再現した狭いトンネル状の展示空間から始まっている。片側の二段ベッドには、負傷した兵隊を思わせる人形が横たわっており、見学者はその側を通り抜けていく。この壕のほかにも奉安殿《ほうあんでん》、忠魂碑などの再現模型があり、伝えたいことがらへ着目させる工夫が随所になされている。砲弾の痕が残る屋敷の塀、傷ついた着物などの実物資料、証言映像もあるほか、学童疎開や満蒙開拓も紹介し、町民にとっての戦争体験を知ることができる。黄金森には、実際に使われた壕のひとつ、「**沖縄陸軍病院南風原壕群二〇号**」が保存・公開されており、見学が可能だ。

市町村立の博物館としては、南風原の他に、**八重瀬町立具志頭《ぐしかみ》歴史民俗資料館**、**宜野湾市立博物館**、**世界遺産座喜味《ざきみ》城跡ユンタンザミュージアム**（読谷村）が沖縄戦の常設展示を行っている。宜野湾市立博物館は、沖縄戦の結果として普天間《ふてんま》基地となった、地域のかつての姿を伝えており、沖縄戦で失ったものが命のみでない事を感じさせる。

また、**宜野座《ぎのざ》村立博物館**、**うるま市立石川歴史民俗資料館**は、収容所があった地域の経験を伝え、中南部の戦闘とは異なる沖縄戦のありようを示している。

各地域の沖縄戦展示は、市町村史編纂の中で行われてきた大規模な聞き取り調査や、文化財調査としても行われた戦争遺跡調査の成果をふまえたものとなっており、沖縄戦の常設展示がない館でも、六月二十三日前後には、企画展や戦跡巡りなどのイベントを行って、地域の戦争体験を伝えている。

米軍基地を抱える地域の戦後を伝える館としては、**沖縄市戦後文化資料展示室ヒストリート**がある。また、私設の館で、米軍統治下の人々の抵抗のいとなみを伝える館に、**反戦平和資料館ヌチドゥタカラの家**（伊江村）、**瀬長亀次郎《せながかめじろう》と民衆資料不屈館《ふくつかん》**（那覇市）がある。

体験者の視点でたどる—ひめゆり平和祈念資料館

ひめゆり学徒隊の体験を伝える、**ひめゆり平和祈念資料館**（糸満市）は、沖縄戦の博物館として最も入館者が多い館である。一九八九年にひめゆりの塔の側に設立された。

ひめゆりの塔の前のガマは、沖縄陸軍病院が入っていたガマのひとつで、米軍の攻撃で約八〇人が亡くなった場所である。そのうち約半分が軍に動員されていたひめゆり学徒であった。展示室内には、このガマの中から入口を見上るかたちの模型があり、ガマの中にいる人の視点を体験できる。模型の他に、大型スクリーンの証言映像や、証言の大型本など、パネル以外の多様な展示表現がなされており、子どもの入館者も多い。

展示内容は、学校から戦場に動員された、当時十代だった生徒の体験に焦点化している。学校生活の笑顔の写真、証言映像、二二七人の遺影など、顔が見える展示が印象的だ。実在のひとりひとりが戦争を体験したことを、顔と名前を通して感じさせる。

同館は、ひめゆり同窓会が設立した民間の館で、ひめゆり学徒の生存者たちは、資料館の運営や展示づくりに直接携わった。体験者自身の視点と語りが特徴的な展示で、戦場下の具体的な体験を伝えるのみならず、当時の自分たちの考え方が誤りであったことを示すものにもなっている。

ひめゆりの他に、学徒隊では、**一中学徒隊資料展示室**（那覇市）がある。県立第一中学校（現首里高校）の男子学徒の遺影のほか、遺書や遺髪などの貴重な実物資料を展示している。

子どもたちと学ぶ—対馬丸記念館

対馬丸記念館（那覇市若狭）は、疎開船対馬丸に関する展示を行っている。二〇〇四年に開館した比較的新しい館で、国の慰藉事業として建設され、対馬丸記念会が運営している。

一九四四年八月に米軍の魚雷によって悪石島《あくせきじま》付近で撃沈した対馬丸には、学童疎開の子どもたちが多く乗船しており、犠牲者の約半数の七七九人が学童であった。同館は、疎開船に乗った学童と同じ世代の子どもが理解できるように展示が作られている。

館の入口は、外階段を登った二階にある。対馬丸への乗船を意識させる導線で、建物の屋上からは、対馬丸の甲板の高さを体験することができる。展示も二階から始まっており、吹き抜けには、イカダの模型が宙に浮いている。イカダには子どもの大きさの人形が乗っており、対馬丸の沈没後、イカダで海を漂流することの不安と恐怖が感覚的にわかるようになっている。一階へ降りる導線は、船倉へ降りるイメージだ。ベッドや甲板へ上がる縄梯子の模型も、絵や証言と合わせて想像しやすいものになっている。

決して大きくない展示スペースだが、対馬丸の撃沈と、当時の学校生活が簡潔に示されており、詳しい説明部分のテキストと、当時の様子を話し言葉で表したテキストがバランスよく配置され、当時の人々の感覚も理解しやすい。子どもも大人もメッセージが受け取れる展示だ。

同館のある旭ヶ丘公園には、対馬丸犠牲者を慰霊する「小桜の塔」や、他の戦時遭難船の慰霊碑「海鳴りの像」がある。ぜひ立ち寄ってほしい。

アートを通して戦場の人々に迫る—佐喜眞美術館

佐喜眞《さきま》美術館（一九九四年開館）は、丸木位里《まるきいり》・俊《とし》夫妻が一九八〇年代に沖縄に滞在し、体験者からの聞き取りによって制作した「沖縄戦の図」を常設展示している。縦四㍍《メートル》、横八・五㍍《メートル》の絵には、血に染まる海、「集団自決」や住民虐殺、戦場の女性や子どもや老人の姿、骸骨が画面いっぱいに描かれている。物理的にも大きな絵は、見る者自身が想像力を働かせて沖縄戦に迫っていく場を生み出している。

同館は、館長の佐喜眞道夫氏が、普天間基地内に接収されていた先祖の土地を返還させて建設した。館を訪れると、二七〇年前からあるという佐喜眞家の大きな亀甲墓と米軍基地のフェンスが目にはいり、館の屋上からは、普天間基地を見渡すことができる。それらは、館内の「沖縄戦の図」と合わせて、戦前、戦中、戦後、現在の沖縄を一気に結び、想像させる。佐喜眞美術館はそのような場だ。ケーテ・コルヴィッツや上野誠などのコレクション展示や、戦争や生と死などをテーマにした企画展も行っている。

（仲田晃子）

〔参考文献〕福島在行「平和博物館で／から学ぶということ」、竹内久顕編『平和教育を問い直す—次世代への批判的継承—』（二〇一一）

＊とりあげた博物館には、アクセス方法や住所を示したホームページがあるので参照いただきたい。

歩いて学べる戦跡コース

戦争体験者に直接話を聞くことが難しくなっている一方で、この間県内では様々な戦跡や博物館などが保存・活用されており、沖縄戦を学ぶための環境は整備されてきた。それぞれの戦跡や博物館などの紹介は他にも多いので、ここでは朝、那覇を出て夕方那覇に帰ってくることを想定したコース例を挙げていきたい。特に、ここでは沖縄戦を深く知るために特定のテーマに絞って戦跡を回るコース例をいくつか提案する。このコース例を参考に、また本書を片手に、是非現場を訪れて沖縄戦の実相を確認してほしい。

※以下で紹介する見学場所は、いずれも説明板等が一定程度整備されていて、一人で回ってもある程度学べる場所のみである。ガイドが同行する場合には、さらに多様なコース設定が考えられる。

※ガマへの入壕については事前申し込みやガイドの同伴が必要なので、文末の諸団体に事前に連絡をしてほしい。また、入壕の際には懐中電灯や手袋、汚れてもいい靴やズボンなどの準備が必要である。

※それぞれの見学地の所要時間はあくまで参考として付している。また、移動時間は車で移動した際の目安の時間である。

沖縄戦基本コース

那覇→（移動約三〇分）→嘉数《かかず》高台（約六〇分）→（移動約四五分）→ひめゆりの塔・ひめゆり平和祈念資料館（約六〇分）→昼食→平和の礎・沖縄県平和祈念資料館（約九〇分）→ガマ入壕（約六〇分）→（移動）→那覇

沖縄修学旅行の平和学習などでも一般的なコース。嘉数高台で中部の戦闘の様子を学んだ上で、南部戦跡へ向かう。ひめゆり学徒隊に代表される学徒隊の体験をひめゆり資料館で、一般住民の体験を平和祈念資料館で学んだ上で、最後にガマに行き沖縄戦の実相に迫りたい。なお、嘉数高台では米軍普天間飛行場も一望できるので、戦後現在まで続く基地問題にも目を向けたい。

一般住民コース

那覇→（移動約二〇分）→首里の第三十二軍司令部壕跡・西のアザナ（約四五分）→（移動約四〇分）→ガマ（轟《とどろき》の壕）入壕（約六〇分）→昼食→平和の礎・沖縄県平和祈念資料館（約九〇分）→魂魄《こんぱく》の塔・米須海岸（約三〇分）→（移動約四五分）→那覇

沖縄戦で中部～南部を彷徨することになった一般住民の方の体験に迫るコース。最初に首里城から中部～南部一帯を一望した上で、多くの住民を死に至らしめた南部撤退が立案・決定された第三十二軍司令部壕跡を訪れる。その後、代表的な住民避難壕（ガマ）である轟の壕に行った上で、平和祈念資料館で証言を読むなどして住民の体験に迫りたい。最後の米須海岸では、多くの住民が最後にたどり着いた本島最南端の海岸を見た上で、魂魄の塔のできた経緯にも触れることで、遺骨を拾い集めるところから始まった、終戦直後の沖縄の人々の暮らしを想像したい。

ひめゆり学徒隊コース

那覇→（移動約一〇分）→一高女・女師跡地記念碑（約一〇分）→（移動約二〇分）→南風原文化センター・陸軍病院二〇号壕入壕（約九〇分）→（移動約一五分）→ガマ（糸数アブチラガマ）入壕（約六〇分）→昼食→ひめゆりの塔・ひめゆり平和祈念資料館（約六〇分）→（移動約一〇分）→伊原第一外科壕または山城本部壕（約一五分）→（移動約二〇分）→荒崎海岸・ひめゆり学徒散華の跡（約三〇分）→（移動約四五分）→那覇

沖縄戦に看護要員として動員されたひめゆり学徒隊の足取りをたどるコース。学校跡から南風原、糸数分室、ひめゆりの塔およびその周辺の壕と、解散命令までのひめゆり学徒の足取りをたどり、ひめゆり学徒隊の体験に迫りたい。六月十八日の解散命令後はバラバラになって南部の海岸線一帯を彷徨することになるが、中でも代表的な場所である荒崎海岸を訪れて、最後に追い詰められた海岸の光景を見てほしい。荒崎海岸は足場が悪いため、履きなれた靴など準備が必要となる。

白梅学徒隊／女子学徒隊コース

那覇→（約一〇分）→学校跡の碑（約一〇分）→（約三〇分）→八重瀬岳（約三〇分）→（移動約一五分）→ヌヌマチガマ（約六〇分）→昼食→（移動約一五分）→八重瀬町立具志頭歴史民俗資料館（約四五分）→（移動約二〇分）→白梅《しらうめ》の塔（約二〇分）→（移動約一〇分）→でいごの塔／ずいせんの塔（各一〇分）→（移動約四五分）→那覇

白梅学徒隊の足取りをたどるコース。

ひめゆり学徒隊と同様に、白梅学徒隊の学校跡地から看護活動を行った八重瀬岳、ヌヌマチガマを経て、解散後一部の学徒らが集まった糸満の白梅の塔近辺を訪れる。時間に余裕があれば、ひめゆりの塔近辺にある梯梧の塔やずいせんの塔など他の女子学徒隊の慰霊塔にも、ぜひ足を運んでみてほしい。

男子学徒隊コース

那覇→（移動約二〇分）→首里の第三十二軍司令部壕跡、師範学校校門跡（約三〇分）→（移動約一〇分）→一中健児の塔／養秀会館《ようしゅう》／一中学徒資料展示室（約六〇分）→（移動約四〇分）→昼食→平和の礎・沖縄県平和祈念資料館／工業健児の塔／全学徒の碑（約一二〇分）→（移動約一〇分）→師範健児の塔／摩文仁の海岸（約三〇分）→（移動約四五分）→那覇

男子師範鉄血勤皇隊の体験を中心に、沖縄戦に動員された男子学徒の足取りをたどるコース。首里城近辺には、師範鉄血勤皇隊関連の施設が現在も残る（留魂壕《りゅうこん》は現在保存・活用に向けた整備中）。また、首里城から徒歩で行ける一中健児の塔付近には沖縄戦当時使われた壕が外から見学できるだけでなく、養秀会館内には資料展示室が設置されている。現時点で、

男子学徒隊の体験について学べる貴重な場所となっているので是非立ち寄ってほしい（場合によっては、ひめゆり資料館と両方訪れて、様々な面を比べてみてほしい）。

読谷コース

那覇↓（移動約四〇分）↓渡具知《とぐち》海岸／米軍上陸の地碑（約二〇分）↓（移動約一五分）↓チビチリガマ（約二〇分）↓（移動約一〇分）↓シムクガマ（約六〇分）↓（昼食）↓忠魂碑／掩体壕跡（約一五分）↓（移動一〇分）↓ユンタンザミュージアム／座喜味《ざきみ》城跡（六〇分）↓（移動約一〇分）↓読谷飛行場返還の碑／読谷村役場（約三〇分）↓（移動約四五分）↓那覇

読谷村という地域に限定して沖縄戦を学ぶコース。渡具知海岸／米軍上陸の地碑からスタートして、上陸直後村内で何が起こったのかを、チビチリガマ／シムクガマを訪問することで学びたい。読谷の人々のかつての生活道具などの展示が充実しているユンタンザミュージアムでは、沖縄戦が奪った住民の暮らしを垣間見ることができる。世界遺産として有名な座喜味城跡は、戦時中は日本軍の高射砲陣地として、戦後は米軍のレーダー基地として使われた歴史もあわせ持つ。最後の読谷飛行場返還の碑は、二〇一五年にできた比較的新しい碑で、訪れる人もまだ多くない。ただ、同地は読谷村の戦後の基地被害と人々の抵抗運動はもちろんのこと、沖縄の戦後補償問題の中で大きな問題となった旧日本軍飛行場用地問題についても学べる数少ない場所でもある。ぜひ足を運んでみてほしい。

やんばるの沖縄戦コース

那覇↓（移動約六〇分）↓恩納村屋富祖・第二護郷隊の碑（約二〇分）↓（移動三〇分）↓名護小学校・第一護郷隊の碑（約二〇分）↓（移動約三〇分）↓沖縄愛楽園・交流会館（約九〇分）↓（昼食）↓宜野座村立博物館（約三〇分）↓（移動一〇分）↓漢那市役所跡（約一〇分）↓（移動約二〇分）↓屋嘉捕虜収容所の碑（約一〇分）↓（移動約六〇分）

中南部とは異なる、北部の沖縄戦や戦後に焦点を当てたコース。まずは本島北部山中で遊撃戦をさせられることになった少年らで編成された護郷隊関連の碑を回りたい。沖縄愛楽園交流会館は、ハンセン病患者の沖縄戦はもちろんのこと、広く人権という視点から沖縄の近現代史を捉えなおすために最適の場所。時間が許せば園内に残る戦跡なども見学してほしい。宜野座村立博物館は、収容所関連の展示が充実しているので、概要を確認した上で、収容所跡地を回りたい。

また、このコースでは辺野古新基地建設問題で揺れるキャンプシュワブや、海外の戦場に派遣される米兵が日夜訓練をするキャンプハンセンなど、在沖海兵隊の主要基地のそばも通ることになる。現在も続く沖縄の基地問題についても是非触れてみたい。

（北上田源）

〔関係諸団体の連絡先〕

・糸数アブチラガマ…糸数アブチラガマ案内センター（電話：〇九八―八五二―六六〇八）
・ヌヌマチガマ…八重瀬町役場観光振興課（電話：〇九八―九九八―二三四四）
・チビチリガマ／シムクガマ…よみたんガイド風の会（電話：〇九八―九八二―八七三九）
・沖縄陸軍病院二〇号壕…南風原文化センター（電話：〇九八―八八九―七三九九）
・沖縄愛楽園交流会館（電話：〇九八〇―五二―八四五三）

〔その他ガマ入壕およびガイド派遣全般〕

・沖縄県観光ボランティアガイド友の会（電話：〇九八―八五六―六四四一）
・沖縄平和ネットワーク（電話：〇九八―八八六―一二一五）

兵器ガイド

「カンポー」や「トンボ」など、沖縄戦の証言の中には日常では聞きなじみのない兵器の名称や俗称が出てくることがある。ここでは沖縄戦で使用された日米両軍の兵器のうち、主なものを沖縄戦の流れとともに紹介する。

迫りくる戦火

・ゴボウ剣（銃剣）

銃の先端に装着することで槍先のような機能を果たした刃物。第三十二軍の編成とともに沖縄へ配備された兵隊たちが使用した銃剣は、先のとがった細長い形状から「ゴボウ剣」とも呼ばれた。戦闘時でなくても歩哨や衛兵などが使用し、「軍の権威の象徴」のような側面があったが、住民目線では「軍からの恐怖と抑圧の象徴」であった。

・潜　水　艦

潜水艦は水面下を航行可能であり、スクリューで推進する爆発物「魚雷」で敵艦船や船舶を攻撃する。一九四四年八月二十二日には米潜水艦の魚雷攻撃により対馬丸が撃沈され、多くの犠牲者を出した。

・グラマン、カーチス、コルセア

一九四四年十月十日、米軍空母艦載機は南西諸島各地を空爆した。兵隊や住民からは製造会社名などで呼ばれ恐れられた。十月十日以降も米軍機による空爆は相次いだ。

米軍の上陸

・カンポー（艦砲射撃）

艦船に搭載された火砲の事で、砲弾のサイズは小型のもので口紅ほど、大型のものはドラム缶ほどと多様であり本来は航空機や艦船を攻撃する兵器である。一九四五年三月末、米軍艦隊は沖縄各地に向けて艦砲弾を発射、幾日間も攻撃は続いたが米軍が食事の時間になると一斉に鳴りやんだ。艦砲弾は家屋や畑をも吹き飛ばし山林の地形が変わるほどの被害をもたらし、着弾痕は大きなもので十数メートルのクレーターが開き「カンポー穴」と呼ばれた。戦後、生き残った住民は自らの境遇を「カンポーヌクェーヌクサー（艦砲の食べ残し）」と称した。

・トンボ

元々、日本軍の練習用飛行機を指す愛称だが、米軍の小型偵察機も「トンボ」と呼ばれた。低速で攻撃力はほとんど無いが、旋回しながら地上を観測し、攻撃目標を艦隊に通報していたため、住民からは「トンボが来ると艦砲射撃が来る」と恐れられた。

・小銃（サンパチ銃・自動小銃・カービン銃）

米軍上陸後、両軍の歩兵同士の銃撃戦が各地で発生した。日本軍は一発ごとに手動で装填する小銃「サンパチ銃（画像上）」を使用していたが、学校の軍事訓練で使われる「キョーレン銃」を使用する場合もあった。一方、米軍の小銃は日本軍より小型の「自動小銃（画像、中）」や「カービン銃（画像、下）」だが、引き金を引くごとに発砲できるもので日本軍のものより高性能であった。

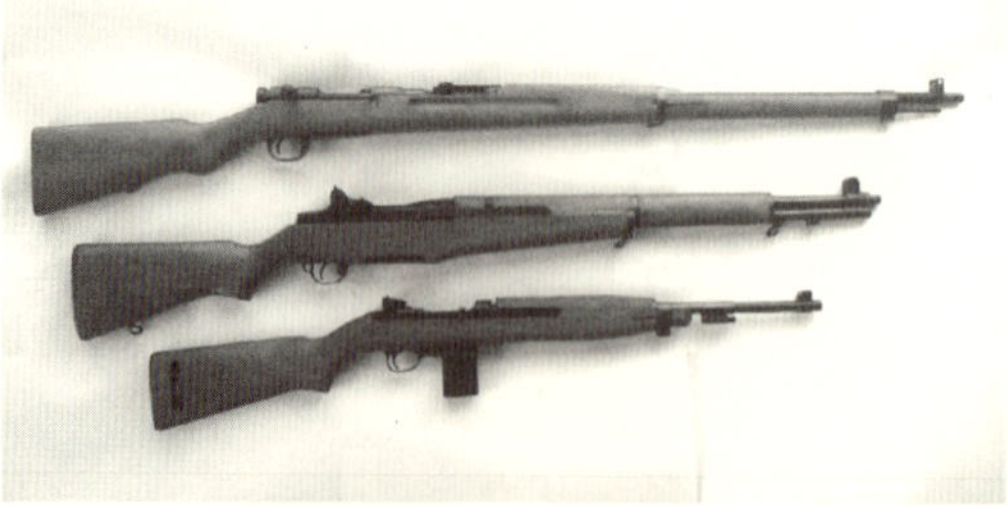

日米の小銃の例（筆者撮影）、「サンパチ銃（三八式歩兵銃：上）」「自動小銃（M1 Garand：中）」「カービン銃（M1 Carbine：下）」

・火砲（野砲・榴弾砲・カノン砲など）

火砲は日米両軍が様々な種類のものを使用した。沖縄島と渡嘉敷島の中間にある慶伊瀬（チービシ）の神山島に設置された米軍のカノン砲群は「神山砲」とよばれ、住民に恐れられた。

・ロケット弾・バズーカ

弾体内の推進剤を発火させ、その反動で飛翔する砲弾の総称で、個人で持ち運びできる対戦車用のものは「バズーカ」と呼ばれた。艦船と航空機からも地上に対して発射された。

・手榴弾（手投げ弾）

日米両軍が使用した小型の爆弾。日本軍の手榴弾は安全ピンを抜き信管を叩いて発火させて投げるが、アメリカ軍の手榴弾は安全ピンを抜いてそのまま投げると側面のレバーが外れて信管を発火させる。基本的に鉄製だが日本軍では陶器製も使用された。壕内に投げ込まれた例や「集団自決」で使用された例もある。

・爆　雷

主に潜水艦を攻撃する爆弾の事だが幅広い意味での爆発物も意味する。日本軍が爆薬を寄せ集めて造った「急造爆雷」は兵隊に背負わせて戦車への体当たり自殺攻撃に使用された。

戦闘終結まで

・火炎放射機

主にアメリカ軍によって日本軍の陣地や兵隊・住民が避難している壕に対して使用された。粘性のある可燃物質を着火しながらガス圧で噴射させる兵器、個人で使用する背負い式と戦車に搭載した車載型があった。人体に着火すると生きながらにして骨になるまで焼かれたという。

・黄　燐　弾

火炎放射機同様、主にアメリカ軍によって軍の陣地や兵隊・住民が避難している壕に対して使用された。リンの化学反応を利用した焼夷弾の一種で、発する煙は皮膚や粘膜にひどい炎症を起こすため、毒ガスに似た被害があった。

・Ｇ　Ｍ　Ｃ

壕や海岸で米軍に確保された日本兵や住民は、米軍のトラックで収容施設まで物のごとく「輸送」された。トラックにはＧＭＣ社（ゼネラルモータース傘下のトラック部門の略）製品が多かったためＧＭＣは米軍トラックの代名詞であり、戦後と米軍支配の時代の始まりを象徴する輸送車両でもある。

兵器の戦後

沖縄戦終結後、一部の兵器は住民により再利用された。航空機は鍋やアイロンなどの日用品に姿を変え、復興を助ける道具になった。不発弾は金属部分がスクラップとして換金され、爆薬はダイナマイト漁に使われた。一部は子どもの遊び道具になったが、事故により怪我や命を失う事もあった。

（仲程勝哉）

〔参考文献〕『世界兵器図巻〈日本編〉』（小林良夫、一九七三年）、『日本の大砲』（竹内昭、佐山二郎一九八六年）、『武器・兵器でわかる太平洋戦争』（太平洋戦争研究会、二〇〇三年）

執筆者紹介

＊配列は50音順とした

秋山道宏	（あきやま　みちひろ）	1983年生まれ	明治学院大学国際平和研究所助手
伊佐真一朗	（いさ　しんいちろう）	1984年生まれ	沖縄国際大学非常勤講師
稲嶺　航	（いなみね　わたる）	1987年生まれ	中城村教育委員会文化係
上間祥之介	（うえま　しょうのすけ）	1995年生まれ	沖縄国際大学卒業
大田　光	（おおた　ひかり）	1989年生まれ	一中学徒隊資料展示室解説員
小野百合子	（おの　ゆりこ）	1981年生まれ	法政大学沖縄文化研究所国内研究員
嘉数　聡	（かかず　そう）	1987年生まれ	対馬丸記念館学芸員
川満　彰	（かわみつ　あきら）	1960年生まれ	名護市教育委員会文化課
北上田源	（きたうえだ　げん）	1982年生まれ	琉球大学・沖縄国際大学非常勤講師
金城良三	（きんじょう　りょうぞう）	1984年生まれ	沖縄県地域史協議会一般会員
古賀徳子	（こが　のりこ）	1971年生まれ	ひめゆり平和祈念資料館学芸員
佐治暁人	（さじ　あきと）	1975年生まれ	関東学院大学非常勤講師
地主園亮	（じぬしぞの　あきら）	1975年生まれ	小学校教員
清水史彦	（しみず　ふみひこ）	1969年生まれ	沖縄県文化振興会公文書管理課
謝花直美	（じゃはな　なおみ）	1962年生まれ	沖縄タイムス、沖縄大学地域研究所特別研究員
瀬戸隆博	（せと　たかひろ）	1968年生まれ	恩納村史編さん係
豊田純志	（とよだ　じゅんし）	1960年生まれ	読谷村史編集室
仲田晃子	（なかだ　あきこ）	1976年生まれ	ひめゆり平和祈念資料館説明員
仲程勝哉	（なかほど　かつや）	1989年生まれ	沖縄県文化振興会公文書管理課
中村春菜	（なかむら　はるな）	1985年生まれ	琉球大学人文社会学部講師
納富香織	（のうとみ　かおり）	1974年生まれ	沖縄国際大学南島文化研究所特別研究員
林　博史	（はやし　ひろふみ）	→別掲	
平仲愛里	（ひらなか　あいり）	1991年生まれ	八重瀬町教育委員会生涯学習文化課
普天間朝佳	（ふてんま　ちょうけい）	1959年生まれ	ひめゆり平和祈念資料館館長
宮城晴美	（みやぎ　はるみ）	1949年生まれ	琉球大学他非常勤講師
山城彰子	（やましろ　あきこ）	1984年生まれ	南城市教育委員会文化課
吉川由紀	（よしかわ　ゆき）	→別掲	
吉浜　忍	（よしはま　しのぶ）	→別掲	

編者略歴

吉浜　忍
一九四九年、宮古島市伊良部に生まれる
一九七二年、大阪教育大学卒業。沖縄国際大学教授を経て
現在、沖縄県史編集委員会委員長
〔主要編著書〕
『沖縄県史 各論編六 沖縄戦』（沖縄県教育委員会、二〇一七年）
『沖縄の戦争遺跡』（吉川弘文館、二〇一七年）

林　博史
一九五五年、神戸市に生まれる
一九八五年、一橋大学社会学研究科博士課程修了（社会学博士）
現在、関東学院大学教授
〔主要著書〕
『沖縄戦 強制された「集団自決」』（歴史文化ライブラリー、吉川弘文館、二〇〇九年）
『沖縄からの本土爆撃』（歴史文化ライブラリー、吉川弘文館、二〇一八年）

吉川由紀
一九七〇年、飯田市に生まれる
二〇一〇年、沖縄国際大学大学院修士課程修了
現在、沖縄国際大学非常勤講師
〔主要論文〕
「ハンセン病患者の沖縄戦」（屋嘉比収編『沖縄・問いを立てる4　友軍とガマ　沖縄戦の記憶』社会評論社、二〇〇八年）
「沖縄県民の疎開と対馬丸撃沈事件」（日本の戦争責任資料センター『戦争責任研究』六〇、二〇〇八年）

沖縄戦を知る事典
非体験世代が語り継ぐ

二〇一九年（令和元）六月一日　第一刷発行
二〇二二年（令和四）六月一日　第六刷発行

編　者　吉《よし》浜《はま》忍《しのぶ》
林《はやし》博《ひろ》史《ふみ》
吉《よし》川《かわ》由《ゆ》紀《き》

発行者　吉川道郎

発行所　株式会社　吉川弘文館
郵便番号一一三―〇〇三三
東京都文京区本郷七丁目二番八号
電話〇三―三八一三―九一五一〈代〉
振替口座〇〇一〇〇―五―二四四番
http://www.yoshikawa-k.co.jp/

印刷＝株式会社 東京印書館
製本＝誠製本株式会社
装幀＝伊藤滋章

ISBN978-4-642-08352-2